RESPONDONA

bell hooks

RESPONDONA

Pensamiento feminista,
pensamiento negro

Obra editada en colaboración con Editorial Planeta - España

Título original: *Talking Back*
Publicado originalmente en inglés por Routledge, un sello editorial de
Taylor & Francis Group LLC. Esta edición ha sido publicada por acuerdo
con International Editors' Co.

© 2015, Gloria Watkins
© 2022, Traducción: Montserrat Asensio Fernández
© de todas las ediciones en castellano

© 2022, Editorial Planeta, S. A., - Barcelona, España

Derechos reservados

© 2023, Ediciones Culturales Paidós, S.A. de C.V.
Bajo el sello editorial PAIDÓS M.R.
Avenida Presidente Masarik núm. 111,
Piso 2, Polanco V Sección, Miguel Hidalgo
C.P. 11560, Ciudad de México
www.planetadelibros.com.mx
www.paidos.com.mx

Primera edición impresa en España: abril de 2022
ISBN: 978-84-493-3940-0

Primera edición impresa en México: agosto de 2023
ISBN: 978-607-569-551-8

Impreso en los talleres de Impregráfica Digital, S.A. de C.V.
Av. Coyoacán 100-D, Valle Norte, Benito Juárez
Ciudad De Mexico, C.P. 03103
Impreso en México - *Printed in Mexico*

SUMARIO

Prólogo a la nueva edición

En la mayoría de los casos, los estereotipos sexistas y racistas caracterizan a las mujeres negras como gritonas, malhabladas, autoritarias y, en relación con los hombres negros, dominantes y castradoras. Los estudios positivos sobre los patrones de la infancia femenina intentan asociar el discurso asertivo con una autoestima saludable. Por desgracia, como muchas niñas negras hablan de un modo muy directo, las pensadoras feministas que desconocen el contexto cultural interpretan estos actos de discurso como demostraciones de poder cuando es muy posible que, en realidad, no sean más que un reflejo de diferencias en los valores culturales. Esto sucede incluso cuando pensadoras críticas, como yo misma, hemos llamado la atención sobre el hecho de que en las comunidades negras, e independientemente de la clase social, no podemos hablar con franqueza y de manera directa como indicador de una autoestima sólida. Se sigue juzgando a las niñas negras a partir de unos estándares sociológicos y políticos basados sobre todo en la percepción que se tiene de las niñas blancas (por ejemplo, como el silencio indica obediencia y discreción entre las niñas blancas, hay que interpretar como un signo de poder positivo que las niñas racializadas y sobre todo las niñas negras, se expresen con franqueza).

Al contrario de lo que sucede con las niñas blancas privilegiadas, a las que se les enseña a permanecer en silencio para que se conviertan en subordinadas femeninas, se califica de desafiantes a las niñas negras de clase baja que expresan su opinión. Si se etiqueta a un grupo como silencioso y discreto, parece obvio que las niñas que alzan la voz y son agresivas han de ser más poderosas. Y, sin embargo, en muchos grupos étnicos no se considera que expresar la opinión sea un gesto de poder femenino. En estas culturas, manifestar la opinión es la expresión de un rol femenino tan sexista como el silencio femenino lo es en otras. Nadie se sorprendería de que las niñas que hablan en voz alta y clara se considerasen a sí mismas fuertes o potentes. Y, sin embargo, esto no se corresponde casi nunca con la realidad de sus vidas. Cuando la cuestión es alzar la voz, el contenido de lo que se dice es más importante que el acto de hablar.

Si en lugar de convertir el acto de hablar en un indicador de poder asertivo por parte de las niñas nos centrásemos en el contenido de lo que dicen, obtendríamos un indicador mucho más preciso a la hora de relacionar el discurso y la autoestima. Saber quién habla nunca es tan importante como saber qué dice (aunque saber quién habla sea crucial para la comprensión de toda política de género).

Cuando empecé a escribir mi primer libro, consideré necesario ceñirme a la formación académica que me había enseñado a no entrar en lo personal y a mantener un tono erudito. Sin embargo, a medida que se consolidaba mi compromiso con el pensamiento y la práctica feministas, empecé a cuestionar el concepto de esa voz académica y neutra. Quería escribir una teoría feminista que afirmara la interconexión de la teoría de raza, de género y de clase y que atrajera a un público amplio y diverso, y me di cuenta de lo importante que era cultivar una voz escrita que me capacitara para hablar acerca de estas cuestiones con franqueza, casi como si se tratara de una conversación. Básicamente, eso también significaba atreverme a abordar cuestiones acerca de las que nosotras, como defensoras del feminismo, nos habíamos mantenido en silencio hasta entonces.

El compromiso feminista con la ruptura del silencio inspiró a mujeres negras que escribían teoría feminista, como yo, a crear obras que nos conectaran con otras mujeres negras que o bien no sabían nada del movimiento o bien se mostraban hostiles al mismo, porque lo consideraban exclusivo de las mujeres blancas. Cuando la poeta negra y activista lesbiana Audre Lorde compartió con el mundo su poema «Letanía de la supervivencia» (que luego se convertiría en su poema más leído), abordó de frente la cuestión del silencio e instó a todas las mujeres, y sobre todo a las mujeres negras, a que rompiéramos el silencio, alzáramos la voz y explicásemos nuestras historias. Lorde advertía a las mujeres explotadas y oprimidas del poema que el silencio no nos salvaría y afirmaba la necesidad de ir más allá del miedo y de alzar la voz como gesto de resistencia. Lorde declara: «y cuando hablamos tenemos miedo de que nuestras palabras no se escuchen ni sean bienvenidas, pero cuando estamos calladas seguimos teniendo miedo. Así que es mejor hablar». Retar a las mujeres a que hablemos, a que expliquemos nuestras historias, ha sido uno de los aspectos transformadores clave del movimiento feminista.

Atrevernos a superar el miedo a alzar la voz y a decirle la verdad al poder sigue siendo una de las prioridades clave de todas las mujeres. Mis antepasadas me concedieron el importante don de un discurso valiente. Fueron mujeres audaces, mujeres con visión y con propósito. Mi madre, Rosa Bell, anhelaba encajar con la imagen sexista más convencional del papel que corresponde a las mujeres en la vida y no era una mujer de discurso valiente. Se esforzaba en ser vista pero no oída y en decir las palabras correctas cuando hablaba. Cuando se le hizo evidente que yo, su tercera hija, quería ser una mujer con un discurso valiente, hizo todo lo que estuvo en su mano para silenciarme. Cuando «respondía», me castigaba.

Al igual que el resto de las mujeres sureñas de su época, mi madre creía en el culto a la intimidad, sobre todo en lo que concernía a la familia y a la vida doméstica. Nos enseñaban que, sucediera lo que sucediese en la familia, romper el código de silencio y hablar franca y honestamente acerca de ello era una traición absoluta. Hablar abiertamente de la vida de una y tener la osadía de convertir ese discurso en una crítica equivalía a una traición tanto a ojos de mi madre como a los de la cultura de la feminidad verdadera de clase media. Y, por supuesto, era también una de las primeras maneras en que las mujeres jóvenes, como yo, nos enfrentábamos al pensamiento patriarcal.

Tanto si lo escribía en un diario (mi hermana mayor siempre leía mis opiniones e informaba a mi madre de mis secretos) como si lo expresaba en voz alta, entendí muy pronto que «responder» era una forma de rebelión consciente contra la autoridad dominante. Mi compromiso con el movimiento feminista contemporáneo me exigió desde el primer momento tener el valor de responder si quería compartir mi punto de vista sobre qué significa ser una mujer negra. Por lo tanto, me pareció muy adecuado dar a este libro el título de *Respondona*: iba a ser mi primera obra publicada en la que asociaría mi propia historia con la producción de teoría feminista.

Respondona ha sido, y sigue siendo, una obra que anima a quien la lee a encontrar su voz, o a celebrar haberla encontrado, especialmente cuando se trata de personas pertenecientes a grupos explotados u oprimidos que tienen dificultades a la hora de romper el silencio. Encontrar la voz y usarla, sobre todo en actos de rebelión y de resistencia críticos que nos instan a ir más allá del miedo, sigue siendo una de las maneras más potentes en que el pensamiento y la práctica feministas pueden cambiar nuestras vidas. Cuando los lectores aplican a sus vidas la teoría de encontrar la voz, en especial en lo que se refiere a entender la dominación y a crear una conciencia crítica, desencadenan una transformación significativa tanto para sí mismos como para la sociedad. Cuando en los círculos feministas se empezó a hablar de la importancia de alzar la voz, todos pensamos que se entendería de forma general como un aspecto necesario de la autorrealización feminista, de modo que llegaría a ser un proceso automático. Pero no fue así. Aún son muchas las personas que necesitan que quienes llevamos décadas trabajando para el cambio feminista sentemos las bases para ellas. Siempre necesitaremos promover y alentar a que sigamos respondiendo.

Introducción:
unos comentarios iniciales

Esta obra tardó mucho tiempo en cobrar cuerpo. Siempre había algo que interrumpía el proceso: el fin de una relación, el exilio, la soledad, un dolor recién descubierto... Y, cada vez, volvía a sentir dolor, volvía a sufrir y me volvía a alejar de la escritura, de la reescritura, de la composición del libro. Al final, tuve que dar un paso atrás para ver qué pasaba. Y, de repente, vi con claridad, ahí, frente a mí, el motivo por el que me costaba tanto terminar esta obra. En los dos libros anteriores apenas había hablado de mí, de Gloria Jean. Se trataba de una estrategia, de la misma lógica que me había llevado a usar el pseudónimo de bell hooks y que tenía que ver con lo que sentía acerca de las representaciones del yo, de la identidad. No sentía el menor deseo de dar explicaciones, ni siquiera cuando alguien escribía cosas acerca de mí que no guardaban la menor relación conmigo, cosas que, sencillamente, no eran ciertas. Sin embargo, este libro iba a ser diferente y lo que me estaba deteniendo tenía que ver con esa apertura, con lo que significa revelar cuestiones personales. La misma elaboración del libro, *Respondona,* expuesta en el primer ensayo, explica el motivo de mi incomodidad, de mi reticencia. Tiene que ver con revelar lo que hasta ahora era íntimo. Tiene que ver con escribir, con lo que significa decir cosas mediante la palabra impresa. Tiene que ver con el castigo, con todos esos años de la infancia, y más allá de esa etapa, en los que me castigaban por decir la verdad, por hablar con el estilo irónico y descarado que me caracteriza. Tal y como me dicen los amigos a veces: «¿hace falta profundizar tanto?».

Quien me conoce, ya sea en la vida real o en la vida irreal de los libros, puede dar fe de la valiente franqueza del discurso que con frecuencia me caracteriza y que se ha convertido en aquello por lo que se me conoce. Soy franca, directa y honesta, y no solo cuando hablo de ideas abstractas, sino también cuando hablo de esa identidad, de ese yo que nos dicen que es privado, no público. Después de la publicación de *Teoría feminista: de los márgenes al centro*, he podido reflexionar de un modo aún más crítico sobre esta separación entre lo público y lo privado. He tenido tiempo para experimentar y tiempo para pensar sobre lo que he experimentado. Así, he podido ver la profunda conexión que existe entre esa división y las prácticas de dominación actuales (me refiero, sobre todo, a las relaciones íntimas y al modo en el que el racismo, el sexismo y la explotación de clase funcionan en nuestras vidas diarias y en los espacios privados, que es donde nos hieren, nos dañan y nos deshumanizan con más frecuencia; es ahí donde con más frecuencia nos arrebatan la identidad, nos aterrorizan y nos quiebran). La realidad pública y las estructuras institucionales de la dominación permiten que el espacio privado para la opresión y para la explotación sea concreto, sea real. Por eso creo que es fundamental hablar de los puntos de convergencia entre lo público y lo privado, conectar ambos mundos. Incluso quienes hablan de poner fin a la dominación parecen tener miedo a derribar el muro que separa ambos espacios.

Estaba en un espacio privado con alguien a quien quiero, hablando de honestidad y de franqueza. Yo había dicho que durante la infancia vivimos experiencias duras que preferimos no mencionar y habíamos pasado a debatir de qué cosas habría que hablar y de qué cosas no. En ese momento se me ocurrió que hay personas para quienes la franqueza no consiste en el lujo de preguntarse «¿Quiero hablar de esto o explicar lo otro?» sino más bien en preguntarse «¿Sobreviviré, lo superaré, seguiré vivo?». Y la sinceridad consiste en estar bien y en decir la verdad, en recomponer los fragmentos y los pedazos rotos del corazón. Se trata de estar entero, de estar completo.

En mi caso, la voluntad de ser franca acerca de cuestiones personales siempre ha estado ahí al hablar, pero no ha llegado plenamente a mi escritura hasta hace poco. Si he tardado más en mostrar con la palabra escrita lo privado en público es porque en mi interior seguía albergando el temor al castigo, el temor a decir algo acerca de mis seres queridos que ellos creyeran que no debía ser dicho. El miedo es que el castigo sea la pérdida, quedar aislada de los contactos significativos. En los niveles más profundos, se trata de una pura cuestión de raza y de clase, porque muchas personas negras han crecido creyendo que hay muchas cosas de las que uno no debe hablar, ni en privado ni en público. Muchas personas pobres y de clase obrera de todas las razas tienen estas ideas grabadas a fuego. Una de las razones por las que nos burlábamos con frecuencia de los blancos que «lo tienen todo» es que cuentan todos sus entresijos, se abren en canal. Por lo tanto, uno de los motivos de orgullo de los negros pasó a ser lo bien que sabemos guardar nuestros secretos, lo privados que podemos ser acerca de nuestras cosas. Y esa ha sido un área en la que familiares, personas negras ajenas a mi familia y amistades negras me han hecho daño al decirme cosas como «¡No deberías hablar de eso!». Y, luego, durante los estudios de posgrado y cuando publiqué mi primer libro, me dio la impresión de que los blancos me preguntaban lo mismo: «¿Acaso crees que queremos escuchar lo que tienes que decir?». En serio. Para mí, ha sido toda una batalla política aferrarme a la creencia de que nosotros, los negros, tenemos muchas cosas de que hablar, muchas cosas que son privadas pero que debemos compartir abiertamente si queremos que nuestras heridas (las heridas provocadas por la dominación, la explotación y la opresión) cicatricen y si queremos recuperarnos y realizarnos.

Cuando daba conferencias, hablaba de mi vida mucho más que en mis escritos. Con frecuencia, el momento en el que confluían la idea, la teoría y la experiencia personal compartida era precisamente cuando lo abstracto se volvía concreto y tangible, cuando se convertía en algo que los demás podían aprehender y llevarse consigo. Eso era muy importante para mí. Aprendía de ello. Me preocupaba perderme a mí misma al hablar, perder mi alma y convertirme en un objeto, en un espectáculo. El intento de ser honesta conmigo misma se expresaba en el esfuerzo por ser genuina (y no convertirme en un espectáculo barato), por ser real (en el sentido en el que lo decimos los negros). Hace tiempo que llevo en el corazón un poema nativo americano. Es un poema que habla contra la traición con palabras sencillas: «Queremos lo que es real. Queremos lo que es real. No nos engañéis». La historia de la colonización y del imperialismo es una historia de traición, de mentiras y de engaños. Exigir lo que es real es exigir reparación, transformación. En la resistencia, los explotados y los oprimidos trabajamos para exponer la falsa realidad, para reivindicarnos y para recuperarnos a nosotros mismos. Construimos la historia revolucionaria, narramos el pasado como lo hemos aprendido con la tradición oral, narramos el presente tal y como lo vemos, conocemos y sentimos en el corazón y con nuestras palabras. En esta línea, he abordado las charlas, los ensayos y los comentarios enlazándolos con reflexiones personales, con el pensamiento feminista y con el pensamiento negro.

Las conversaciones con alumnos y con personas que acuden a mis clases han impreso profundamente en mi conciencia el dolor de la fragmentación; de la alienación que sienten muchas personas preocupadas por la dominación, por la lucha que tenemos que librar incluso para convertir nuestras palabras en un lenguaje que podamos compartir y hacer entender. A veces, cuando escribo, me da la impresión de que digo lo que ya se sabe, de que me repito y de que demuestro el gran respeto que siento por Paulo Freire cuando le cito con demasiada frecuencia, porque me enseña con sus palabras, con su presencia. Y, sin embargo, la experiencia de hablar acerca de estas emociones y de escribir junto a personas que me recuerdan que he de aceptar que es muy posible que deba decir en nombre de otros muchas cosas que quizá no me emocionen ni me gusten y que, quizá, tampoco logren que los demás me perciban como «muy inteligente», ha hecho que toque con los pies en el suelo. También me ha hecho ver que preferiría mantener en silencio, en secreto, mucho de lo que he de decir. Muchas veces, me frenaba a mí misma en el proceso de corregirme, de esforzarme en construir con mis palabras una «pensadora feminista políticamente correcta»; quería poder presentarme como una persona vulnerable, tal y como me siento en ocasiones.

Luego, hay momentos en los que parece que de tanto hablar o escribir todas esas ideas se interponen y bloquean la conciencia de que para los oprimidos, los explotados y los dominados, la dominación es más que un tema del discurso radical, un tema sobre el que escribir libros. Es dolor: el dolor del hambre, el dolor de la explotación laboral, el dolor de la soledad, el dolor de la pérdida, el dolor del aislamiento, el dolor del exilio... Es dolor espiritual y físico. Recordamos el dolor incluso antes que las palabras. Tal y como expresan en la *Carta de la libertad* los compañeros de lucha que escribían sobre el esfuerzo para poner fin a la dominación racial en Sudáfrica: «Nuestra lucha es también una lucha del recuerdo contra el olvido».

2

Respondona

En la comunidad negra del sur en la que crecí, «contestar» o «ser respondona» significaba hablar de igual a igual a una figura de autoridad. Significaba atreverse a estar en desacuerdo y, a veces, sencillamente osar tener una opinión. En la «vieja escuela» se suponía que a los niños se les veía, pero no se les oía. Mis bisabuelos, abuelos y padres eran de la vieja escuela. Si eras un niño, hacerte oír era invitar al castigo, al tortazo, al bofetón que te pillaba desprevenido o a la quemazón de la vara en los brazos y en las piernas.

Hablar cuando no te dirigían la palabra era un acto de verdadero valor, un acto arriesgado y atrevido. Y, sin embargo, era muy difícil no hablar en estancias caldeadas donde las discusiones encendidas comenzaban ya al alba, con voces femeninas que inundaban el aire dando órdenes, amenazando y atosigando. Los hombres negros eran predicadores extraordinarios y destacaban en el arte de los sermones poéticos en la iglesia, pero en el templo del hogar, donde se instauraban las normas cotidianas sobre cómo vivir y cómo actuar, las que predicaban eran las mujeres negras. Allí, las mujeres negras hablaban con un lenguaje tan rico y tan poético que, para mí, no poder participar era como estar aislada de la vida, era asfixiarme hasta morir.

En ese mundo de discurso femenino (con frecuencia, los hombres permanecían en silencio; con frecuencia, estaban ausentes) nació en mi interior el ansia de hablar, de tener voz; y no una voz cualquiera, sino una voz que se pudiera identificar como mía. Para desarrollar mi voz, tenía que hablar, tenía que oírme hablar. Y hablaba. Entraba y salía de las conversaciones y los diálogos de los mayores, respondía a preguntas que no iban dirigidas a mí, formulaba pregunta tras pregunta y pronunciaba discursos. Huelga decir que los castigos por estos actos de habla parecían infinitos. El propósito de los mismos era silenciarme, silenciar al niño o, para ser más específica, a la niña. Es posible que, de haber sido niño, me hubieran alentado a hablar con la esperanza de que llegara a ser pastor en el futuro. Las niñas que hablaban no estaban «llamadas» a nada, nuestro discurso carecía de recompensa legítima. El objetivo de los castigos que recibía por «contestar» era anular toda posibilidad de que pudiera crear un discurso propio. Ese discurso tenía que ser reprimido, para dejar espacio al «discurso femenino correcto».

En los círculos feministas se acostumbra a entender el silencio como el «discurso femenino correcto» sexista, la señal de la sumisión de la mujer a la autoridad patriarcal. Es posible que este énfasis en el silencio de la mujer evoque de manera acertada lo que ha sucedido en los hogares de las mujeres WASP* en Estados Unidos, pero en las comunidades negras (y en las comunidades étnicamente diversas), las mujeres no han permanecido en silencio. Sus voces se oyen. En el caso de las mujeres negras, nuestra lucha no ha consistido en absoluto en emerger del silencio para encontrar una voz, sino en cambiar la naturaleza y la dirección de la misma, en construir una voz que atrape a quien la oiga, una voz que sea escuchada.

Nuestro discurso, «el discurso femenino correcto», solía ser un soliloquio, hablábamos a la nada, hablábamos a oídos que no nos escuchaban. Era un discurso no atendido. A diferencia de la

* Acrónimo en inglés de «blancas, anglosajonas y protestantes». (*N. de la T.*)

voz del predicador negro cuyo discurso iba a ser escuchado, la voz de las mujeres negras (dando órdenes, amenazando, quejándose) se podía desatender, como si fuera una especie de música de fondo, audible, pero no reconocida como discurso significativo. El diálogo (el discurso y el reconocimiento compartidos) no tenía lugar entre madres e hijos o entre madres y figuras de autoridad masculinas, sino entre mujeres negras. Aún recuerdo observar fascinada cómo mi madre hablaba con su madre, sus hermanas y sus amigas. La intimidad y la intensidad de su discurso, la satisfacción que obtenían al hablar entre ellas, el placer, la alegría... Fue en este mundo de discurso femenino, de conversaciones ruidosas, de palabras airadas, de mujeres de lengua rápida y afilada, de mujeres de lengua tierna y dulce, de mujeres que tocaban nuestro mundo con sus palabras, en el que hice del discurso mi derecho de nacimiento. El derecho a tener voz propia, autoría, un privilegio al que no estaba dispuesta a renunciar. Fue en este mundo, y por este mundo, en el que desarrollé el sueño de escribir.

Escribir era una manera de capturar el discurso, de aferrarme a él, de mantenerlo cerca de mí. Y, así, fui escribiendo fragmentos de conversaciones, confesándome en diarios baratos que no tardaron en desmontarse de tanto manejarlos, para expresar la intensidad de mi pena, la angustia de mi discurso. Porque siempre decía la palabra equivocada, siempre formulaba la pregunta que no debía. Era incapaz de confinar mi discurso a los rincones y las preocupaciones necesarias de la vida. Ocultaba lo que escribía bajo la cama, en rellenos de almohada, entre ropa interior descolorida. Cuando mis hermanas los encontraban y los leían, se burlaban y se reían de mí, me ridiculizaban. Me sentía violada, avergonzada, como si mis partes más secretas hubieran quedado al descubierto, expuestas y tendidas como si fueran sábanas recién lavadas, colgadas al aire para que todos las vieran. El miedo al descubrimiento, el miedo a que las emociones más profundas y los pensamientos más íntimos sean descalificados como tonterías, ese miedo que sienten tantas chicas jóvenes que escriben diarios que contienen y ocultan el discurso, me parece ahora una de las barreras que las mujeres siempre han tenido (y siguen teniendo) que derribar para no seguir sometidas a ese secreto o ese silencio impuestos.

Seguí hablando y escribiendo a pesar de mi sensación de violación y de vulnerabilidad, pero aprendí a elegir mejor los escondites y a destruir lo escrito cuando encontrar un lugar seguro me resultaba imposible. Nunca me dijeron que tuviera que permanecer en silencio; me enseñaron que hablar era importante, pero me lo enseñaron con un discurso que, en sí mismo, era silencio. Por un lado me instaban a hablar. Por el otro, era consciente de la traición que suponía un discurso que se oyera demasiado, por lo que mis esfuerzos para hablar y para escribir me sumían en una confusión y una ansiedad profundas. Recitar poemas en la misa del domingo se recompensaba. Escribir un poema (cuando una podía invertir «mejor» el tiempo en barrer, planchar o aprender a cocinar) era un lujo del que se disfrutaba a expensas de los demás. Cuestionar la autoridad o abordar temas que no se consideraban adecuados acarreaba dolor y castigos, como cuando le dije a mi madre que me quería morir antes que ella, porque no podía vivir sin ella; eso era decir tonterías, una locura, el tipo de cosa que te acababa llevando a una institución mental. «Niña, si no dejas de hablar de esa manera y de hacer las locuras que haces, acabarás en el manicomio», me decían.

La locura, y no solo el maltrato físico, era el castigo por hablar demasiado si eras mujer. Y, sin embargo, incluso cuando el miedo a la locura me atenazaba y se cernía sobre mi escritura como una sombra monstruosa, no podía detener las palabras, que hilvanaban pensamientos, que escribían mi discurso. Y es que esa locura terrible a la que tanto temía (al fin y al cabo, las autoridades insistían a diario en este tema) no me resultaba tan amenazadora como el silencio impuesto, como el discurso reprimido.

Si quería experimentar el discurso desafiante, debía sacrificar la seguridad y la cordura. Y, aunque arriesgué ambas, mi infancia se vio caracterizada por temores y ansiedades de raíces profundas.

Hablaba, pero no iba en bicicleta, no jugaba al béisbol y no cogía en brazos al gatito gris. La psicoanalista Alice Miller escribió acerca de los traumas que sufrimos durante la infancia y en *Por tu propio bien* explica que desconocemos por qué las heridas de la infancia son, para algunas personas, una oportunidad para crecer y para avanzar en lugar de retroceder en el proceso de la autorrealización. Ciertamente, cuando reflexiono sobre las dificultades de mi infancia, sobre los numerosos castigos que recibí, puedo ver que resistir me enseñó a prestar atención a cultivar el espíritu, a ser dura y a protegerlo con valor de las fuerzas que amenazaban con romperlo.

Con frecuencia, mientras me castigaban, mis padres hablaban de la necesidad de quebrar mi espíritu. Ahora, cuando reflexiono acerca de los silencios, las voces que no se escuchan, las voces de personas heridas u oprimidas que no hablan ni escriben, contemplo los actos de persecución, de tortura y de terrorismo que quebrantan el ánimo e imposibilitan la creatividad. Escribo estas palabras para dar testimonio de la primacía de la lucha por resistir en toda situación de dominación (incluso en la vida familiar); dar testimonio de la fuerza y del poder que emergen de la resistencia sostenida y de la convicción profunda de que esas fuerzas pueden ser reparadoras y protegernos de la deshumanización y de la desesperanza.

Estas primeras dificultades, con las que aprendí a mantener mis posiciones y a mantener intacta mi voluntad, me vinieron a la mente con gran claridad cuando publiqué *¿Acaso no soy yo una mujer?* y el libro recibió críticas duras y ácidas. Aunque sí había previsto un clima de diálogo crítico, no había esperado recibir una avalancha crítica con intensidad suficiente para aplastar el espíritu, para obligar al silencio. Desde entonces, he oído hablar de mujeres negras, de mujeres de color, que escriben y publican, y que tienen crisis nerviosas (incluso cuando su obra tiene éxito) y sienten que enloquecen porque no soportan la dureza de las respuestas de familiares, de amigos o de críticos desconocidos, o que acaban silenciándose a sí mismas y dejan de escribir. Es innegable que la ausencia de una respuesta crítica humana ejerce un impacto tremendo sobre los escritores de cualquier grupo colonizado u oprimido que se esfuerzan en hablar. Para nosotros, hablar de verdad no es solo una expresión de poder creativo; es un acto de resistencia, un gesto político que desafía a la política de dominación que nos querría sin nombre y sin voz. Como tal, es un acto valiente y, como tal, representa una amenaza. Para los que ostentan un poder opresivo, es imperativo que todo lo que resulta amenazador sea eliminado, aniquilado, silenciado.

Recientemente, los esfuerzos de las escritoras negras para llamar la atención sobre nuestra obra han servido para destacar tanto nuestra presencia como nuestra ausencia. Cuando recorro librerías de mujeres, no me sorprendo por el rápido crecimiento del corpus de obras feministas escritas por mujeres negras, sino por la escasez de material publicado disponible. Las que escribimos y publicamos seguimos siendo muy pocas. El contexto de silencio es diverso y multidimensional. Lo más evidente es el amplio abanico de maneras en que el racismo, el sexismo y la explotación de clase actúan para reprimir y silenciar. Por el contrario, resultan menos obvias las luchas internas, los esfuerzos para hacer acopio de la seguridad necesaria para escribir, reescribir y desarrollar plenamente el arte y la habilidad... y hasta qué punto fracasan estos esfuerzos.

Aunque desde pequeña he querido que escribir fuera mi profesión, me ha costado mucho reivindicarme como «escritora», reivindicar la escritura como parte de lo que identifica y modela mi realidad cotidiana. Incluso después de haber publicado varios libros, seguía hablando de querer ser escritora, como si esas obras no existieran. Y aunque me decían «eres escritora», todavía no estaba preparada para afirmar con convencimiento esa verdad. Parte de mí misma seguía cautiva de las fuerzas dominantes de la historia, de la vida familiar que había trazado un mapa de silencio, de discurso correcto. Aún no había dejado ir por completo el miedo a decir algo equivocado, a ser castigada. En algún lugar de mi mente, creía que podría evitar tanto la responsabilidad como el castigo si no me declaraba escritora.

Uno de los múltiples motivos que me llevaron a adoptar el pseudónimo de bell hooks, el nombre de mi bisabuela materna, Bell Blair Hooks (madre de mi abuela Sarah Oldham; abuela de mi madre, Rosa Bell Oldham), fue el de construir una identidad como escritora que desafiara y contuviera todos los impulsos que me alejaban del discurso y me dirigían al silencio. Oí el nombre de bell hooks por primera vez cuando aún era pequeña y estaba comprando chicles en una tienda. Acababa de «responder» a un adulto. Aún hoy recuerdo con claridad la expresión de sorpresa y sarcasmo con que me informó de que debía de ser familiar de bell hooks, una mujer de lengua afilada, una mujer que decía lo que pensaba, una mujer que no temía contestar. Reclamé ese legado de desafío, de voluntad y de valor y afirmé mi vínculo con mis antepasadas de discurso directo y valiente. A diferencia de mi madre y de mi abuela, dos mujeres directas y atrevidas que no aprobaban que se contestara a pesar de contar con un discurso asertivo y directo, la bell hooks que descubrí, reclamé e inventé era mi aliada, mi apoyo.

Ese acto inicial de contestar fuera de casa hizo que me sintiera poderosa. Fue el primero de los muchos actos de discurso desafiante que me permitieron emerger como pensadora independiente y como escritora. Si echo la mirada atrás, creo que «responder» se convirtió en una especie de rito de iniciación que puso a prueba mi valor, reforzó mi compromiso y me preparó para lo que iba a venir —los días de escritura, los rechazos, los períodos de silencio, la publicación y la continua evolución que parecía imposible pero era necesaria.

Para los oprimidos, los colonizados, los explotados y los que luchan codo con codo, pasar del silencio al discurso es un gesto de desafío sanador que hace posible una vida y un crecimiento nuevos. Ese acto de discurso, ese «responder» que no es un mero gesto de palabras huecas, es la expresión de nuestra transformación de objeto a sujeto, es la expresión de la voz liberada.

«Cuando fui un soldado joven de la revolución»: encontrar la voz

Estas palabras son de Angela Davis. Me emocionaron. Las repito aquí y espero poder repetirlas en muchos sitios. Me conmovieron profundamente y evocaron recuerdos de inocencia, del apasionado compromiso inicial con la lucha política. Las pronunció en su intervención durante una conferencia centrada en «La poesía y la política: la poesía afroamericana hoy». Empecé a escribir poesía de pequeña, a los diez años de edad. La poesía, la emoción de la poesía, llegó a mi vida como escritura para ser leída con los versos peculiares y divertidos que memorizaba y recitaba el domingo de Pascua. Luego volvió a mi vida en la escuela de educación primaria Booker T. Washington, donde aprendí que la poesía no era silenciosa. Ese momento de aprendizaje fue mágico de verdad, porque escuchando y recitando aprendimos que las palabras hilvanadas de esa manera, pronunciadas de esa manera, podían ejercer el mismo impacto sobre nuestra psique que una canción; podían elevar y exaltar el ánimo y hacer que sintiéramos una alegría extraordinaria o sumirnos en una sensación inmediata y violenta de pérdida y de dolor.

Como muchos afroamericanos, me convertí en escritora escribiendo poemas. La poesía era una expresión literaria absolutamente respetada en nuestro hogar de clase obrera. Las noches en que se iba la luz, en plena tormenta, nos sentábamos a la luz de las velas en el comedor y dábamos rienda suelta a nuestro talento. Yo recitaba poemas: Wordsworth, James Weldon Johnson, Langston Hughes, Elizabeth Barrett Browning, Emily Dickinson, Gwendolyn Brooks... La poesía de escritores blancos siempre estaba ahí, a nuestro alcance, en las escuelas o en las estanterías de las casas, en antologías de «grandes» obras que nos traían puerta a puerta vendedores ambulantes que llegaban y exponían sus productos como si fuéramos una población que vivía a oscuras en el desierto y ellos, viajeros cansados llegados de un lugar lejano para traernos la luz. Cuando se trataba de poesía escrita por autores negros, había que buscarla, eran poemas copiados de libros que nadie te prestaba por miedo a que se perdieran o de libros que encontraban bibliotecarios blancos del sur desconcertados y deseosos de comprobar que «leíamos bien». Ya estaba en el instituto cuando descubrí la colección *American Negro Poetry* de James Weldon Johnson. Nunca lo habían sacado en préstamo de la biblioteca, aunque ya llevaba bastante tiempo en el catálogo. Lo tuve tanto tiempo como pude y me esforcé en memorizar todos los poemas, llevarlos conmigo.

Para mí, la poesía era el lugar de la voz secreta, de todo lo que no se podía afirmar o nombrar directamente, de todo aquello a lo que no se podía negar expresión. La poesía era un discurso privilegiado, en ocasiones sencillo pero nunca ordinario. La magia de la poesía era la transformación, eran palabras que cambiaban de silueta, de significado y de forma. La poesía no era un mero registro de cómo los negros del sur se hablaban entre ellos, aunque nuestro lenguaje era poético. Era un discurso trascendente cuyo propósito era transformar la conciencia y llevar la mente y el corazón a una dimensión nueva. Esos fueron mis primeros pensamientos acerca de la poesía a medida que la experimentaba y la descubría mientras crecía.

Cuando me matriculé en clases de escritura creativa en la universidad, aprendí el concepto de «voz» como la encarnación de la expresión única de un escritor concreto. Nuestros esfuerzos para convertirnos en poetas se harían realidad cuando alcanzásemos esa toma de conciencia y expresáramos nuestra voz personal. Fui la única alumna negra en todas las clases de escritura a las que asistí. Siempre que leía un poema escrito en el dialecto específico del discurso negro del sur, tanto el profesor como mis compañeros me elogiaban por usar mi voz «verdadera», mi voz auténtica, y me alentaban a desarrollar esa «voz» y a escribir más poemas con ella. Esto me inquietó desde el principio. Me parecía que esos comentarios ocultaban sesgos raciales sobre cómo era o se suponía que tenía que ser mi voz auténtica.

En parte, asistir a escuelas completamente segregadas con maestros negros me ayudó a entender que los poetas negros eran capaces de hablar con múltiples voces y que el Dunbar de un poema escrito en dialecto no era ni más ni menos auténtico que el Dunbar que escribía sonetos. Y, sin embargo, fue escuchar a músicos negros como Duke Ellington, Louis Armstrong y luego John Coltrane lo que imprimió en nuestra conciencia la sensación de versatilidad: interpretaban todo tipo de música, tenían muchas voces, y ninguna de ellas se identificaba como más o menos auténtica. La insistencia en encontrar una sola voz propia, un estilo definitivo de escribir y de leer la poesía, encajaba demasiado bien con la noción estática del yo y de la identidad que imperaba en el entorno universitario. Creo que muchos alumnos negros pensábamos que nuestra situación era problemática precisamente porque nuestra sensación del yo y, por lo tanto, nuestra voz, no era unilateral, monologuista o estática, sino multidimensional. Estábamos tan cómodos expresándonos en nuestro dialecto como en inglés estándar. No sentirse obligadas a elegir una voz sobre la otra y no identificar una como más auténtica, sino, por el contrario, poder construir realidades sociales que celebren, reconozcan y afirmen las diferencias es un aspecto necesario del proceso de afirmación personal para las personas que hablan idiomas distintos al inglés, o que hablan *patois* además de inglés estándar. En

Borderlands/La Frontera, Gloria Anzaldúa escribe acerca de la necesidad de reclamar todas las lenguas en las que hablamos y de convertir en discurso las múltiples lenguas que dan expresión a la realidad cultural única de un pueblo:

> Un pueblo que ni es español ni vive en un país donde el español sea la lengua nativa; un pueblo que no es anglófono pero que vive en un país donde el inglés es la lengua dominante; un pueblo que no se puede identificar ni con el español estándar (castellano formal) ni con el inglés estándar. ¿Qué otro recurso le queda si no es crear su propio lenguaje? Un lenguaje con el que pueda conectar su identidad, un lenguaje capaz de comunicar las realidades y los valores genuinos...

En los últimos años, mis escritos sobre feminismo han eclipsado mis escritos como poeta. Y, sin embargo, hay espacios de convergencia entre los pensamientos y las preocupaciones de unos y otros. Uno de estos espacios ha sido el énfasis del feminismo en la búsqueda de la voz, en el paso del silencio al discurso como gesto revolucionario. La idea de encontrar la voz propia o de tener voz vuelve a adquirir primacía en el habla, en el discurso, en la escritura y en la acción y, como metáfora de transformación personal, ha sido especialmente relevante para grupos de mujeres que jamás habían tenido una voz pública con anterioridad, mujeres que hablan y escriben por primera vez, entre ellas muchas mujeres de color. En algunas ocasiones, la insistencia del feminismo en la búsqueda de la voz puede parecer un cliché, sobre todo cuando se insiste en que todas las mujeres comparten un mismo discurso común o en que todas las mujeres tienen algo significativo que decir en todo momento. Sin embargo, para las mujeres pertenecientes a grupos oprimidos que se han visto obligadas a contener tantas emociones (desesperación, ira, angustia) y que no hablan, como escribe la poeta Audre Lorde, por «miedo de que nuestras palabras no se escuchen ni sean bienvenidas», encontrar la voz es un acto de resistencia. Hablar se convierte tanto en una manera de implicarse en la transformación personal activa como en un rito de paso en el que una deja de ser objeto y se convierte en sujeto. Solo podemos hablar en calidad de sujetos. En calidad de, objetos, seguimos carentes de voz y nuestro ser es definido e interpretado por los demás. Este es el liberador discurso que Mariana Romo-Carmona escribe en su introducción a *Compañeras: Latina Lesbians*:

> Cada vez que una mujer habla, comienza un proceso de liberación, un proceso inevitable y con potentes implicaciones políticas. En estas páginas vemos repetido el proceso de autodescubrimiento, de autoafirmación al salir del armario, la búsqueda de una definición de nuestra identidad en la familia y en la comunidad, la búsqueda de respuestas, de sentido en nuestras luchas personales, y el compromiso con una lucha política que ponga fin a todas las formas de opresión. Las fases de una conciencia cada vez mayor quedan claras cuando empezamos a narrar la historia de nuestras vidas a otras personas, a otros que han pasado por los mismos cambios. Cuando escribimos o hablamos acerca de estos cambios, instauramos nuestras experiencias como válidas y reales y empezamos a analizar. Y ese análisis nos otorga la perspectiva necesaria para ubicar nuestra vida en un contexto en el que sabemos qué hacer a continuación.

Una de las maneras en que las mujeres de color comienzan a educar su conciencia crítica es esa toma de conciencia de la necesidad de hablar, de dar voz a las diversas dimensiones de nuestras vidas.

Con frecuencia, lo que escriben personas implicadas en luchas de liberación en el Tercer Mundo, la literatura obra de personas que luchan en todo el mundo contra la opresión y la dominación, valida la necesidad de este discurso. El escritor salvadoreño Manlio Argueta estructura su potente novela *Un día en la vida* en torno a la importancia de desarrollar la conciencia política, de compartir el conocimiento que hace al pensador revolucionario y activista. El personaje de José es el más comprometido con la labor de compartir su conciencia con la familia y con la comunidad y, sobre todo, con Lupe, su amiga y su esposa, a quien le dice:

> Por eso, una persona sola no puede resolver los problemas, sino que hemos de ser todos nosotros trabajando juntos, los humildes, los lúcidos. Y esto es muy importante; puedes ser humilde y vivir en la oscuridad. Pues bien, no se trata de ser humilde o no. El problema está en la conciencia. La conciencia que tendremos. Entonces, la vida será tan clara como el agua de un arroyo.

Leí esta novela por primera vez cuando impartí una asignatura sobre literatura del Tercer Mundo y, entonces, me quedó claro que hablar con libertad y con franqueza tiene un significado distinto para las personas que pertenecen a grupos explotados y oprimidos.

Las obras no literarias de escritores que se oponen a la dominación también hablan de la importancia de encontrar la voz, de la importancia de hablar por los oprimidos. Acorde con este énfasis sobre el discurso, Alicia Partnoy proclama en su valiente obra *La escuelita: relatos testimoniales*: «Me cercenaron la voz, así que desarrollé dos voces; en dos lenguas distintas vierto mis canciones». Aquí, el discurso tiene dos sentidos. Está el silencio de los oprimidos que nunca han aprendido a hablar y está la voz de los que han sido silenciados a la fuerza porque se atrevieron a hablar y, al hablar, resisten. La escritora egipcia Nawal El Saadawi protesta contra estos silencios en sus *Memoirs from the Women's Prison*. Dedicó su libro «A todos los que han odiado la opresión hasta la muerte, que han amado la libertad hasta ser encarcelados y que han rechazado la falsedad hasta iniciar una revolución». O la resistencia a ser silenciada que Theresa Hak Cha describe en *Dictee*:

> Madre, aún eres una niña. A los dieciocho años. Y aún eres más niña porque siempre estás enferma. Te han aislado de los demás. No es la tuya. Y si no lo sabes, lo has de saber. Eres bilingüe. Eres trilingüe. La lengua prohibida es tu lengua materna. La hablas en la oscuridad,

en secreto. La que es la tuya... Tu lengua materna es tu refugio. Es estar en casa. Ser quien eres. De verdad. Hablar te entristece. Pronunciar cada palabra es un privilegio con el que te arriesgas a morir.

En la escritura de ficción, además de en la escritura de cariz confesional, quienes entienden el poder de la voz como gesto de rebelión y de resistencia instan a hablar a los explotados, a los oprimidos. Hablar como acto de resistencia es muy distinto a entablar una conversación ordinaria o a la confesión personal que carece de relación alguna con la toma de conciencia política, con el desarrollo de una conciencia crítica. Es una diferencia de la que debemos hablar en Estados Unidos, porque corremos el riesgo de trivializar o de romantizar la idea de encontrar una voz y entrar en la retórica de quienes defienden una política feminista superficial que da prioridad al acto de hablar sobre el contenido del discurso. Con frecuencia, este tipo de retórica transforma las voces y las existencias de las mujeres que no son blancas en un bien de consumo, en un espectáculo. En un estado supremacista blanco, capitalista y patriarcal donde los mecanismos de cooptación son tan avanzados, mucho de lo que podría ser radical acaba siendo erosionado y transformado en un bien de consumo, en un discurso de moda, como cuando dicen que «las escritoras negras están de actualidad ahora». Con frecuencia, no se responde a la pregunta de quién escucha y qué se oye. Cuando la música *reggae* adquirió popularidad en Estados Unidos, me hice muchas veces la pregunta de si los blancos privilegiados que escuchaban esta música aprendían de ella que había que resistir y rebelarse contra la supremacía blanca y el imperialismo blanco. ¿Qué oían cuando Bob Marley decía «nos negamos a ser lo que queréis que seamos»? ¿Pensaban en la colonización, en el racismo interiorizado? Una noche, en un concierto de Jimmy Cliff donde la mayor parte del público eran jóvenes blancos, Cliff empezó un verso de llamada y respuesta donde el público tenía que decir: «África para los africanos». De repente, la sala de conciertos se quedó muda, como si, por fin, el público hubiera oído la rebelión contra la supremacía blanca y contra el imperialismo en la letra de las canciones. Se quedaron en silencio, aparentemente incapaces de participar en este gesto de afirmación de solidaridad negra. ¿Quiénes escuchan y qué oyen?

La apropiación de las voces marginales amenaza a lo más profundo de la autodeterminación y de la libre expresión de los pueblos explotados y oprimidos. Si el público identificado, a quien se habla, está determinado únicamente por los grupos dominantes que controlan la producción y la distribución, es fácil que la voz marginal que se esfuerza por ser escuchada acabe permitiendo que las necesidades del grupo mayoritario que parece estar escuchando, que parece sintonizar con ella, determinen lo que dice. Se vuelve muy fácil hablar de lo que ese grupo quiere oír, describir y definir la experiencia en un lenguaje compatible con las imágenes y modos de saber existentes, construidos en el marco de estructuras que refuerzan la dominación. En toda situación de colonización, de dominación, los oprimidos y explotados desarrollan varios estilos de relación; uno para cuando hablan entre ellos y otro distinto para cuando hablan con quienes ostentan el poder de oprimir y de dominar, para poder ser entendidos por quienes no conocen su manera de hablar, su lenguaje. La lucha para poner fin a la dominación, la lucha individual para resistir a la colonización y pasar de ser objeto a ser sujeto, se expresa en el esfuerzo por instaurar la voz liberadora, esa manera de hablar que ya no está determinada por el estatus de objeto, de ser oprimido. Esa manera de hablar se caracteriza por la oposición, por la resistencia. Exige un cambio de paradigma, exige que aprendamos a hablar, a escuchar y a oír de una manera nueva.

Si queremos desarrollar una voz liberada, debemos enfrentarnos a la cuestión del público, debemos saber a quién hablamos. Cuando empecé a escribir mi primer libro, *¿Acaso no soy yo una mujer? Mujeres negras y feminismo*, el primer manuscrito completo resultó ser excesivamente largo y repetitivo. Al leerlo con ojos críticos, me di cuenta de que no solo intentaba dirigirme a todos los públicos potenciales (hombres negros, mujeres blancas, hombres blancos, etc.), sino que, además, mis palabras estaban escritas con la intención de justificar, aplacar, apaciguar. Contenían el miedo a hablar que suele caracterizar a quienes, desde una posición jerárquica inferior, se dirigen a alguien en una posición jerárquica más elevada. Los pasajes donde me dirigía más directamente a las mujeres negras contenían la voz que yo sentía como más mía de verdad, era entonces cuando mi voz sonaba valiente, osada. Cuando pensaba en el público (es curioso cómo el lenguaje que decidimos usar revela a quién ubicamos en el centro de nuestro discurso), me enfrentaba a mi miedo a ponerme a mí misma, y a otras mujeres negras, en el centro del discurso. Para mí, escribir ese libro fue un gesto radical. Además de enfrentarme de una manera directa a la cuestión del poder, me obligó a resolverla, a actuar, a encontrar mi voz, a convertirme a mí misma, y a todas las que eran como yo, en el sujeto que se podía ubicar en el centro del discurso feminista. Me transformé en conciencia y en identidad.

Cuando el libro se publicó, muchas lectoras blancas me dijeron que no se sentían interpeladas por él. Con frecuencia, interpretaban el discurso directo y sin tapujos como airado y me veía obligada a insistir en la diferencia entre el discurso directo y la hostilidad. Una vez, durante un debate en el que me formularon una pregunta acerca del público objetivo, respondí diciendo que, aunque deseaba que el público fuera diverso, me había dirigido fundamentalmente a las mujeres negras, había querido ubicarlas a ellas en el centro. Entonces, una mujer blanca me preguntó cómo podía hacer eso en un contexto cultural en el que las mujeres negras no eran las principales compradoras de libros y en el que las mujeres blancas eran las que más libros feministas compraban. Era como si sugiriera que el público objetivo estuviera determinado por quién compraba qué tipo de libros. Ni se me había pasado por la cabeza que las mujeres blancas pudieran no comprar un libro solo porque no se vieran en el centro del mismo, porque más que cualquier otro grupo al que pudiera identificar, los blancos han recorrido el mundo consumiendo artefactos culturales que no los ubican a ellos en el centro. El objetivo de colocar a las mujeres negras en el centro no había sido excluir a otros, sino lanzar una invitación, un reto, para que quienes nos oyeran hablar cambiaran de paradigma en lugar de apropiarse del nuestro, para que todos los lectores escucharan la voz de una mujer negra hablando como sujeto y no como un «otro» desfavorecido. No escribí *¿Acaso no soy yo una mujer?* para informar a las mujeres blancas acerca de lo que les sucedía a las mujeres negras, sino como una expresión de mi anhelo por saber más y por reflexionar profundamente acerca de nuestra experiencia.

Cuando celebramos haber encontrado nuestra voz, las mujeres del Tercer Mundo, las mujeres afroamericanas, debemos esforzarnos en no hablar como «otras» y en no seguir hablando de la diferencia tal y como la construye la imaginería supremacista blanca. Por lo tanto, es crucial que examinemos nuestros corazones y nuestras palabras para comprobar si nuestro objetivo verdadero es la liberación y para asegurarnos de que no suprimimos, reprimimos o confinamos nada. Es importante que seamos conscientes de que saber quién escucha nos indica cómo se oye nuestra voz. Los opresores poderosos escuchan mis palabras de otra manera. Las oyen de un modo distinto a como lo hacen las mujeres negras que, como yo, se esfuerzan en recuperarse de los estragos de la colonización. Para conocer a nuestro público y para saber quién nos escucha debemos establecer un diálogo. Debemos hablar con alguien, no solo a alguien. Al escuchar las respuestas, entendemos si nuestras palabras actúan para resistir, para transformar, para emocionar... Mantener un mensaje liberador es difícil en una cultura de consumo donde nos hacen creer que el valor de nuestra voz no está determinado por hasta qué punto cuestiona o permite la reflexión crítica, sino por si gusta o no (o a veces por si nosotras gustamos o no). Mantener una sensación de dirección, una estrategia para el discurso liberado, es difícil si no cuestionamos constantemente estos criterios de valoración. Cuando empecé a hablar en público acerca de mi obra, me decepcionaba constatar que provocaba y desafiaba al público, pero que este parecía desaprobar el mensaje. Mi deseo de aprobación no solo era ingenuo (ahora entiendo que es absurdo pensar que una puede desafiar y, al mismo tiempo, obtener aprobación), sino que también era peligroso, precisamente porque el deseo de gustar puede erosionar el compromiso radical y provocar un cambio en la voz para gustar más.

Hablar con franqueza no es un gesto de libertad sencillo en una cultura de dominación. Con frecuencia, nos dejamos engañar (sí, incluso quienes hemos experimentado la dominación) por la ilusión de la libertad de expresión y creemos, de manera errónea, que podemos decir lo que queramos en una atmósfera de apertura. Si no existieran los mecanismos opresivos que silencian, reprimen y censuran, ni siquiera tendríamos que hablar de la necesidad de que los oprimidos y los explotados encuentren su voz y articulen y redefinan la realidad. Pensamos que hablamos en un entorno que valora la libertad y, por eso, con frecuencia nos sorprendemos cuando vemos que nos atacan y que descalifican nuestras palabras. Debemos asumir que la voz liberadora necesariamente confrontará, perturbará y exigirá a los oyentes que modifiquen incluso su manera de escuchar y de ser. Recuerdo que, hace unos años, hablé con Angela Davis acerca de las amenazas de muerte que ella acostumbraba a recibir antes de hablar en público. La conversación ejerció un impacto muy profundo en mi conciencia, en mí en calidad de oyente; transformó mi concepto de qué significa hablar desde una postura radical en esta sociedad. Cuando uno supone una amcnaza, corre peligro.

Con frecuencia, especialmente como docente, me sorprende ver hasta qué punto los alumnos tienen miedo a hablar. Una joven negra, alumna mía, me escribió lo siguiente:

Mi voz no es adecuada para que la escuchen ciento veinte personas. Cuando intento producir una voz que lo sea, me sube la temperatura y las manos me tiemblan. Mi voz es serena, tranquila y relajante. No es el vehículo con el que proclamar los numerosos secretos que mis amigos me han confiado; mi voz acalla el frenesí del arroyo turbulento que es su vida, lo ralentiza y se convierte en un espejo que refleja sus preocupaciones para que puedan ser examinadas y los problemas, corregidos. Expresar mis opiniones no me alivia. Revelar mis opiniones para que puedan ser juzgadas por los demás me abre a la crítica y al dolor. Quienes no comparten mi mirada no pueden ver dónde han de pisar con cuidado.

Tengo miedo. Lo tengo y siempre lo tendré. Temo que no me entiendan. Intento aprender el vocabulario de mis amigos, para asegurarme de que me comunico en sus términos. No hay un vocabulario único para ciento veinte personas. Me malinterpretarán. No me respetarán como oradora. Me etiquetarán como Estúpida en su mente. Me pasarán por alto. Tengo miedo.

Para animar a mis alumnos a hablar, les pido que imaginen cómo ha de ser vivir en una cultura en la que hablar supone arriesgarse a sufrir un castigo terrible: prisión, tortura, muerte... A continuación, les pido que piensen qué significa carecer del valor para hablar en una cultura donde las consecuencias son escasas o nulas. ¿Pueden entender su temor como mera timidez o acaso es una expresión de restricciones contra el discurso profundamente incrustadas y construidas socialmente en una cultura de dominación, de miedo a ser el dueño de las propias palabras, de miedo a asumir una posición? El poema de Audre Lorde «Letanía de la supervivencia» aborda el miedo a hablar y nos insta a superarlo:

> y cuando hablamos tenemos miedo
> de que nuestras palabras no se escuchen
> ni sean bienvenidas,
> pero cuando estamos calladas
> seguimos teniendo miedo.
> Así que es mejor hablar
> y recordar
> que nadie esperaba que sobreviviéramos.

Es importante que quienes son solidarios con nosotros entiendan que encontrar la voz es una parte esencial de la lucha por la liberación, un punto de partida necesario para los oprimidos y los explotados, un movimiento en dirección a la libertad. El discurso que nos identifica como poco comprometidos, como carentes de una conciencia crítica, ese significante de una condición de opresión y de explotación, se transforma drásticamente cuando iniciamos una reflexión crítica y actuamos para resistirnos a la dominación. Solo estamos preparados para luchar por la libertad si antes hemos hecho este trabajo previo.

Cuando nos atrevemos a hablar con una voz liberadora suponemos una amenaza incluso para quienes al principio decían querer nuestras palabras. En el acto de superar el miedo a hablar, a ser vistos como amenazas, en el proceso de aprender a hablar como sujetos, nos unimos a la lucha global para poner fin a la dominación. Cuando ponemos fin al silencio, cuando hablamos con una voz liberada, nuestras palabras nos conectan con todo el que vive en silencio en cualquier parte del mundo. La insistencia feminista en que las mujeres encontremos una voz, en el silencio de las mujeres negras y de las mujeres de color, ha llevado a que el interés por nuestras palabras aumente. Es un momento histórico muy importante. Ahora, hablamos por voluntad propia, por el compromiso con la justicia, con la lucha revolucionaria para poner fin a la dominación y, al mismo tiempo, nos llaman a hablar, nos «invitan» a compartir nuestras palabras. Es importante que hablemos. Sin embargo, es aún más importante de qué hablamos. Tenemos la responsabilidad individual y colectiva de distinguir entre el discurso que no es más que un acto de autoengrandecimiento, que explota al «otro» exótico, y la voz como gesto de resistencia y de afirmación de la lucha.

CAPÍTULO
4

El feminismo: una política de transformación

Vivimos en un mundo en crisis, en un mundo gobernado por políticas de dominación y en el que la creencia en el concepto de superior e inferior y su ideología concomitante (que el superior ha de gobernar al inferior) afectan a la vida de todas las personas en todas partes, ya sean pobres o privilegiadas, eruditas o analfabetas. La deshumanización sistemática, la hambruna mundial, la devastación ecológica, la contaminación industrial y la posibilidad de la destrucción nuclear son realidades que nos recuerdan a diario que estamos en crisis. Las pensadoras feministas contemporáneas apuntan con frecuencia a la política sexual como el origen de esta crisis e identifican la insistencia en la diferencia como el factor que se convierte en la oportunidad para separar y dominar. Sugieren que la diferencia de estatus entre mujeres y hombres en todo el mundo demuestra que el origen del problema radica en la dominación patriarcal del planeta. Esta premisa ha dado lugar a la idea de que eliminar la opresión sexista erradicaría necesariamente todas las formas de dominación, un argumento que ha llevado a influyentes mujeres blancas occidentales a creer que el movimiento feminista debería ser *la* prioridad política principal de todas las mujeres del mundo. Ideológicamente, pensar así permite a las mujeres occidentales, y sobre todo a las mujeres blancas privilegiadas, sugerir que el racismo y la explotación de clase no son más que derivadas de un sistema primario: el patriarcado. En el movimiento feminista occidental esto ha llevado a asumir que resistirse a la dominación del patriarcado es una acción feminista más legítima que resistirse al racismo o a otras formas de dominación. Este pensamiento persiste a pesar de las críticas radicales planteadas por mujeres negras y otras mujeres de color que cuestionan la premisa. Especular con que la división opositora entre hombres y mujeres existía ya en las comunidades humanas primitivas equivale a imponer al pasado, y a los grupos no blancos, una visión del mundo que encaja demasiado bien con los paradigmas feministas contemporáneos que identifican al hombre como el enemigo y a la mujer como la víctima.

Es evidente que, en todo el mundo, la diferenciación entre fuerte y débil y entre potente e indefenso ha sido un aspecto clave a la hora de definir el género y ha dado lugar al supuesto de que los hombres deben ostentar más autoridad que las mujeres y deben gobernar sobre ellas. Por importante que sea este hecho, no debería ocultar la realidad de que las mujeres pueden participar, y participan, en las políticas de dominación como perpetradoras, además de como víctimas. Dominamos y somos dominadas. Si el énfasis en la dominación patriarcal oculta esta realidad o se convierte en el medio por el que las mujeres desviamos la atención de las verdaderas condiciones y circunstancias de nuestras vidas, acabamos cooperando con la represión y promovemos una conciencia falsa que inhibe nuestra capacidad para asumir la responsabilidad de transformarnos a nosotras mismas y a la sociedad.

Si especulamos sobre las organizaciones sociales primitivas, sobre las mujeres y los hombres que luchaban por sobrevivir en comunidades pequeñas, es muy probable que la relación padres-hijo, con su estructura de supervivencia real e impuesta por la relación de dependencia entre el fuerte y el débil, entre el potente y el indefenso, fuera uno de los puntales sobre los que se construyó el paradigma de dominación. Aunque la dependencia no conduce necesariamente a la dominación, sí que se presta a la representación de un drama social en el que la dominación ocurre como medio de ejercer y de mantener el control. Esta hipótesis no ubica a las mujeres fuera de la práctica de la dominación ni en el papel único de víctimas. De hecho, señala claramente a las mujeres como agentes de dominación, como posibles teóricas y creadoras de un paradigma de relaciones sociales donde los grupos de individuos designados como «fuertes» ejercen el poder tanto de manera benévola como coercitiva sobre los designados como «débiles».

Poner de manifiesto los paradigmas de dominación que apuntan a la capacidad de la mujer para dominar nos permite deconstruir y cuestionar la idea simplista de que el hombre es el enemigo y la mujer, la víctima; la idea de que el hombre siempre ha sido el opresor. Pensar así nos capacita para examinar la función que ejercemos las mujeres en la perpetuación y el mantenimiento de los sistemas de dominación. Para entender la dominación, debemos entender también que la capacidad de mujeres y hombres para ser tanto dominados como dominadores es un punto de conexión, un punto en común. Aunque hablo desde la experiencia concreta de ser una mujer negra que vive en Estados Unidos, una sociedad patriarcal, capitalista y supremacista blanca donde un grupo reducido de hombres blancos (y de «hombres blancos» honoríficos) constituyen los grupos gobernantes, entiendo que hay muchos lugares del mundo donde oprimidos y opresores comparten el mismo color de piel. Entiendo que, justo aquí, en esta sala, oprimidos y opresores comparten el mismo género. Justo ahora, mientras hablo, un hombre que es maltratado, dañado y herido por el racismo y la explotación de clase domina activamente a una mujer en su vida. Y entiendo que, justo ahora, mientras hablo, mujeres que somos explotadas y maltratadas dominamos a niños. Es imperativo que, cuando pensemos de un modo crítico acerca de la dominación, recordemos que todos tenemos la capacidad de actuar de maneras que oprimen, dominan y dañan (tanto si se trata de una capacidad institucionalizada como si no). Es imperativo recordar que lo primero a lo que hay que resistirse es a la opresora interior potencial y que a la primera que hay que rescatar es a esa víctima interior potencial. De otro modo, no podemos esperar que la dominación termine, no podemos esperar la liberación.

Esta idea parece especialmente relevante ahora, en un momento histórico en el que las mujeres negras y las mujeres de color trabajan para concienciar acerca de cómo el racismo facilita que las mujeres blancas actúen como explotadoras y como opresoras. Cada vez más, este hecho se considera un motivo para no apoyar la lucha feminista, a pesar de que el sexismo y la opresión sexista son problemas reales en las vidas de las mujeres negras (véase, por ejemplo, *Black Women, Feminism and Black Liberation: Which Way?*, de Vivian Gordon). Por lo tanto, es necesario que hablemos constantemente de las convicciones que informan nuestra defensa continuada de la lucha feminista. Cuando llamamos la atención sobre la interconectividad de los sistemas de dominación (sexo, raza y clase), las mujeres negras y muchos otros grupos de mujeres reconocemos la diversidad y la complejidad de la experiencia femenina, de nuestra relación con el poder y con la dominación. El objetivo no es disuadir a las personas de color de implicarse en el movimiento feminista. La lucha feminista para acabar con la dominación patriarcal debería ser de una importancia crucial para mujeres y hombres de todo el mundo, no porque constituya la base del resto de las estructuras de opresión, sino porque es la forma de dominación con la que nos encontramos con más frecuencia en la vida cotidiana.

A diferencia de otras formas de dominación, el sexismo modela y determina de manera directa las relaciones de poder en nuestra vida privada, en los espacios sociales familiares, en el contexto más íntimo (el hogar) y en la esfera de las relaciones más íntimas (la familia). Normalmente, es en la familia donde presenciamos y aprendemos a aceptar la dominación coercitiva, ya se trate de la dominación de los padres sobre los hijos o del hombre sobre la mujer. A pesar de que las relaciones familiares pueden estar (y con frecuencia están) fundamentadas en la aceptación de una política de dominación, son al mismo tiempo relaciones de afecto y de conexión. Y es precisamente la convergencia de dos impulsos contradictorios (el de promover el crecimiento y el de inhibirlo) lo que proporciona un entorno práctico para la crítica, la resistencia y la transformación feministas.

Crecí en un hogar negro, de clase obrera y dominado por la figura paterna, por lo que experimenté la autoridad masculina adulta coercitiva como más amenazadora y con más probabilidad de causar un dolor inmediato que la opresión racista o la explotación de clase. Es igualmente evidente que experimentar explotación y opresión en casa me hacía sentir aún más impotente cuando me encontraba con fuerzas dominantes fuera de mi hogar. Y esto mismo es cierto para muchas personas. Si no somos capaces de resistir y de poner fin a la dominación en las relaciones donde hay afecto, parece inconcebible que podamos resistir y poner fin a otras relaciones de poder institucionalizadas. Si no podemos convencer a nuestros padres, que nos quieren, de que no deben humillarnos ni degradarnos, ¿cómo nos podemos imaginar convenciendo o resistiendo a un jefe, a un amante o a un desconocido que nos humilla y nos degrada sistemáticamente?

El esfuerzo feminista para poner fin al dominio patriarcal debería ser una preocupación clave precisamente porque insiste en la erradicación de la explotación y de la opresión en el contexto familiar y en el resto de las relaciones íntimas. Es el movimiento político que aborda de un modo más radical a la persona y lo personal, porque menciona la necesidad de transformarnos, la necesidad de transformar nuestras relaciones, si queremos actuar de forma revolucionaria, resistirnos a la dominación y transformar el mundo exterior al yo. Estratégicamente, el movimiento feminista debería ser un elemento central del resto de las luchas de liberación, porque nos desafía a todos y cada uno de nosotros a alterar nuestra persona y a cuestionar nuestra implicación personal (como víctimas, como perpetradores o como ambos) en un sistema de dominación.

El feminismo como lucha de liberación ha de existir tanto como parte de una lucha más amplia para erradicar la dominación en todas sus formas como al margen de ella. Hay que entender que la dominación patriarcal comparte su base ideológica con el racismo y con otras formas de opresión de grupo y que no podemos esperar erradicarla si el resto de los sistemas siguen intactos. Este conocimiento debería determinar constantemente la dirección de la teoría y la práctica feministas. Por desgracia, el racismo y el elitismo de clase entre las mujeres ha llevado a que, con frecuencia, esta conexión se suprima o se distorsione, de modo que ahora es necesario que las pensadoras feministas critiquen y revisen gran parte de la teoría feminista, así como la dirección del movimiento feminista. Quizá, este esfuerzo de revisión sea evidente sobre todo en el reconocimiento generalizado en la actualidad de que el sexismo, el racismo y la explotación de clase constituyen sistemas de dominación entreverados, es decir, que el sexo, la raza y la clase, y no solo el sexo, determinan la naturaleza de la identidad, el estatus y las circunstancias de cada mujer, y también hasta qué punto será o no dominada o hasta qué punto tendrá el poder de dominar a otro.

Reconocer la complejidad de la naturaleza del estatus de la mujer (que ha sido impresa en nuestra conciencia sobre todo de la mano de mujeres de color radicales) es un correctivo importante, pero no es más que el punto de partida. Nos proporciona un marco de referencia que nos ha de servir como base desde la que alterar y revisar completamente la teoría y la práctica feministas. Cuestiona y nos llama a reconsiderar las premisas populares acerca de la naturaleza del feminismo que han ejercido el impacto más profundo sobre una gran mayoría de mujeres y sobre la conciencia de masas. Cuestiona de manera radical la idea de una experiencia femenina fundamentalmente común que, hasta ahora, se ha considerado como un requisito previo para que nos podamos reunir, para la unidad política. Reconocer la conectividad del sexo, la raza y la clase destaca la diversidad de la experiencia, lo que nos insta a redefinir los términos de la unidad. Si las mujeres no comparten una «opresión común», ¿qué podemos usar como base para unirnos?

A diferencia de muchas camaradas feministas, yo creo que mujeres y hombres han de compartir una base común, un conocimiento básico de qué es el feminismo, si este se ha de convertir en algún momento en un movimiento político potente y con una base muy amplia. En *Teoría feminista: de los márgenes al centro*, sugiero que definir el feminismo de forma amplia como «un movimiento que quiere poner fin al sexismo y a la opresión sexista» debería bastar para otorgarnos un objetivo político común. Entonces contaríamos con una base sobre la que construir solidaridad. Las definiciones múltiples y contradictorias del feminismo no hacen más que crear confusión y socavan el esfuerzo por construir un movimiento feminista que interpele a todo el mundo. Compartir un objetivo común no significa que mujeres y hombres no tengan posturas radicalmente divergentes acerca de cómo conseguir dicho objetivo. Como cada persona se implica en la lucha feminista desde un nivel único de conciencia, las diferencias reales en la experiencia, la perspectiva y el conocimiento llevan a que sea necesario desarrollar estrategias diversas de participación y de transformación.

Las pensadoras feministas comprometidas con revisar radicalmente las premisas básicas del pensamiento feminista han de insistir continuamente en la importancia del sexo, la raza y la clase como factores que determinan *juntos* el constructo social de feminidad, dado que muchas mujeres activas en el movimiento feminista tienen profundamente grabado en la conciencia que el género es el único factor que determina el destino. Sin embargo, la labor de educar para promover una conciencia crítica (normalmente conocida como concienciación) no puede acabar aquí. En el pasado, gran parte de la concienciación feminista se ha centrado en identificar las maneras concretas en que los hombres oprimen y explotan a las mujeres. Si partimos del paradigma de sexo, raza y clase, el foco deja de estar sobre los hombres y lo que los hombres hacen a las mujeres y pasa a centrarse en las mujeres, que trabajamos para identificar, individual y colectivamente, el carácter específico de nuestra identidad social.

Imaginemos a un grupo de mujeres de procedencias diversas que se reúnen para hablar de feminismo. En primer lugar, se centrarán en determinar su estatus en términos de sexo, raza y clase, y lo usarán como punto de partida para debatir el patriarcado o sus relaciones concretas con hombres específicos. En el marco de referencia antiguo, es posible que la conversación abordara únicamente sus experiencias como víctimas en sus relaciones con hombres opresores. Dos mujeres (una pobre y la otra bastante acomodada) podrían describir el maltrato físico que han sufrido a manos de sus parejas masculinas y encontrar puntos en común que podrían usar como base para forjar un vínculo entre ellas. Sin embargo, si estas mismas mujeres entablaran una conversación sobre clase, no solo hallarían diferencias en el constructo social de feminidad y en la expresión del mismo, sino también en sus ideas acerca de cómo enfrentarse a las circunstancias y cambiarlas. Ampliar la discusión para que incluya el análisis de la raza y de la clase pondría sobre la mesa muchas diferencias adicionales al tiempo que expondría muchos de los puntos en común.

Claramente, el proceso de forja del vínculo sería más complejo, pero la conversación más amplia permitiría compartir perspectivas y estrategias de cambio que podrían enriquecer, en lugar de mermar, nuestra comprensión del género. A pesar de que las feministas cada vez hablamos más, aunque «de boquilla», sobre la diversidad, no hemos desarrollado estrategias de comunicación y de inclusión que permitan poner en práctica esta visión feminista con éxito.

Los grupos pequeños han dejado de ser el lugar principal para la concienciación feminista. Gran parte de la educación feminista para promover una conciencia crítica ocurre en el marco de asignaturas sobre estudios de mujeres o en ponencias que se centran en cuestiones de género. Los libros son una de las fuentes principales de educación, pero hay gran cantidad de personas que no leen y que no tienen acceso a la información. La brecha existente entre las estrategias comunitarias de compartir el pensamiento feminista alrededor de mesas de cocina y las esferas donde se genera gran parte de ese pensamiento (el mundo académico) erosiona al movimiento feminista, que saldría reforzado si el nuevo pensamiento feminista se pudiera compartir en el contexto de grupos pequeños e integrara el análisis crítico y las conversaciones sobre las experiencias personales. Sería útil que volviéramos a promover los grupos pequeños como el escenario de una educación que diera lugar a la conciencia crítica, de modo que mujeres y hombres se pudieran reunir en barrios y en comunidades para hablar de cuestiones feministas.

Los grupos pequeños siguen siendo un lugar importante para educar la conciencia crítica por muchos motivos. Un aspecto especialmente relevante de los grupos pequeños es el énfasis que ponen en comunicar el pensamiento feminista, la teoría feminista, de un modo fácil de entender. En los grupos pequeños, no hace falta que todos los integrantes tengan un nivel educativo similar, porque la información se comparte sobre todo mediante la conversación, mediante un diálogo que es, necesariamente, una expresión liberadora. (La alfabetización debería ser un objetivo feminista, aunque también debemos garantizar que no se convierta en un requisito para poder participar en la educación feminista.) Volver a formar grupos pequeños pondría fin a la apropiación del pensamiento feminista por parte de un grupo selecto de mujeres y de hombres académicos, normalmente blancos y, normalmente, pertenecientes a clases sociales privilegiadas.

Cuando grupos pequeños de personas se reúnen para participar en una conversación feminista, en una lucha dialéctica, abren un espacio donde ampliar «lo personal es político» como punto de partida para educar una conciencia crítica. Esta ampliación permite incluir la politización del yo y ayuda a entender cómo, al combinarse, el sexo, la raza y la clase determinan nuestro destino individual y nuestra experiencia colectiva. El pensamiento feminista saldría reforzado si muchas pensadoras feministas conocidas participaran en grupos pequeños y revisaran de forma crítica cómo cambiaría su obra si incluyeran perspectivas más amplias. Todos los esfuerzos orientados a la transformación personal nos desafían a implicarnos en un autoanálisis y en una reflexión crítica constante acerca de la práctica feminista y de cómo vivimos en el mundo. Este compromiso individual, unido a la participación en una conversación colectiva, proporciona un espacio en el que los comentarios críticos son posibles y consolidan nuestro esfuerzo para cambiar y renovarnos. La esperanza de la revolución feminista reside en este compromiso con los principios feministas, tanto con nuestras palabras como con nuestras acciones.

Trabajar colectivamente para confrontar la diferencia y ampliar nuestra conciencia del sexo, la raza y la clase como sistemas de dominación que interactúan y reflexionar sobre cómo reforzamos y perpetuamos dichas estructuras; ese es el contexto en el que aprendemos el verdadero significado de la solidaridad. Esta labor ha de constituir los cimientos del movimiento feminista. Sin ella, no nos podremos resistir con eficacia a la dominación patriarcal; sin ella, permaneceremos aisladas y alejadas las unas de las otras. El miedo a una confrontación dolorosa suele hacer que mujeres y hombres activos en el movimiento feminista eviten los encuentros críticos rigurosos. Sin embargo, si no nos podemos implicar dialécticamente de un modo comprometido, riguroso y humanizador, no podemos esperar cambiar el mundo. La verdadera politización (la toma de conciencia crítica) es un proceso difícil y complicado que nos exige renunciar a maneras consolidadas de pensar y de ser, cambiar de paradigma y abrirnos a lo desconocido, a lo incierto. Durante este proceso, aprendemos lo que significa luchar y, en este esfuerzo, experimentamos la dignidad y la integridad que acompañan al cambio revolucionario. Si no cambiamos de conciencia, no podemos cambiar nuestras acciones ni exigir a otros que cambien.

Nuestro compromiso renovado con un proceso riguroso de educación para el desarrollo de una conciencia crítica determinará la forma y la dirección del movimiento feminista en el futuro. Hasta que no creemos perspectivas nuevas, no podremos ser símbolos vivientes del poder del pensamiento feminista. Dado el privilegio, en términos tanto de estatus como de clase y de raza, de que disfrutan muchas pensadoras feministas importantes, ahora es más difícil convencer a las mujeres de la importancia de este proceso de politización. Parece que cada vez formamos grupos de interés más selectos, compuestos exclusivamente por personas con posturas similares a las nuestras. Esto limita nuestra capacidad para mantener una conversación crítica. Es difícil implicar a las mujeres en procesos nuevos de politización feminista, porque muchas pensamos que identificar al hombre con el enemigo, resistirnos a la dominación masculina y alcanzar un acceso igualitario al poder y al privilegio será el fin del movimiento feminista. De hecho, en mi opinión, no es que sea el fin, sino que ni siquiera es el lugar por donde queremos que comience el movimiento feminista revitalizado. Queremos empezar como mujeres que nos examinamos a nosotras mismas con seriedad, y no solo en relación con los hombres, sino en relación con toda una estructura de dominación de la que el patriarcado no es más que una parte. Aunque la lucha para erradicar el sexismo y la opresión sexista es, y ha de ser, el motor principal del movimiento feminista, si nos queremos preparar políticamente para este esfuerzo, antes debemos aprender a ser solidarias, a luchar las unas junto a las otras.

La única manera de participar en la formación de una revolución feminista, en la transformación del mundo, es enfrentarnos a las realidades del sexo, la raza y la clase, a las cuestiones que nos dividen, que nos diferencian y que nos oponen, y esforzarnos en reconciliar y resolver estas cuestiones. El feminismo, tal y como insiste una y otra vez Charlotte Bunch en *Passionate Politics*, es una política de transformación, una lucha contra la dominación en la que nos esforzamos por cambiar no solo las estructuras, sino también a nosotras mismas. Cuando habla de la lucha para enfrentarnos a la diferencia, Bunch afirma:

> Uno de los puntos cruciales del proceso consiste en entender que la realidad no es la misma vista desde perspectivas distintas. No es sorprendente que el amor de una persona de otra cultura o de otra raza sea una de las maneras en que las feministas llegan a entender la diferencia. Traspasar las premisas etnocéntricas y aprender de verdad cuál es la perspectiva del otro exige persistencia y motivación, algo que el amor suele proporcionar. Durante este proceso, y al tiempo que intentamos eliminar la opresión, descubrimos también las posibilidades y los conocimientos que proceden de la experiencia y de la supervivencia de otros pueblos.

El desafío que supone el amor está incrustado en el compromiso con la revolución feminista. El amor puede ser, y es, una fuente importante de capacitación cuando nos enfrentamos a cuestiones de sexo, raza y clase. Si vamos a colaborar para identificar y confrontar nuestras diferencias (enfrentarnos a las maneras en que dominamos y somos dominados) y cambiar así nuestra conducta, necesitamos una fuerza mediadora que nos sostenga y evite que nos quebremos durante el proceso, que evite el desaliento.

No hay muchas obras feministas que se centren en documentar y compartir la experiencia de distintas personas que confrontan con éxito y de un modo constructivo la diferencia. Las mujeres y los hombres han de saber qué hay al otro lado del dolor que se experimenta durante la politización. Necesitamos explicaciones detalladas de cómo la vida se vuelve más plena y más rica a medida que cambiamos y crecemos políticamente, a medida que aprendemos a vivir cada momento como feministas comprometidas, como camaradas que colaboran para poner fin a la dominación. A la hora de reconceptualizar y de reformular estrategias para el movimiento feminista en el futuro, tendremos que concentrarnos en la politización del amor, no solo en el contexto de conversaciones sobre la victimización en las relaciones de pareja, sino durante conversaciones críticas en las que podamos entender el amor como una fuerza potente que se enfrenta y se resiste a la dominación. Si nos esforzamos en ser afectuosos, en crear una cultura que celebre la vida y haga posible el amor, avanzaremos en la lucha contra la deshumanización, contra la dominación. En *Pedagogía del oprimido*, Paulo Freire evoca el poder del amor y declara:

> Cada vez estoy más convencido de que, dada su naturaleza creativa y liberadora, los verdaderos revolucionarios han de percibir la revolución como un acto de amor. Para mí, la revolución, que no es posible sin una teoría de la revolución (y, por lo tanto, ciencia) no es irreconciliable con el amor... La distorsión que el mundo capitalista ha impuesto sobre la palabra «amor» no puede impedir que la revolución tenga un carácter fundamentalmente afectuoso ni que los revolucionarios afirmen su amor por la vida.

El aspecto feminista de la revolución que llama a las mujeres a amar la feminidad y que llama a los hombres a resistirse a los conceptos deshumanizadores de la masculinidad es un elemento esencial de nuestra lucha. Es el proceso que permite que pasemos de vernos como objetos a actuar como sujetos. Cuando las mujeres y los hombres entendamos que la lucha para erradicar la dominación patriarcal hunde sus raíces en el anhelo de construir un mundo en el que todos podamos vivir con plenitud y libertad, sabremos que nuestro esfuerzo es un gesto de amor. Recurramos a ese amor para aumentar nuestra conciencia, ahondar en nuestra compasión, intensificar nuestro valor y reforzar nuestro compromiso.

CAPÍTULO
5

Recuperar el yo

Con frecuencia, cuando alzamos la voz radical para hablar acerca de la dominación nos dirigimos a las personas que dominan. Su presencia cambia la dirección y la forma de nuestras palabras. El lenguaje también es un espacio de lucha. Aún era una niña que me iba convirtiendo poco a poco en mujer cuando leí estas palabras de Adrienne Rich: «Este es el lenguaje del opresor, pero necesito hablar contigo». El mismo lenguaje que me permitió terminar el posgrado, escribir una tesis y hablar en entrevistas de trabajo huele a opresión. Los aborígenes australianos dicen que el olor del hombre blanco los mata. Aún recuerdo los aromas de mi infancia: el pan de maíz de agua caliente, las hojas de nabo, las tortitas fritas... Recuerdo cómo nos hablábamos y que nuestras palabras estaban marcadas por el intenso acento de los negros sureños. El lenguaje constituye nuestras raíces, estamos casados con él, nuestro ser está hecho de palabras. El lenguaje también es un espacio de lucha. La lucha del lenguaje de los oprimidos, de los que luchamos para recuperarnos, reescribirnos, reconciliarnos y renovarnos. Nuestras palabras no carecen de significado. Son una acción, una resistencia. El lenguaje también es un espacio de lucha.

¿Puedo atreverme a hablar con la misma voz al oprimido y al opresor? ¿Debo atreverme a hablar al lector en un lenguaje que nos aleje de los límites de la dominación, en un lenguaje que no lo atrape, que no lo ate, que no lo retenga? El lenguaje también es un espacio de lucha. Los oprimidos luchamos con el lenguaje para leernos, para reunirnos, para reconciliarnos, para renovarnos. Nuestras palabras no carecen de significado. Son una acción, son resistencia. El lenguaje también es un espacio de lucha.

Últimamente, tengo dificultades para ser una mujer de palabra. La poeta negra Mari Evans nos insta a «decirle la verdad al pueblo». El entorno académico, el discurso académico en el que trabajo, no se caracteriza por decir la verdad. No es un lugar donde los oprimidos nos reunamos para hablar y liberarnos de las ataduras mediante la palabra, para escribir el camino hacia la libertad o para publicar artículos y libros que, además de informar, también testifiquen y den fe de la primacía de la lucha, de nuestro esfuerzo colectivo de transformación. Y, sin embargo, esta es nuestra necesidad más urgente, nuestro trabajo más importante, el trabajo de la liberación. Con frecuencia, estamos atrapados en un contexto cultural que define la libertad únicamente en términos de aprender el lenguaje del opresor (lenguaje entendido como cultura; aprender a vivir en la cultura del opresor, lo que Baba, mi abuela, y lo que los indios nativos americanos antes que ella describían como «aprender las costumbres del hombre blanco»); de integrarse, aunque sea lentamente, en la hegemonía dominante, en la corriente principal. Nos ha resultado extraordinariamente difícil avanzar más allá de esta versión hueca y vacía de lo que podemos hacer, nosotros, meros imitadores de los opresores, y dirigirnos hacia una visión liberadora, una que transforme nuestra conciencia, nuestro ser.

Nuestro trabajo más importante, el trabajo de la liberación, nos exige construir un lenguaje nuevo, crear un discurso de oposición, una voz liberadora. En esencia, la persona oprimida que ha pasado de ser objeto a ser sujeto nos habla de una manera nueva. Este discurso, esta voz liberadora, solo emerge cuando el oprimido se recupera a sí mismo. En *Pedagogía del oprimido*, Paolo Freire afirma que «no podemos entrar en la lucha como objetos y esperar convertirnos en sujetos más adelante». El acto de convertirnos en sujetos es aún otra manera de hablar del proceso de recuperación del yo.

A principios de la década de 1970, el monje budista Thich Nhat Hanh reflexionaba sobre la guerra del Vietnam, sobre las protestas y la resistencia, y entabló una conversación con Daniel Berrigan acerca de cómo las fuerzas de dominación fragmentan, alienan y asaltan nuestro ser más interior y nos quiebran. Habló de la necesidad de reparar la identidad para que volviera a estar completa: «En francés, hablan de *recueillement* para describir la actitud de alguien que intenta ser él mismo, que evita dispersarse, con un miembro del cuerpo allí y otro allá. Alguien que se quiere recuperar, volver a estar en forma, volver a estar completo». Estas palabras me emocionaron especialmente, porque las oí en un momento de mi vida en el que aún no había desarrollado del todo la conciencia crítica, cuando aún estaba perdida pero seguía buscando, en el intento de entenderme a mí misma y al mundo que me rodeaba. Estas palabras reverberaron en mi conciencia:

En la tradición budista, solemos hablar de la «iluminación» como de una especie de regreso a casa. Los tres mundos (el de la forma, el de la no forma y el del deseo) no son nuestra casa. Son lugares en los que vagamos durante muchas existencias, alienados con nuestra propia naturaleza. La iluminación es el camino de vuelta a casa. Y hablamos de los esfuerzos para regresar, descritos en términos de la recuperación de uno mismo, de la integridad personal.

Las palabras de Thich Nhat Hanh introdujeron en mi conciencia la idea de recuperar el yo. Aunque lo hace en referencia a un tema político (las protestas contra la guerra), habla de la recuperación personal en términos espirituales (algo que también tiene un significado muy profundo para mí). En mi mente, relacioné una y otra vez la recuperación personal con el esfuerzo global de los oprimidos y de los dominados para adquirir conciencia de las fuerzas que nos explotan y nos oprimen; con los esfuerzos para educar una conciencia crítica, para crear una resistencia efectiva y significativa, para generar una transformación revolucionaria. En su innovador ensayo *On the Issue of Roles*, Toni Cade Bambara, la compiladora de *The Black Woman*, insiste en que «la revolución comienza con uno mismo y en uno mismo». Observé sus palabras y decidí ser aún más vigilante en mis esfuerzos para practicar una introspección sostenida, rigurosa y crítica. Cuando traspasé los límites de nuestra pequeña comunidad negra sureña segregada y fui a la universidad, cuando me introduje en el mundo más amplio, me di cuenta (en lo que fue un descubrimiento doloroso y potencialmente devastador) de que no entendía del todo lo que significaba ser una mujer negra en Estados Unidos, de que no entendía plenamente la política de nuestra realidad. Inicié una búsqueda desesperada para alcanzar esa comprensión. La búsqueda me acabó llevando a la asignatura de estudios de la mujer y a la literatura feminista, lugares en los que entonces no encontré lo que necesitaba para nutrir mi alma. Fue entonces cuando empecé a escribir *¿Acaso no soy yo una mujer? Mujeres negras y feminismo*, aunque no lo publiqué hasta años después, cuando el movimiento feminista en Estados Unidos abrió un espacio en el que se reconocía y se escuchaba la voz de las mujeres negras.

Ahora puedo decir que «*¿Acaso no soy yo una mujer?* es el libro de mi recuperación del yo, la expresión del despertar de mi conciencia crítica». Puedo decir que «es el libro de mi corazón, nunca volveré a escribir un libro así». Pero es lo que digo ahora. Entonces lo experimenté, y lo sentí, como una alegría privada. Entonces carecía del lenguaje necesario para hablar de esa alegría en términos políticos. Cuando escribí el libro, sentía que debía enfrentarme a la realidad de las mujeres negras, a nuestra historia negada y enterrada, a nuestras circunstancias actuales. El pensamiento, la escritura, constituyeron un acto de afirmación que me permitió recuperarme a mí misma, estar completa.

Llamo a esta experiencia «recuperar el yo». Sin embargo, tuve que vivir con este término para poder reflexionar de un modo crítico acerca de él. Me sentía especialmente insegura acerca de las palabras «recuperar el yo», de la insistencia en que la plenitud del ser (el yo) es presente y es posible, de la insistencia en que la hemos experimentado y es un estado al que podemos regresar. En lo más hondo de mi corazón, quería saber si esto era cierto también para los oprimidos, para los dominados, para los deshumanizados, quería saber si el ser completo existió antes de la explotación y de la opresión, si existía un ser que pudiera ser reparado y recuperado.

Descarté la idea de que el yo exista en oposición a otro que hay que destruir y aniquilar (cuando abandoné el mundo segregado de mi hogar y empecé a vivir entre blancos y entre sus maneras de conocer aprendí esta manera de entender la construcción social del yo) y evoqué el modo de conocer que había aprendido de los negros analfabetos del sur. Aprendíamos que el yo existía en la relación con el otro, que su propia existencia dependía de las vidas y de las experiencias de todos los demás, que el yo no era el significante de un «Yo» individual, sino de la reunión de muchos «yoes», un yo que encarnaba la realidad colectiva, pasada y presente, de la familia y de la comunidad. La construcción social del yo en relación con el otro significaría, entonces, estar en contacto con lo que Paule Marshall llama «nuestras propiedades antiguas», nuestra historia. Sin embargo, cuando nos dominan, son precisamente estas voces las que se silencian, las que se reprimen. Luchamos para recuperar esta voz colectiva. La dominación y la colonización intentan destruir nuestra capacidad de conocer ese yo, de saber quiénes somos. Cuando trabajamos para recuperar el yo, cuando nos esforzamos en reunir los fragmentos del ser para recuperar nuestra historia, nos oponemos a esta violación, a esta deshumanización. Este proceso de recuperación permite que nos veamos como si fuera la primera vez, ya que nuestro campo visual ya no está modelado y determinado solo por la condición de dominación. En la obra reciente de Carol Stack acerca de los negros que abandonan el norte para regresar al sur, Joella, la mujer negra que se dirige por primera vez de sujeto a sujeto a una mujer blanca, dice que hablar así «fue como si de mí saliera una voz que yo ni sabía que existía. Era la primera vez que la oía. Hablaba con mi propia voz». Hace años, no sentí la necesidad de explicar la historia de mi recuperación, de cómo esta obra, la investigación, sus revelaciones, me dieron una sensación de identidad, me dieron raíces, porque en Estados Unidos no existía una estructura que promoviera esta confrontación con la realidad. Ahora entiendo que el proceso a través del cual los colonizados, los oprimidos, rompemos nuestras ataduras y ponemos fin a la complicidad con el colonizador, con el opresor, constituye un modelo de liberación para el cambio social, una estrategia de resistencia que hay que compartir, de la que hay que hablar.

En muchos sentidos, los movimientos políticos radicales estadounidenses no reconocen todavía el proceso de recuperación del yo, de educación de la conciencia crítica. A diferencia de lo que sucede en la lucha revolucionaria global, que lo considera un aspecto esencial del proceso de radicalización, los modelos de cambio social radical en Estados Unidos no acostumbran a estudiar cómo las personas desarrollan la conciencia política. No existen programas formativos para el desarrollo de una conciencia crítica. Al mismo tiempo, se suele asumir que las personas que han tenido el privilegio de acceder a la formación superior no necesitan una educación específica para desarrollar una conciencia crítica. Es un error gravísimo. En esta sociedad, en esta cultura de dominación, no puede haber un cambio radical, no puede darse una transformación revolucionaria, si nos negamos a reconocer la necesidad de radicalizar la conciencia al tiempo que desarrollamos una resistencia política colectiva. Cuando hablo de radicalizar la conciencia pienso en la palabra «concienciación», que abarca mucho más que la mera adopción de eslóganes políticamente correctos o el apoyo a causas políticamente correctas.

Tenemos que entender la universidad como un espacio clave para la lucha revolucionaria, un espacio en el que podamos trabajar para educar la conciencia crítica, donde podamos desarrollar una pedagogía de la liberación. Sin embargo, ¿cómo podemos transformar a otros si nuestros propios hábitos de existencia refuerzan y perpetúan la dominación en todas sus formas: racismo, sexismo y explotación de clase? Esto nos remite a la cuestión de la recuperación del yo, y la amplía para que incluya modelos de transformación personal que aborden tanto al opresor como al oprimido. La obra reciente de Nancy Hartsock sobre la creación de nuevas epistemologías recupera el trabajo de Albert Memmi y su insistencia en que, en una cultura de dominación, tanto el colonizador como el colonizado están deshumanizados, aunque cada uno de maneras distintas y específicas. Por lo tanto, si queremos poner fin a la dominación, la transformación personal ha de suceder a ambos lados de la barrera. Quienes nos oponemos y nos resistimos a la dominación, ya seamos dominados o dominadores, compartimos el anhelo de transformación personal, el afán de rehacernos y de reconstituirnos para poder ser radicales.

Es crucial que no pasemos por alto ni al yo ni al anhelo de transformación del yo que tantos de nosotros compartimos y que generemos las condiciones necesarias para estar completos, de modo que ambos se reflejen tanto en nuestro propio ser como en la realidad política y social.

Podemos usar el movimiento feminista contemporáneo como ejemplo con el que examinar cómo las activistas intentan educar la conciencia crítica. El proceso de concienciación en el movimiento feminista contemporáneo fue antaño una estructura clave para el desarrollo de la conciencia crítica. Sin embargo, con mucha frecuencia, solo se ponía énfasis en nombrar al opresor, en nombrar el dolor. El potente eslogan «la persona es política» abordaba la conexión entre el yo y la realidad política. Sin embargo, muchas veces se interpretaba como que nombrar el dolor personal en relación con las estructuras de dominación era lo único necesario en lugar de ser solo la fase inicial del proceso de desarrollo de la conciencia política. En la mayoría de los casos, no se establecía una relación suficiente entre nombrar el dolor y una educación global para el desarrollo de una conciencia crítica acerca de la resistencia política colectiva. Insistir en lo personal en una estructura que no instaba a reconocer la complejidad de las estructuras de dominación podía llevar fácilmente a equivocar el nombre y a crear aún otro nivel sofisticado de ausencia de conciencia o de conciencia distorsionada. Esto sucede con frecuencia en contextos feministas en los que la raza o la clase no se consideran factores determinantes para la construcción social de la realidad de género y, lo que es más importante, para determinar hasta qué punto una mujer sufrirá explotación y dominación.

En el caso de muchas mujeres, nombrar o revelar el dolor en un contexto en el que no se asociaba a estrategias para la resistencia y para la transformación creó las condiciones necesarias para que se sintieran aún más aisladas, alienadas, solas y, en ocasiones, desesperadas. En lugar de promover el proceso de recuperación del yo, muchas mujeres sintieron que se desintegraban, como si sus vidas se hubieran fragmentado y roto todavía más (las mujeres que nombraron el dolor que genera el sexismo y la opresión de género y que quisieron emular a los varones y trabajar para integrarse en la cultura del patriarcado, en la cultura de la dominación, pudieron experimentar una sensación de plenitud que se nos negó a las que buscábamos tanto la transformación del yo como la del mundo que nos rodeaba). Muchas mujeres que anhelaban descubrir el yo, y no limitarse a describir heridas o victimizaciones ni a hablar una y otra vez de los problemas, se desilusionaron y perdieron el interés por el feminismo, porque ya no estaban seguras de que este fuera un movimiento verdaderamente radical.

Faltaba una visión completa de la recuperación del yo, del proceso por el que la persona dominada y explotada podría experimentar una relación nueva y diferente con el mundo. No cabe duda de que el movimiento feminista contemporáneo ha permitido que las mujeres seamos más conscientes del impacto que la dominación y la opresión sexistas ejercen en nuestras vidas. Sin embargo, esta conciencia no ha llevado a millones de mujeres a comprometerse con la lucha feminista, precisamente porque no se ha asociado plenamente con una educación que promueva el desarrollo de una conciencia crítica, de una resistencia colectiva.

Despertar a las mujeres para que sean conscientes de la necesidad de cambio, sin ofrecerles al mismo tiempo modelos y estrategias sustanciales para el mismo, genera frustración y da lugar a una situación que deja insatisfecho el anhelo de transformación. Sabemos que necesitamos la transformación, anhelamos la transformación, pero no nos parece que la política feminista o la política radical puedan satisfacer ese anhelo. Este espacio de anhelo insatisfecho se ha llenado de multitud de libros de autoayuda, que ofrecen modelos de cambio personal aplicables a la vida cotidiana. Libros como *¿Por qué creo que no soy nada sin un hombre?*, *El complejo de Cenicienta*, *Men Are Just Desserts*, *Cuando el amor es odio: hombres que odian a las mujeres y mujeres que siguen amándolos*, y el más importante, el favorito de todos los tiempos, *Las mujeres que aman demasiado*.

El pensamiento y el análisis feminista de los roles de género fue la estructura radical que legitimó y privilegió el derecho de las mujeres a articular problemas relacionados con el género. Proporcionó un estímulo, un impulso que, por desgracia, ha llevado a muchas mujeres a agarrarse a la primera solución a la vista. Irónicamente, los mismos libros que afirman ofrecer los modelos de recuperación del yo de los que carecen las obras feministas, demoran y merman tanto el desarrollo de la conciencia política de la mujer como el avance del movimiento feminista. En estos nuevos libros de autoayuda para la mujer, el patriarcado y la dominación masculina casi nunca se identifican como las fuerzas que llevan a la opresión, a la explotación y a la dominación de la mujer. Por el contrario, sugieren que basta con que las mujeres tomen las decisiones correctas para cambiar las relaciones individuales entre hombres y mujeres. En el fondo, muchos de estos libros odian a las mujeres. Todos plantean una visión del mundo en el que la mujer solo puede ser liberada si toma las decisiones correctas. Esto es especialmente cierto en *Las mujeres que aman demasiado*.

Este libro es único porque lo han leído millones de mujeres de todas las razas, clases y orientaciones sexuales. El libro de Norwood es atractivo precisamente porque apela de un modo esencial al anhelo de descubrimiento del yo. Usa esta frase no en un sentido político radical, sino tal y como se usa en el ámbito de la salud mental para identificar a personas que se esfuerzan por superar distintas adicciones. Habla del dolor y de la angustia que muchas mujeres sienten en sus relaciones personales, y sobre todo del dolor y de la angustia que las mujeres heterosexuales sienten en las relaciones con los hombres. Sin embargo, no reconoce de ninguna manera la realidad política, la opresión y la dominación de la mujer. No usa ni una sola vez expresiones como «dominación masculina», «feminismo» o «liberación de la mujer», aunque sí comparte con las lectoras que su marido se ocupó de las tareas de casa mientras ella escribía el libro. Lo comparte como si muchos hombres y, lo que es más importante, los hombres adecuados, asumieran automáticamente estas tareas y se ocuparan del hogar mientras las mujeres desempeñan un trabajo creativo.

La nueva obra de Nancy Hartsock nos conmina a preguntarnos por qué nos piden que renunciemos a ocuparnos del tema en este momento histórico, cuando las mujeres luchan para pasar de ser objetos a sujetos; del mismo modo, también nos tendríamos que preguntar por qué las mujeres se dejan seducir por modelos de cambio individual que implican que no es necesario cambiar de ningún modo la realidad política o social más amplia. Tenemos que preguntarnos por qué resulta tan atractiva esta idea. ¿Por qué están dispuestas las mujeres a volver a pautas antiguas, a narrativas que sugieren que somos las responsables de que los hombres nos dominen? Como activistas feministas, como teóricas feministas, tenemos que reconocer que hemos fracasado en el intento de crear modelos para el cambio radical en la vida cotidiana adecuados y que tengan sentido y sean relevantes para millones de mujeres. Hasta que construyamos, y a no ser que construyamos, esos modelos, el movimiento feminista no podrá ejercer un impacto revolucionario ni transformar el yo o la sociedad.

CAPÍTULO
6

Teoría feminista:
una propuesta radical

Es incuestionable que debemos centrarnos en la teoría feminista si queremos llevar a cabo un examen constructivo del mundo académico feminista y de su participación en la política. En esta época de grave crisis económica y política, cuando nos vemos sometidas a ataques cada vez más manifiestos por parte de antifeministas que o bien niegan la validez de la lucha por la liberación feminista o bien simplifican la naturaleza de la misma, debemos participar activamente en un diálogo crítico continuado acerca del futuro del movimiento feminista, acerca de la dirección y de la forma de la teoría feminista.

No puede haber un movimiento feminista efectivo sin una teoría feminista liberadora. Para satisfacer este objetivo, la teoría feminista ha de proporcionar una estructura de análisis y de pensamiento que sintetice lo más visionario del pensamiento, habla y discurso feministas; ha de proporcionar unos modelos de cambio que surjan de nuestra comprensión del sexismo y de la opresión sexista en la vida cotidiana, además de estrategias de resistencia que erradiquen de forma efectiva la dominación y nos impliquen plenamente en una praxis liberadora.

Dada esta estructura, la teoría feminista debería estar dirigida al conjunto de mujeres y de hombres en nuestra sociedad. Así, nos

educaría de forma colectiva para que desarrollásemos una conciencia crítica que nos permitiera explorar y entender mejor los
mecanismos del sexismo y de la opresión sexista, así como la base
política de la crítica feminista. También nos permitiría desarrollar
estrategias de resistencia más efectivas. Actualmente, la universidad corporativa es el principal espacio de producción de teoría
feminista en Estados Unidos. La mayoría de los trabajadores en
este espacio son académicos con formación universitaria y, con
pocas excepciones, con orígenes privilegiados tanto en lo que se
refiere a la raza como a la clase. Como la obra de los teóricos feministas ha de cuestionar y criticar de manera fundamental las estructuras ideológicas de la hegemonía patriarcal supremacista
blanca que impera en la actualidad, parece adecuado identificar
la universidad como un lugar útil para el trabajo político radical,
para el movimiento feminista. Sin embargo, también hay que recordar que no es, ni debería ser, el único espacio donde se desa-
rrolla ese trabajo. Las estudiosas y estudiosos que intervienen en
la producción de teoría feminista también han de asumir la responsabilidad de instaurar mecanismos para diseminar el pensamiento feminista que trasciendan no solo los límites del entorno
universitario, sino también los de la letra impresa. También nos
corresponde a nosotros promover y alentar el desarrollo de teoría
feminista por parte de personas ajenas al mundo académico.
Mientras la universidad siga siendo «el» espacio central para el
desarrollo de la teoría feminista, tendremos que seguir examinan-
do el modo en que nuestra obra puede ser, y es, erosionada.

Algunos de los grandes problemas de la producción y difusión
de la teoría feminista hunden sus raíces en las múltiples contradicciones a las que nos enfrentamos en el entorno universitario. Cada
vez más parece que solo consideramos valiosas las teorías de un
tipo: las eurocéntricas, de lenguaje complejo y ancladas en estructuras filosóficas blancas con sesgos machistas y racistas. Quiero
dejar claro que no critico que los feministas hagan este tipo de
trabajo, sino que parece que, cada vez más, se considera que este

es el único importante y con sentido. Y esto es un problema. En lugar de ampliar el concepto de teoría para que incluya tipos de teorías producidos en múltiples estilos de escritura (espero que algún día produzcamos incluso teorías que empiecen por la experiencia antes de llegar a la fase escrita), el concepto de qué constituye una teoría se está convirtiendo en algo cada vez más estrecho y restrictivo. En lugar de derribar las estructuras de dominación, estas teorías se usan para promover un elitismo académico que aprueba las estructuras de dominación tradicionales. Los académicos que producen teorías de este tipo acostumbran a recibir mejor consideración que el resto. Por lo tanto, la jerarquía opresiva se refuerza y se mantiene. La teoría feminista se está convirtiendo rápidamente en otra esfera de elitismo académico, donde las obras lingüísticamente complejas que beben de obras similares se consideran más sofisticadas intelectualmente y, de hecho, se consideran más teóricas (ya que el estereotipo de teoría equipara a esta con aquello difícil de entender, lingüísticamente complejo) que otras obras más accesibles. Cada vez que esto sucede, erosiona el potencial radical y subversivo del mundo académico feminista en general y de la teoría feminista en particular.

Cuando Audre Lorde hizo el comentario —tan citado como malinterpretado— en el que nos advertía de que «las herramientas del amo nunca desmontarán la casa del amo», nos instaba a recordar que, si realmente queremos un cambio revolucionario, tenemos que participar en un proceso de pensamiento visionario que trascienda las maneras de conocer que prefieren los poderosos opresores. En la estructura profunda de la afirmación, nos recordaba que es fácil que las mujeres, como cualquier otro grupo explotado u oprimido, se vuelvan cómplices de las estructuras de dominación y usen el poder de un modo que lo refuerce en lugar de cuestionarlo o cambiarlo. Como las estructuras institucionales imponen valores, modos de pensamiento y maneras de estar en la conciencia, quienes trabajamos en un entorno académico podemos acabar participando, sin darnos cuenta, en la producción de una teoría feminista cuyo objetivo es crear una esfera nueva de elitismo teórico. Las intelectuales feministas que producen un trabajo que no se considera teórico o intelectualmente riguroso quedan excluidas de este escenario de vínculos privilegiados. Y esto merma gravemente el movimiento feminista. Significa que, además de perder de vista la necesidad de producir teoría feminista directamente relacionada con la vida concreta de las mujeres y de los hombres más afectados por la opresión sexista, también participamos en una lucha de poder innecesaria e improductiva que desvía nuestra energía crítica y echa piedras sobre nuestro propio tejado.

La producción y la distribución de teoría feminista en formas que alienan y que son difíciles de entender ha dado lugar al desarrollo continuado de un antiintelectualismo feminista, además de intensificar el antagonismo hacia la teoría que caracteriza a todo el movimiento feminista contemporáneo. Al principio, educadoras feministas como Charlotte Bunch insistieron en la necesidad de una educación feminista cuyo objetivo fuera alterar el impulso antiteórico que muchas mujeres han aprendido del condicionamiento patriarcal. Cuando la teoría feminista que se considera más valiosa se articula de tal modo que no permite comunicar las ideas con efectividad, refuerza el miedo, sobre todo entre los explotados y los oprimidos, de que el objetivo de la teoría no sea la liberación, sino la confusión. Quienes rechazan la teoría tienden a preferir las acciones concretas y las experiencias de resistencia contra el sexismo, por limitado que sea su impacto.

Mientras el entorno universitario sea el espacio principal para la producción de teoría y los académicos participen simultáneamente en un contexto de trabajo competitivo que apoya y perpetúa todas las formas de dominación, los teóricos feministas tenemos que ser muy cuidadosos y no apoyar nociones monolíticas de qué es una teoría. Tenemos que afirmar continuamente la necesidad de múltiples teorías que surjan de perspectivas diversas y en estilos igualmente diversos. Con frecuencia, nos limitamos a aceptar con pasividad la falsa dicotomía entre lo considerado «teórico» y los escritos que aparentemente se relacionan de forma más directa con la experiencia.

En muchas clases de teoría feminista, este problema se aborda incluyendo obras que se supone que representan experiencias de la «vida real» o que presentan representaciones ficticias de una realidad concreta junto a obras que se consideran muy teóricas. Con frecuencia, estos intentos refuerzan el racismo y el elitismo identificando las obras de mujeres de clase obrera y de mujeres de color como «basadas en la experiencia» y las de mujeres blancas como «teoría». El año pasado vi el programa de una asignatura de teoría feminista en un curso de estudios sobre la mujer donde la única obra no teórica era *El color púrpura*, la novela de Alice Walker. Otra asignatura contaba con una bibliografía obligatoria que incluía obras de mujeres blancas, como Nancy Hartsock, Zillah Eisenstein, Julia Kristeva, Alice Jardine y, además, *El color púrpura*. Con frecuencia, se usan las novelas o las obras autobiográficas para mediar la tensión entre las obras académicas, las teóricas y las basadas en la experiencia. Esto parece ser especialmente cierto cuando se trata de incluir obras de mujeres de color en cursos sobre teoría feminista. Gran parte de la escasa obra teórica producida por mujeres de color es de difícil acceso, pero se puede encontrar.

Los sesgos antiintelectuales del movimiento feminista afectan directamente el grado en el que las mujeres de color se sienten llamadas a producir teoría feminista. Muchas de nosotras procedemos de entornos donde la actividad intelectual y la escritura se consideran tareas de poco valor, por lo que superar esta barrera ya supone un primer obstáculo. Resulta profundamente perturbador constatar cuán poca teoría feminista es obra de mujeres negras u otras mujeres de color. La escasez de material no se debe solo a la falta de motivación; tiene que ver con que, en los círculos feministas, se da prioridad a material de mujeres de color que no solo no es teórico, sino que, en algunos casos, es antiteórico. ¿Por qué deberían las mujeres de color esforzarse en producir una teoría feminista que, probablemente, será ignorada o despreciada? ¿Cuántas mujeres de color dan clases de teoría feminista? Aunque he escrito teoría, es mucho más probable que me pidan que imparta asignaturas centradas en la mujer y la raza que en la teoría feminista. Cuando, en entornos universitarios, he compartido el deseo de impartir clases de teoría feminista con mujeres blancas jerárquicamente superiores a mí, la respuesta siempre ha sido que esa área ya está cubierta. Las mujeres de color que producimos teoría somos despreciadas como consecuencia de los sesgos raciales. Con frecuencia, se apropian de nuestro trabajo.

Cuando enseño y cuando escribo, intento, a imagen de Charlotte Bunch (cuyos primeros escritos sobre las mujeres y la educación fueron importantes precisamente porque instaban a las mujeres a no temer a la teoría), alentar a las mujeres, y sobre todo a las mujeres negras, a reconocer el valor y la importancia de la teoría, a reconocer que todas la usamos a diario. La teoría no es una esfera ajena a nosotras. A pesar de que gran parte de las obras teóricas puedan resultar difíciles de entender, creo que es útil que no nos limitemos a descartarla o a devaluarla, sino que hablemos de por qué nos intimida, de cuál podría ser su utilidad y de cómo podríamos interpretarla, traducirla, etc., para que entenderla nos resulte más fácil.

Es injusto para las escritoras negras, y para las escritoras en general, que el público feminista exija que nuestras obras de ficción aborden cuestiones que debería abordar la teoría feminista. Las novelas y las obras autobiográficas pueden mejorar, y mejoran, nuestra comprensión acerca de cómo algunas personas concretas reflexionamos de un modo crítico sobre el género y sobre cómo desarrollamos estrategias para resistirnos al sexismo o para cambiar vidas, pero no pueden sustituir, y no sustituyen, a la teoría. Lo que es aún más importante, tampoco favorece al movimiento feminista que las intelectuales feministas apoyen esta separación tan innecesaria como peligrosa entre las obras «teóricas» y las obras que se centran en la experiencia. Hace poco, me resultó perturbador leer el ensayo de Barbara Christian *The Race for Theory*, donde sugería una y otra vez que las mujeres negras y las «personas de color siempre han teorizado, pero de formas muy distintas a la forma occidental de lógica abstracta». Esta afirmación es falsa. Creo que este mensaje habría perturbado a más gente si lo hubiera escrito una persona blanca. Cuando lo leí, pensé inmediatamente en distintos grupos de pueblos africanos, como el dogón, que cuentan con esquemas lógicos muy abstractos que sustentan rituales centrados en crear sujetos de género. A los alumnos que recurren al término «abstracto» para descalificar alguna obra les explico una y otra vez que en la vida cotidiana usamos lenguaje y conceptos muy abstractos. Esto queda maravillosamente claro en la obra colectiva *Female Sexualization*, compilada por Frigga Haug, que escribe: «Al contrario de lo que sugiere su reputación, el lenguaje cotidiano es más que ligeramente abstracto: suprime la concreción de las emociones, de los pensamientos y de las experiencias y solo se refiere a ellos desde la distancia». Hace poco, pasé frente a un vagabundo negro y lo saludé con un «¿Cómo va?» y me respondió: «A la mitad, solo voy a la mitad». Ese día usé esa respuesta para hablar de abstracción, lenguaje e interpretación en mi clase de literatura afroamericana y abordé el problema de asumir que las «personas negras básicas» o la gente de la calle no usan la teoría abstracta. En su artículo, Barbara Christian escribe: «Y muchas de mis hermanas no ven el mundo de un modo tan simple. Quizá eso explique por qué no hemos corrido a crear teorías abstractas».

¡Cierto! No corremos a crear teoría feminista y, en mi opinión, es una tragedia. Es posible que no lo hagamos precisamente porque tememos articular lo que es abstracto. Toda la teoría que veo emerge en el reino de la abstracción, incluso la que trata de las experiencias cotidianas más concretas. Mi objetivo como pensadora y teórica feminista es abordar esa abstracción y articularla en un lenguaje que la haga accesible. No más compleja ni más rigurosa, sino más accesible.

Aunque coincido con la crítica de Barbara Christian acerca de que algunos tipos de teoría feminista no se consideran un «discurso de autoridad» y aunque uno de los objetivos de este ensayo es señalar los peligros que eso entraña, es importante que no nos resistamos a esta tendencia jerárquica rechazando toda la teoría en general. La teoría que usa un lenguaje enrevesado, un metalenguaje, tiene su lugar, pero esa teoría no se puede convertir en la base del movimiento feminista a no ser que la hagamos más accesible. Es habitual que las mujeres que escriben teoría le resten importancia cuando les preguntan acerca de su relación con la «vida real», con la experiencia cotidiana de la mujer. Esto refuerza la idea errónea de que toda la teoría ha de ser inaccesible. En los últimos años, algunos círculos feministas se han centrado en obras basadas en la experiencia como parte del intento de desviar la atención de la obra teórica; con ello solo han conseguido crear vacíos clave en el pensamiento feminista, además de bloquear la conciencia de la necesidad imperiosa de producir una teoría feminista visionaria. Esta teoría solo puede emerger en un contexto en el que o bien se integren el pensamiento crítico y la experiencia crítica o bien se reconozca que las ideas críticas, formuladas de forma abstracta, pueden ejercer un impacto en la experiencia de la vida cotidiana. Si queremos que ejerza un impacto significativo, tenemos que articular de un modo accesible la teoría feminista visionaria. Esto no implica que todo el mundo sea capaz de leerla. La incapacidad de leer o de escribir imposibilita que gran cantidad de personas accedan a la teoría feminista escrita. La alfabetización ha de ser una prioridad estratégica del feminismo. Sin embargo, hablar de lo que no se puede leer y hablar, tanto en ponencias como en la conversación cotidiana, es una manera tan efectiva de compartir información sobre la teoría feminista como a través del material publicado. Aunque las bases de la teoría estén en el discurso escrito, no es necesario que la teoría termine ahí.

Existen obras académicas feministas y de teoría feminista accesibles para la gran mayoría de los lectores y de las que se puede hablar con facilidad. Por nombrar solo unas cuantas: *Class and Femi-*

nism, compilado por Charlotte Bunch y Nancy Myron (1974); *Women and the New World*, un panfleto anónimo publicado en 1976; *Top Ranking: Essays on Racism and Classism in Lesbian Communities*, compilado por Joan Gibbs y Sara Bennett (1979); *Building Feminist Theory* (1981) y *The Politics of Reality: Essays in Feminist Theory* de Marilyn Frye. La mayoría de estas obras no aparecen en los programas de los cursos actuales sobre teoría feminista. De hecho, con un par de excepciones, este material está descatalogado, es difícil de encontrar o es poco conocido. Curiosamente, las obras sobre teoría feminista difíciles de entender tienen más probabilidades de aparecer en los cursos sobre teoría, sobre todo en niveles de posgrado. El reciente auge de un tipo concreto de teoría feminista francesa lingüísticamente enrevesada es un ejemplo de esta tendencia. Aunque estas obras enriquecen nuestra comprensión de la política de género, es importante que recordemos que no se trata de un discurso universal, que es política y culturalmente específico y que surge de relaciones específicas que estudiosas feministas francesas concretas han establecido en su realidad política y social. Dos pensadoras cuyas obras me vienen a la mente ahora son Luce Irigaray (*Espéculo de la otra mujer*) y Julia Kristeva (*Desire in Language*). Aunque estas obras honran la relación entre el discurso feminista y la práctica política, con frecuencia se usan en entornos universitarios para instaurar una élite intelectual selecta y para reforzar y perpetuar sistemas de dominación, sobre todo el imperialismo cultural occidental blanco. Cuando la teoría feminista, sea del tipo que sea, se usa de este modo, erosiona el movimiento feminista que aspira a acabar con la dominación sexista.

En esta etapa concreta del movimiento feminista en Estados Unidos, es necesario que las intelectuales feministas reflexionemos sobre el enfoque que damos a nuestro trabajo en la universidad. Tenemos que estar dispuestas a examinar de un modo crítico y renovado las tensiones que surgen cuando intentamos educar de un modo que garantice el avance del movimiento feminista liberador mientras trabajamos para crear un espacio académico feminista respetado en las instituciones. También tenemos que volver a examinar las tensiones que surgen cuando intentamos ser subversivos al tiempo que nos esforzamos en mantener nuestro trabajo, en ascender... Estas cuestiones prácticas son factores que influyen o determinan el tipo de erudición que se considera importante. Con frecuencia, los intentos de mediar o de reconciliar estas tensiones llevan a la frustración, a la desesperanza, a la cooptación, a la complicidad o a cambios de alianzas. Para reafirmar la primacía de la lucha feminista, las intelectuales feministas debemos renovar nuestro compromiso colectivo con una agenda teórica radical, con una educación feminista que sea la práctica de la libertad. Podemos empezar esta tarea reconociendo que la teoría feminista está perdiendo su conexión vital con la lucha feminista y que debemos recuperar y entender esta conexión si queremos que nuestra obra ejerza un impacto político significativo.

CAPÍTULO

7

Mundo académico feminista: cuestiones éticas

Durante una asignatura sobre mujeres y raza que impartía, empezamos a comentar la obra de Bettina Aptheker, *Woman's Legacy: Essays on Race, Sex, and Class in American History*, y planteamos la cuestión de si las mujeres blancas debían escribir o no acerca de la vida de mujeres negras. La clase estaba compuesta por treinta alumnos blancos y tres alumnos no blancos, y por tres hombres y treinta mujeres. Unos cuantos alumnos respondieron rápidamente: «Claro que sí, todos deberíamos poder escribir acerca de lo que queramos escribir». Otros alumnos dijeron: «Por supuesto que no, en absoluto. Las mujeres blancas no deberían escribir acerca de las mujeres negras ni de ningún otro grupo de mujeres que no sean blancas». Muchas de las alumnas eran lesbianas y la mayoría de ellas coincidían en que no creían que mujeres no lesbianas pudieran escribir libros acerca de la experiencia lesbiana. Hablamos de que hubo un tiempo en el que prácticamente todos los libros escritos acerca del movimiento feminista eran obra de hombres blancos, en el que la gran mayoría de los libros acerca de la esclavitud y de la experiencia negra (sobre todo si hablamos de libros académicos) estaban escritos por personas blancas (y a veces hombres negros) y en el que los pocos libros que había sobre la experiencia homosexual estaban escritos por personas no homosexuales. Así, conectamos nuestro debate con la toma de conciencia de que una de las dimensiones de la relación opresor/oprimido, explotador/explotado es que vemos a las personas que dominan como sujetos y a las dominadas, como objetos. Como sujetos, las personas tienen derecho a definir su propia realidad, a establecer sus propias identidades y a nombrar su historia. Como objetos, la realidad propia está definida por otros, la identidad propia es obra de otros, y la historia propia solo se nombra de modos que definen la relación con quienes son nuestro sujeto.

Hablamos de cómo todas las luchas de liberación iniciadas por grupos de personas que han sido vistas como objetos empiezan con un proceso revolucionario que las lleva a afirmar que son sujetos. Este es el proceso en el que insiste Paulo Freire: «No podemos entrar en la lucha como objetos y esperar convertirnos en sujetos más adelante». Las personas oprimidas resisten identificándose como sujetos, definiendo su realidad, modelando su nueva identidad, nombrando su historia, narrando su historia. Para las mujeres blancas, las mujeres no blancas, la población negra y todas las personas homosexuales de distintos grupos étnicos, ha habido momentos históricos en los que cada una de nuestras experiencias ha sido estudiada, interpretada y escrita exclusivamente por hombres blancos o por el grupo con más poder, que se convertía en la «autoridad» a la que se consultaba cuando alguien quería entender las experiencias de los grupos carentes de poder. Este proceso era una manifestación de las políticas de dominación. Este fue el concepto de «autoridad» que empezamos a criticar y a debatir en clase.

Incluso si las «autoridades» percibidas que escriben acerca de un grupo al que no pertenecen o sobre el que ostentan poder son progresistas, afectuosas y correctas de todas las maneras posibles, siempre que su autoridad se constituya o bien por la ausencia de las voces de las personas cuya experiencia quieren abordar o por la descalificación de esas mismas voces, la dicotomía sujeto-objeto se mantendrá y la dominación saldrá reforzada. En algunos casos, la persona que desea ser percibida como «autoridad» toma medidas para insistir en que, por ejemplo, escribe desde su posición como mujer blanca sin la menor intención de devaluar la experiencia de las mujeres negras ni nuestro derecho a ser las narradoras de nuestra propia historia. Dada la estructura de supremacía blanca, su versión, su visión de nuestro pasado, se podría acabar considerando más legítima que obras similares escritas por mujeres negras.

Cuando escribimos acerca de las experiencias de un grupo al que no pertenecemos, deberíamos reflexionar sobre la ética de nuestra acción y pensar en si nuestro trabajo se usará, o no, para reforzar y perpetuar la dominación. Hablé de este tema con otra profesora universitaria negra y me dijo: «Hubo una época en que los negros necesitábamos que otros hablasen por nosotros, porque no siempre podíamos hablar por nosotros mismos. Y aunque estoy muy agradecida a los historiadores blancos y a otros que trabajaron para informar acerca de la experiencia negra, ahora podemos hablar, y hablamos, por nosotros mismos. Y nuestra lucha actual ha de ser oída». Dadas las políticas de la dominación (raza, sexo y explotación de clase), la tendencia de esta sociedad es otorgar más valor a lo que las personas blancas escriben acerca de las personas negras, u otras personas de color, que a lo que los negros escribimos acerca de nosotros mismos. Con esto no quiero dar a entender que no haya personas blancas que han escrito libros excelentes centrados en la experiencia negra; las hay. Lo que quiero decir es que esos libros no se deberían considerar más importantes o valiosos que otros libros parecidos escritos por personas negras. Hasta que la obra de los escritores y los eruditos negros no sea respetada y tenida en consideración, la sobrevaloración de las obras escritas por blancos (normalmente se da en contextos donde se infravalora la obra de las personas negras) ayudará a mantener el racismo y las actitudes supremacistas blancas.

Una alumna judía blanca comentó que, aunque antes había entendido el estudio intelectual y la interpretación de la experiencia negra por parte de judíos blancos como una señal de ausencia de racismo, de identificación y de preocupación por las dificultades políticas de la población negra, había empezado a verlo como una señal de privilegio de raza y, en algunos casos, también de clase. Preguntó al resto de los alumnos si algún estudioso judío había animado alguna vez a autores negros a estudiar y a escribir un corpus de literatura cuyo objetivo fuera abordar y explicar aspectos de la experiencia judía blanca. A nadie se le ocurrió ningún ejemplo. Sin embargo, todos estuvimos de acuerdo en que si existiera un estudio semejante en un contexto de diversidad en el que personas negras escribieran acerca de la experiencia angloamericana, o chino-americana, y viceversa, no se tendría la sensación de que dicho estudio quisiera mantener la supremacía blanca. Durante una conversación que mantuve con un historiador chicano acerca de estudiosos blancos que escribían historia chicana, este mencionó una conferencia en la que un hombre blanco famoso habló de la necesidad de que personas blancas escribieran sobre los chicanos para otorgar legitimidad académica al campo de estudio y para garantizar que el trabajo recibiera la atención, la consideración y el respeto académicos que merecía. Ese historiador no alcanzaba a entender que son las actitudes supremacistas blancas las que hacen que la historia chicana merezca más consideración si la escriben los blancos y que esa «legitimación», si bien podría llevar a que estudiosos blancos consolidados reconocieran el valor de la experiencia chicana, también perpetuaría y mantendría la supremacía blanca y la dominación de los chicanos. Por supuesto, lo negativo de esta situación no es que un historiador blanco hable de la experiencia chicana, sino la actitud hacia la escritura. Los académicos que escriben acerca de un grupo étnico al que no pertenecen casi nunca plantean en las introducciones de su obra las cuestiones éticas de su privilegio de raza, qué los motiva o por qué creen que su punto de vista es importante.

Aún es más difícil que los intelectuales que escriben acerca de un grupo étnico al que no pertenecen reconozcan que su obra difiere significativamente del trabajo de un miembro de ese grupo étnico. Con frecuencia, un académico perteneciente a ese grupo con las mismas cualificaciones intelectuales que su colega blanco y que, además, cuenta con la autoridad de la experiencia vivida, se encuentra en mejor posición para compartir información acerca de dicho grupo. Impartí una asignatura llamada Mujeres del Tercer Mundo en Estados Unidos, enmarcada en el programa de Estudios de Mujeres de la Universidad Estatal de San Francisco; en el aula, me esforzaba por enseñar aspectos de la historia y de la experiencia de mujeres de distintos grupos étnicos y era muy consciente de que mi perspectiva, por interesante e informada que pudiera ser, también era limitada. Sentí que si cualquiera de los alumnos de la clase tuviera el mismo conocimiento o más que yo, sumado a la experiencia de la cultura que estábamos estudiando, hubiera querido aprender de él o ella y hubiera renunciado a mi rol como profesora/autoridad.

Escribir acerca de la cultura o de las experiencias de grupos étnicos distintos al propio se convierte en algo político cuando la cuestión gira en torno a quién será considerado como la voz de la «autoridad». Recuerdo que asistí a una asignatura en la que una alumna blanca —que como yo había escrito acerca de la experiencia de los esclavos negros y que había leído y estudiado gran parte del mismo material que yo, pero lo había interpretado de otra manera— fue considerada tanto por el profesor blanco como por el resto de los alumnos como la «autoridad» en la experiencia negra. Cuando compartí esta observación, me dijeron que ella era una «autoridad». Y lo que la convertía en autoridad era que los intelectuales blancos, ya fueran hombres o mujeres, reconocían su escritura y su formación como importante, a pesar de que había obtenido gran parte de su material de mujeres negras. A ese grupo no le importaba que ella nunca pudiera llegar a saber qué significa ser una mujer negra, qué significa ser una persona negra en ese sur del que ella escribía. Aunque estoy de acuerdo en que su trabajo era importante y no sentí la necesidad de descalificarlo o de sugerir que no tendría que haberlo hecho, sí que sentí que era importante cuestionar con seriedad la política racista y sexista que determina quién es la autoridad. Las mujeres blancas activas en el movimiento feminista no animan a los hombres blancos a que lideren el desarrollo de la teoría y los estudios feministas, aunque es obvio que hay muchos académicos varones que tienen más experiencia y más prestigio y que, cabría argumentar, están en mejor posición para ser considerados como «voces autorizadas». Sin embargo, los eruditos feministas reconocen que los sesgos sexistas podrían limitar el tipo de trabajo que producirían o que, incluso en ausencia de sexismo, su «masculinidad» podría ser también una barrera para la comprensión. Esto no significa que el trabajo de académicos varones sobre la historia, la sociología, etc., de las mujeres no sea valioso. Lo que significa es que su trabajo no se percibe como «definitivo» y que no se los considera las voces más relevantes a la hora de articular el pensamiento feminista. Y, sin embargo, esas mismas mujeres blancas que ven con tanta claridad los problemas que surgen cuando se reconoce a los varones blancos como las voces autorizadas en los trabajos sobre mujeres, tienen dificultades para ver esos mismos problemas cuando se trata de obra escrita por blancos acerca de grupos no blancos. Al mismo tiempo, de la misma manera que el racismo puede llevar a que la obra de una mujer negra sobre las mujeres negras se considere menos definitiva, es posible que tampoco reciba ninguna validación si escribe acerca de temas ajenos a la raza o al género.

Rechazar, como rechazan muchos académicos feministas, el concepto de obra definitiva o incluso la idea de «autoridad» podría ayudar a generar un clima que promoviera el trabajo de grupos diversos y, entonces, podríamos apreciar mejor la importancia del estudio que surge de la perspectiva de una raza, sexo y clase concretos. En nuestra clase, leímos *Woman's Legacy*, de Bettina Aptheker, y *Soul Sister*, de Grace Halsell, y hablamos de ambos libros en términos de cómo la identidad de las autoras en calidad de mujeres blancas podría haber modelado sus perspectivas o sus pensamientos, y destacamos el valor de esas perspectivas al tiempo que examinamos algunas áreas de conocimiento que pensábamos que, quizá, habían pasado por alto. Hicimos lo mismo con libros escritos por mujeres negras. Los alumnos de la clase concluyeron que, de no haber existido las obras de las mujeres negras, nuestro conocimiento habría tenido vacíos importantes, y que para ellos era importante leer a mujeres negras que escribían sobre nuestra realidad colectiva, explicaban historias e interpretaban nuestra experiencia en lugar de limitarse a leer la perspectiva blanca. Aunque los alumnos consideraron que esas obras eran mucho más relevantes que las escritas por mujeres blancas, era importante contar con la perspectiva blanca para poder comparar y contrastar, para ver las similitudes y las diferencias.

Ciertamente, es importante y necesario que personas de cualquier grupo étnico o racial desempeñen un papel relevante en la creación y la difusión de material acerca de su experiencia concreta. Es igualmente importante que todos nosotros nos esforcemos en conocernos más y, con frecuencia, ese conocimiento se expresa mejor en el trabajo y en el estudio concentrados en otro grupo. Nunca desalentaría a un alumno negro que quisiera escribir acerca de la experiencia de los japoneses estadounidenses en los campos de concentración estadounidenses durante la segunda guerra mundial, pero sí que querría que ese alumno tuviera claro por qué quiere escribir sobre el tema y le sugeriría que fuera muy cuidadoso para asegurarse de que su perspectiva no reflejara sesgos raciales. Aprender acerca de otros grupos y escribir acerca de lo que aprendemos puede ser una manera de desaprender el racismo y de desafiar las estructuras de dominación. Esto es especialmente cierto cuando hablamos del estudio académico que personas no blancas hacen las unas de las otras. Muchas personas negras saben muy poco acerca de la experiencia de las personas asiáticas americanas o nativas americanas. Y, aunque hay varios libros acerca de la interacción de los negros con distintos grupos nativos americanos, aún no se ha escrito ninguno desde la perspectiva negra (que yo sepa, al menos), que podría añadir mucho a nuestra comprensión de la experiencia. Cuando el estudioso blanco Robert Hemenway publicó su biografía de Zora Neale Hurston, escribió lo siguiente en la introducción:

> Mi intención siempre ha sido muy clara. Zora Neale Hurston es una artista literaria con el talento suficiente para merecer un estudio intensivo, como artista y como intelecto. Merece un lugar importante en la historia de la literatura estadounidense. He intentado demostrar por qué, no con la intención de producir un libro «definitivo» (ese libro aún está por escribir, y de la mano de una mujer negra), sino para ofrecer un examen nuevo y más próximo de la carrera tan poco habitual de esta compleja autora.

En calidad de crítica literaria negra, siempre he apreciado esta afirmación, no porque comparta la misma idea acerca de las obras «definitivas», sino porque comparto la sensación de que una mujer negra podría escribir acerca de Hurston de maneras que iluminarían su obra de un modo radicalmente distinto a como lo harían otros estudiosos. Al rechazar activamente la posición de «autoridad», Hemenway anima a las mujeres negras a participar en la creación de un estudio sobre Hurston y pone sobre la mesa que una mujer negra que escribiera sobre Hurston tendría un punto de vista especial.

El primer día de clase de mi asignatura sobre novelistas negras contemporáneas, una clase en la que todas las alumnas eran blancas, algunas de ellas expresaron su incomodidad porque en clase no hubiera ninguna mujer negra, y otras alumnas manifestaron entonces una emoción similar. Cuando les pregunté el motivo de la incomodidad, respondieron que les parecía absurdo escucharse las unas a las otras hablar acerca de ficción femenina negra, que probablemente dirían cosas ridículas y racistas y que querían oír la postura de mujeres negras. Aunque me pareció significativo que jóvenes blancas en una cultura supremacista blanca quisieran oír a mujeres negras, las advertí en contra de transformar las esferas de discusión sobre temas raciales (o, en este caso, la literatura femenina negra) en otro escenario más en el que nos llaman, como población negra, a asumir la responsabilidad principal de compartir experiencias, ideas e información. Estos gestos vuelven a colocar a las personas negras en una posición de servidumbre, desde la que han de satisfacer las necesidades de los blancos. Insistí en que la situación ideal para el aprendizaje es siempre aquella donde hay diversidad y diálogo, donde hay mujeres y hombres de distintos grupos. Sin embargo, también insistí en que todos deberíamos ser capaces de aprender acerca de un grupo étnico o racial y estudiar su literatura en ausencia de representantes de ese grupo. Les dije que no creía que fuera necesaria la presencia de ningún hombre blanco para entender *Fiesta*, de Hemingway, como tampoco creía necesario estar en un aula con hombres blancos para estudiar esa novela. De todos modos, reconocía que, como mujer negra leyendo a un autor blanco, mis ideas e interpretaciones podían ser distintas a las que tendrían varones blancos que abordaran el texto desde la premisa de que la representación de la realidad social masculina blanca que hace la novela es la misma que ellos comparten. Aun así, consideraría que mis aportaciones serían valiosas. Del mismo modo, pensaba que mis alumnas debían considerar que sus aportaciones acerca de la literatura femenina negra eran valiosas a pesar de que el debate hubiera podido ser más complejo e interesante de haber podido compartir sus ideas en un contexto en el que mujeres negras aportaran también las suyas.

Compartí con esta clase mi preocupación acerca de que el reciente énfasis feminista en las diferencias, y sobre todo en las diferencias raciales, ha dado lugar a la sensación de que las mujeres blancas deberían renunciar a la responsabilidad de hablar acerca de obras de «otros distintos». Me inquieté cuando leí el libro de Joanna Russ *Cómo acabar con la escritura de las mujeres*, donde insiste una y otra vez en la importancia de las obras literarias de las mujeres de color pero afirma que, en calidad de estudiosa blanca, no cree que le corresponda a ella hablar de esas obras. Hacia el final del libro enumera muchas citas de obras de mujeres de color, ostensiblemente para alentar a los lectores a leerlas y a que consideren importantes sus palabras. Y, sin embargo, el gesto me inquietó, porque también implicaba que las mujeres de color representan a un grupo cuyas experiencias y cuya obra están tan alejadas de las de las mujeres blancas que estas no pueden abordarlas desde una postura crítica y analítica. Esta premisa bien podría reforzar el racismo. Ayuda (tal y como señalaron las alumnas blancas de mi clase) a que las mujeres blancas eludan la responsabilidad, que recae íntegramente sobre las mujeres de color. Aunque reconozco que es muy probable que haya mujeres de color que consideran adecuado que Russ adopte esta postura pasiva y no afirme sus pensamientos acerca de la literatura femenina negra, lo cierto es que a mí me hubiera gustado escucharlos. Me hubiera gustado una frase que empezara, por ejemplo, así: «Como mujer blanca, al leer *Sula* de Toni Morrison, yo...». Desde esta posición, las estudiosas blancas podrían compartir sus ideas acerca de la literatura de las mujeres negras (o de cualquier otro grupo de mujeres) sin asumir que sus pensamientos se considerarán «definitivos» o se convertirán en «la autoridad». De nuevo, solo puedo reiterar algo que ya he repetido a lo largo de este ensayo: los problemas no surgen porque los blancos intenten escribir acerca de las experiencias de personas que no son blancas, sino porque dicho material se presenta como «la autoridad».

Los estudios feministas transétnicos deberían insistir en el valor de la obra de un autor, además de en la perspectiva única que cada autor aporta al tema. No deseo una situación en la que solo se anime a las mujeres negras a escribir sobre la experiencia femenina negra. Por el contrario, me gustaría ayudar a construir un mundo en el que se valoren la obra y el trabajo de las mujeres negras, para motivarlas a hacer ese trabajo, para que nuestras voces se oigan. Me gustaría ayudar a construir un mundo en el que nuestro trabajo se tome en serio, se valore y se aclame, un mundo en el que este trabajo se considere necesario e importante.

CAPÍTULO
8

Hacia una pedagogía feminista revolucionaria

Mi profesora preferida en el instituto era Miss Annie Mae Moore, una mujer negra, bajita y corpulenta. Había dado clases a mi madre y a mis tías y explicaba muchas anécdotas acerca de su descaro, de su rebeldía. Podía decirme en qué me parecía a mi madre y en qué aspectos era yo misma. Podía agarrarte, darte la vuelta como un guante y enderezarte (eso es lo que la gente comentaba acerca de su manera de enseñar) para que supieras lo que te ibas a encontrar cuando entraras en su aula. Era una apasionada de la enseñanza y estaba convencida de que su trabajo en la vida era una pedagogía de la liberación (unas palabras que ella no hubiera utilizado, pero que usaba instintivamente), una pedagogía que abordara y confrontara nuestra realidad de niñas y niños negros que crecíamos en el sur segregado, niñas y niños negros que crecíamos en una cultura supremacista blanca. Miss Moore sabía que, para que nos pudiéramos realizar completamente, su trabajo, así como el trabajo de todos nuestros profesores progresistas, no consistía únicamente en enseñarnos el conocimiento que contenían los libros, sino en enseñarnos una visión del mundo opositora, una visión distinta a la de nuestros explotadores y opresores, una visión que nos permitiera vernos a nosotros mismos no a través de la lente del racismo o de los estereotipos racistas, sino de una que nos permitiera enfocarnos de manera clara y sucinta, mirarnos, a nosotros y al mundo que nos rodeaba, de una manera crítica, analítica, para vernos en primer lugar y antes que cualquier otra cosa como seres que anhelábamos estar completos, que buscábamos la unidad de corazón, de mente, de cuerpo y de espíritu.

Estudié en una escuela y un instituto segregados, la Booker T. Washington y el Crispus Attucks, y allí fui testigo del poder transformador de la enseñanza, de la pedagogía. En concreto, fueron los maestros y profesores que abordaban su trabajo como si fuera efectivamente una pedagogía, una ciencia de la enseñanza que exigía una diversidad de estrategias, enfoques, exploraciones, experimentación y riesgos, los que me demostraron el valor y el poder político de la enseñanza. Su trabajo era una verdadera educación para el desarrollo de la conciencia crítica. En estos centros segregados, casi todos los maestros y profesores eran mujeres negras. Muchas de ellas habían elegido la enseñanza en un momento histórico en el que la costumbre les exigía permanecer solteras y no tener hijos, renunciar a toda vida erótica o sexual visible. Algunas de ellas eran docentes extraordinarias que se entregaban a su trabajo con una pasión y una devoción que lo hacía parecer una verdadera llamada, una verdadera vocación. Eran las mismas que conceptualizaban visiones del mundo opositoras, las mismas que nos enseñaban a nosotras, chicas negras, a regocijarnos y a estar orgullosas del poder y de la belleza de nuestro intelecto. Nos entregaron un legado de pedagogía liberadora que exigía una resistencia y una rebelión activas contra el sexismo y el racismo. Encarnaban, en su trabajo y en su vida (porque ninguna de ellas parecía ser una solterona torturada, aislada y alejada del mundo que la rodeaba), el espíritu feminista. Eran participantes activas en la comunidad negra, modelaban nuestro futuro, cartografiaban nuestro terreno intelectual y compartían una visión y un fervor revolucionarios. Escribo estas palabras, este ensayo, para manifestar el honor y el respeto que les profeso, porque ellas han sido mis guardianas pedagógicas. Su trabajo ha ejercido un impacto profundo sobre mi conciencia y sobre mi desarrollo como docente.

Durante mis estudios de posgrado, esperé a que llegara el momento en que nos centraríamos en el significado y en la importancia de la pedagogía, en el que aprenderíamos acerca de la enseñanza, en el que aprenderíamos a enseñar. Ese momento no llegó nunca. He recurrido durante años a la guía de esos primeros modelos de enseñanza excelente. Más en concreto, esas maestras y profesoras en esos centros educativos segregados me enseñaron que el trabajo de cualquier docente comprometido con la realización completa de sus alumnos era necesaria y fundamentalmente radical, que las ideas no son neutras y que enseñar de un modo que libere y que expanda la conciencia, de un modo que despierte, es un desafío directo a la dominación. Es la pedagogía a la que Paulo Freire llama «educación como práctica de la libertad». En su introducción a la *Pedagogía del oprimido* de Freire, Richard Shaull escribe:

> La educación o bien funciona como un instrumento que facilita la integración de la generación más joven en la lógica del sistema presente y promueve la conformidad con el mismo o bien se convierte en «la práctica de la libertad», que significa que hombres y mujeres abordan de un modo crítico y creativo la realidad y descubren cómo participar en la transformación de su mundo.

El objetivo del movimiento feminista liberador es transformar la sociedad erradicando el patriarcado, poniendo fin al sexismo y a la opresión sexista y desafiando a la política de dominación en todos sus frentes. La pedagogía feminista solo puede ser liberadora si es verdaderamente revolucionaria, porque los mecanismos de apropiación del patriarcado capitalista y supremacista blanco pueden cooptar con una facilidad pasmosa lo que solo es radical o subversivo en apariencia. En Estados Unidos, el movimiento feminista contemporáneo se sostiene, en parte, por los esfuerzos de mujeres académicas que quieren convertir el entorno universitario en el espacio central para el desarrollo y la difusión del pensamiento feminista. Los estudios sobre la mujer han sido el centro de este esfuerzo. Dado el modo en que las universidades refuerzan y perpetúan el *statu quo*, y la manera en la que el conocimiento se ofrece como un bien de consumo, el pensamiento feminista revolucionario y el activismo feminista pueden fácilmente acabar perdiéndose de vista en los estudios sobre la mujer o pueden tener un papel secundario frente a los objetivos de la carrera profesional académica. Sin descalificar en lo más mínimo nuestro esfuerzo para tener éxito como académicas en las instituciones, ese empeño solo es absolutamente compatible con la lucha feminista liberadora cuando unimos ambas luchas de un modo consciente, cuidadoso y estratégico. Cuando esta conexión tiene lugar al principio pero luego no se mantiene, o cuando nunca se hace evidente, los estudios sobre la mujer se convierten o bien en un terreno exótico para las personas políticamente de moda que buscan afirmación o en un espacio pequeño dentro de una estructura institucional más amplia donde las mujeres (y fundamentalmente las mujeres blancas) tienen una base de poder, que en lugar de ser opositora no es más que un reflejo del *statu quo*. Cuando la lucha feminista constituye la base central de la educación feminista, los estudios sobre la mujer y el aula feminista (que puede existir más allá del dominio de los estudios sobre la mujer) pueden convertirse en terreno abonado donde la educación es la práctica de la libertad, el espacio para la pedagogía liberadora.

En este momento histórico, nos encontramos ante una crisis de compromiso en las universidades, porque cuando el conocimiento se convierte en un bien de consumo, gran parte del aprendizaje auténtico deja de existir. Los alumnos que quieren aprender anhelan un espacio en el que los desafiemos intelectualmente. Los alumnos también sufren, como sufrimos muchos docentes, de una crisis de sentido; ya no están seguros de qué tiene valor en la vida o ni siquiera de si es importante seguir vivo. Anhelan un contexto en el que puedan integrar sus necesidades subjetivas con el estudio, donde el foco principal sea un abanico más amplio de ideas y de modos de investigación, en resumen, un contexto dialéctico en el que se produzca un debate crítico serio y riguroso. Es un momento importante y emocionante para la pedagogía feminista, porque nuestro trabajo satisface esas necesidades tanto en la teoría como en la práctica.

La educación feminista, el aula feminista, es y debe ser un lugar donde hay una sensación de lucha, donde se reconoce visiblemente la unión de la teoría y de la práctica, donde profesores y alumnos trabajamos juntos para superar el desarraigo y la alienación que se han convertido en la norma en la universidad contemporánea. Aún más importante, la pedagogía feminista debería implicar a los alumnos en un proceso de aprendizaje que haga que el mundo sea «más real en lugar de menos real». En mis aulas, trabajamos para eliminar la noción de que nuestra experiencia no es una experiencia «del mundo real». Resulta especialmente fácil, porque el género es un tema de gran actualidad en la vida contemporánea. Todos los aspectos de la cultura popular nos advierten de la realidad de que la gente piensa en el género tanto de maneras reaccionarias como de maneras progresistas. Lo importante es que lo hacen de un modo crítico. Y este es el espacio que abre la intervención feminista, ya sea en el aula o en la vida de los alumnos fuera del aula. Últimamente, el grupo de estudiantes que asiste a mis clases y a otras clases feministas en universidades de todo Estados Unidos es realmente diverso. Muchos de nosotros nos hemos preguntado «qué pasa» o «por qué hay tantos hombres, y tantos hombres blancos en la clase». El cambio en el conjunto de estudiantes refleja la preocupación sobre las cuestiones de género, que es uno de los temas verdaderamente importantes en la vida privada de la población que se abordan desde el punto de vista académico. Freire escribe que «la educación como práctica de la libertad, en contraposición a la educación como práctica de la dominación, niega que seamos entes abstractos, aislados, independientes y desapegados del mundo; también niega que el mundo exista como una realidad ajena a nosotros».

Para hacer una pedagogía feminista revolucionaria, tenemos que renunciar a lo que nos ata a maneras tradicionales de enseñar que refuerzan la dominación. Es muy difícil. Con frecuencia, se considera que los estudios sobre la mujer no son verdaderamente académicos, porque hablan de muchas «cosas personales». El temor a que sus asignaturas se consideren «viscerales» ha llevado a muchas profesoras feministas a usar estilos pedagógicos más tradicionales. Es una pena. Ciertamente, la alternativa radical al *statu quo* nunca tendría que haber sido limitarnos a hacer lo contrario. Es decir, como se critica la ausencia de cualquier tipo de énfasis en la experiencia personal en las aulas tradicionales, ese énfasis se convierte en la característica central del aula feminista. Hay que examinar con visión crítica este modelo, porque el aula puede seguir reforzando la dominación, en lugar de transformar la conciencia sobre el género, incluso si lo «personal» es el tema de conversación principal.

Si queremos una pedagogía feminista revolucionaria, primero nos hemos de centrar en la relación entre profesor y alumno y en la cuestión del poder. Como profesoras feministas, ¿de qué manera podemos ejercer el poder para que no sea coercitivo, que no sea dominador? Muchas mujeres tienen dificultades para afirmar su poder en el aula feminista, porque temen que hacerlo suponga un ejercicio de dominación. Sin embargo, tenemos que asumir que nuestra función de profesoras nos ubica en una posición de poder sobre otros. Podemos usar ese poder para oprimir o para enriquecer; esa es la elección que debería diferenciar a la pedagogía feminista de otras maneras de enseñar que refuerzan la dominación. Una manera sencilla de alterar cómo se experimenta nuestro «poder» como docentes en el aula es decidir no asumir la postura de profesoras que lo saben todo. Y esto también es difícil. Cuando reconocemos que no lo sabemos todo, que no tenemos todas las respuestas, nos arriesgamos a que los alumnos salgan del aula diciendo que no estamos preparadas. Es importante que les dejemos claro que sí estamos preparadas y que nuestra voluntad de mostrarnos abiertas y de ser honestas acerca de lo que no sabemos es una demostración de respeto hacia ellos.

Para ser opositoras en el aula feminista, tenemos que aplicar un estándar de evaluación distinto a la norma. Muchas de nosotras hemos probado maneras de enseñar nuevas sin cambiar los estándares con los que luego evaluamos el trabajo. Con frecuencia, salíamos del aula sin estar demasiado seguras del proceso de aprendizaje o incluso preocupadas por si estábamos fracasando como docentes. Me permito compartir un problema específico con el que me he encontrado. Mi manera de enseñar es muy confrontativa. Es un modelo de pedagogía que parte de la premisa de que muchos de los alumnos que se matriculan en mis clases tienen miedo a afirmarse como pensadores críticos, tienen miedo a hablar (sobre todo cuando se trata de alumnos que pertenecen a grupos oprimidos y explotados). La esperanza revolucionaria que llevo al aula es que se convierta en un espacio en el que puedan encontrar su voz. A diferencia del estereotipo del modelo feminista que sugiere que lo mejor es que las mujeres busquen su voz en un entorno de seguridad (un entorno en el que todos seamos amables y afectuosos), yo aliento a mis alumnas y alumnos a encontrar su voz en un entorno en el que tengan miedo o se sientan en peligro. El objetivo es que todos los alumnos, y no solo el grupo reducido de los más asertivos, se sientan capacitados para participar en un debate riguroso y crítico. Esta pedagogía resulta difícil, muy exigente y asusta a muchos alumnos. No suelen salir de clase comentando lo mucho que han disfrutado de la experiencia.

Uno de los aspectos de los modelos de enseñanza tradicional a los que no había renunciado era el anhelo de ser reconocida inmediatamente por mi valor como profesora, el anhelo de validación inmediata. Con frecuencia, sentía que no gustaba, no me sentía validada y era algo que me costaba aceptar. Reflexioné sobre mis experiencias como alumna y sobre la realidad de que, con frecuencia, las clases en las que más había aprendido eran también las que menos me habían gustado y de las que más me había quejado, lo que me ayudó a reconsiderar la premisa tradicional de que los comentarios positivos inmediatos son el significante de la valía. Al mismo tiempo, vi que los alumnos que decían que detestaban mis clases volvían luego para decirme cuánto habían aprendido y que entendían que si eran tan difíciles era por el estilo tan distinto y por las exigencias tan diferentes. Empecé a ver que las asignaturas que se esfuerzan en cambiar paradigmas, en transformar la conciencia, no necesariamente se pueden experimentar de forma inmediata como algo divertido, positivo o seguro, por lo que este no era un criterio de evaluación válido.

En el aula feminista, es importante que precisemos los términos del compromiso, que precisemos qué queremos decir cuando afirmamos que impartiremos una asignatura desde una perspectiva feminista. Con frecuencia, las explicaciones iniciales acerca de la pedagogía ejercen un impacto importante sobre cómo experimentan los alumnos la asignatura. Es importante que hablemos de la estrategia pedagógica. Durante un tiempo, asumí que los alumnos se adaptarían solos, que verían que estaba intentando enseñarles de otra manera y que lo aceptarían sin necesidad de que les explicara nada. Con frecuencia, eso significaba que daba explicaciones después de ser criticada. Es importante que las profesoras y profesores feministas expliquen no solo qué será diferente en la experiencia del aula, sino plantear abiertamente que los alumnos han de reflexionar sobre si desean permanecer en un espacio de aprendizaje así. A un nivel básico, a muchos alumnos les molesta que pase lista, pero como entiendo la experiencia del aula como una experiencia de aprendizaje única, perderse una clase significa perderse un aspecto importante del proceso. La asistencia a las clases, o faltar a ellas, afecta a las notas y esto molesta a los alumnos que no están acostumbrados a tomarse en serio la presencialidad de las clases. Otra cuestión importante para mí es que todos los alumnos han de participar en los debates de clase, todos los alumnos han de tener voz.

Creo que es una práctica muy importante, no porque piense que todos los alumnos tienen algo valioso que decir (no siempre es así), sino porque, con mucha frecuencia, hay alumnos que tienen aportaciones valiosas que hacer pero permanecen en silencio. En mi clase, todas las voces son escuchadas a medida que los alumnos leen párrafos que exploran temas concretos. No se pueden negar a leer párrafos. Cuando escucho su voz, soy más consciente de información que ellos quizá no sepan que puedo proporcionarles. Tanto si se trata de una clase numerosa como reducida, intento hablar con todos los alumnos, ya sea individualmente o en grupos pequeños, para poder hacerme una idea de sus necesidades. ¿Cómo podemos transformar conciencias si no tenemos cierta idea de dónde están los alumnos intelectual y físicamente hablando?

La preocupación por cómo y qué aprenden los alumnos valida y legitima prestar atención, aunque sea brevemente, a las confesiones personales durante los debates en el aula. Animo a los alumnos a que relacionen lo que aprenden con las identidades personales que quieren construir socialmente, con lo que quieren cambiar o afirmar. Como el objetivo de la confesión personal no es el narcisismo, ha de ocurrir en un marco de referencia crítico en el que se relacione con el material que se esté debatiendo. Cuando, por ejemplo, enseño la novela *Ojos azules* de Toni Morrison, a veces pido a los alumnos que escriban un texto personal acerca de la relación entre la raza y la belleza física y que lo lean en clase. Sus escritos pueden revelar dolor y heridas a medida que exploran y expresan cómo han sido victimizados por el racismo y el sexismo, o pueden expresar ideas racistas y sexistas. Sin embargo, lo que escriben les permite abordar el texto de otra manera. Pueden leer la novela de otra manera. Quizá sean más críticos y analíticos. Si esto no sucede, la redacción ha fracasado como herramienta pedagógica. Para convertir al aula feminista en un espacio de experiencias de aprendizaje transformadoras tenemos que probar constantemente métodos nuevos, estrategias nuevas.

Para terminar, no podemos impartir una pedagogía feminista revolucionaria si no contamos con feministas revolucionarias en el aula. Los cursos de estudios sobre la mujer tienen que hacer algo más que ofrecer un estilo de enseñanza distinto; tenemos que cuestionar de verdad el sexismo y la opresión sexista tanto con aquello que enseñamos como con la manera en que lo enseñamos. Es un esfuerzo colectivo. Tenemos que aprender los unos de los otros y compartir ideas y estrategias pedagógicas. He invitado a colegas feministas a mis clases para que participen en ellas, pero no lo han hecho. La territorialidad del aula es otro tabú tradicional. Sin embargo, si hemos de aprender los unos de los otros, si hemos de desarrollar una estrategia concreta para radicalizar nuestras aulas, nos tenemos que implicar más como grupo. Tenemos que estar dispuestos a deconstruir esta dimensión del poder, a desafiar, a cambiar y a crear nuevos enfoques. Si queremos avanzar hacia una pedagogía feminista revolucionaria, tenemos que desafiarnos a nosotros mismos y los unos a los otros a devolver a la lucha feminista su dimensión radical y subversiva. Tenemos que estar dispuestos a recuperar el espíritu del riesgo, a ser descarados, a ser rebeldes, a ser capaces de agarrar a alguien, de darle la vuelta como un guante y de transformarlo.

CAPÍTULO
9

Negra y mujer: reflexiones sobre los estudios de posgrado

Buscando material de lectura para una asignatura sobre las mujeres y la raza encontré un ensayo que me fascinó en la revista feminista *Heresies: Racism is the Issue.* Me di cuenta de que era una de las primeras explicaciones escritas acerca de los problemas a los que se enfrentan los alumnos negros (y especialmente las alumnas negras) de literatura inglesa cuando estudiamos en universidades predominantemente blancas. El ensayo, titulado *On Becoming a Feminist Writer,* es obra de Carole Gregory. Empieza explicando que, aunque había crecido en barrios segregados por raza, nadie le había hablado de verdad acerca del «racismo blanco o del sexismo blanco». No estaba preparada mentalmente para enfrentarse a estos aspectos de la realidad social, pero se le hicieron evidentes en cuanto se matriculó en la universidad:

> Mientras mordisqueaba una pipa marrón, un profesor blanco espetó: «¡Los departamentos de literatura inglesa no contratan ni a negros ni a mujeres!». Así, como si sus palabras fueran una guillotina, quiso arrancarme con ellas la cabeza. En mi ciudad natal, el racismo era un código de etiqueta que asfixiaba a los negros y a las mujeres.
> «Se supone que tiene que impartir estas clases, no quiero más que eso», respondí. Sin embargo, lo que quería era matar a ese hom-

bre. Lo único que impidió que abofeteara su congestionado rostro que parecía a punto de explotar fue mi condición de mujer. Mis impulsos homicidas estaban desatados.

Su ensayo es una crónica de las dificultades con que se encontró a la hora de seguir una disciplina que le interesaba y de cómo evitó que el racismo o el sexismo derrotaran y destruyeran su curiosidad intelectual, su deseo de enseñar. Las palabras de ese profesor de Literatura estadounidense blanco resonaron en su mente años después, cuando tuvo dificultades para encontrar trabajo, cuando se enfrentó a la realidad de que hay muy pocas profesoras de literatura inglesa negras. Aunque escribía en 1982, concluyó el ensayo con el comentario:

> Muchos años atrás, un profesor de literatura estadounidense maldijo el destino de «los negros y las mujeres». Sus feas palabras decían la verdad. ¿Alguna vez ha tenido una maestra de inglés negra en el norte? Somos muy pocas las que nos ganamos la vida. Durante los últimos años, he trabajado como profesora adjunta. Enseñar me aporta una gran satisfacción; pasar hambre, no... Aún recuerdo el rojo encendido de su rostro cuando dijo: «Los departamentos de literatura inglesa no contratan ni a negros ni a mujeres». ¿Podemos las mujeres cambiar esta condena? Estos son los fragmentos que añado a mi diario.

Al leer el ensayo de Carole Gregory, recordé que no había tenido ni una sola profesora negra en todos los años en que había cursado asignaturas del Departamento de Literatura Inglesa. Durante mis años como profesora, he tenido alumnos, tanto en las clases de literatura como de otras disciplinas, que nunca antes habían tenido a una profesora negra. Estudié en escuelas e institutos segregados hasta el segundo curso de instituto y tuve el modelo de maestras negras maravillosas. Jamás se me ocurrió que no las encontraría en las aulas universitarias. Sin embargo, estudié en cuatro universidades (Stanford, Universidad de Wisconsin, Universidad del Sur de California y la Universidad de California en Santa Cruz) y no tuve ni una sola oportunidad de estudiar con una profesora negra de literatura inglesa. No eran miembros del claustro. Me consideré afortunada de estudiar con un profesor visitante negro en Stanford y con otro en la Universidad del Sur de California, aunque ambos eran reticentes a apoyar y alentar a las alumnas negras. A pesar de su sexismo y de su racismo interiorizado, los valoré como profesores y sentí que eran la demostración de que los eruditos negros podían enseñar literatura y trabajar en departamentos de Literatura Inglesa. Ofrecían cierto nivel de afirmación y de apoyo y, por relativos que fueran, contrarrestaban el racismo y el sexismo de muchos profesores blancos.

El cambio en las políticas de contratación ha llevado a que cada vez haya más profesores negros en universidades predominantemente blancas, pero su presencia solo contrarresta mínimamente el racismo y el sexismo de los profesores blancos. Durante mis estudios de posgrado, temía hablar directamente con docentes blancos, sobre todo cuando estos eran varones. Ese temor no había existido antes de graduarme, porque, sencillamente, se asumía que los alumnos negros, y sobre todo las alumnas negras, no eran lo suficientemente inteligentes para llegar a la escuela de posgrado. Aunque estas opiniones racistas y sexistas casi nunca se expresaban abiertamente, el mensaje se transmitía de todos modos mediante distintas humillaciones destinadas a avergonzar a los alumnos, a quebrar nuestro espíritu. Nos aterrorizaban. Durante mis estudios de licenciatura, me esforzaba en evitar a los profesores que dejaban claro que no deseaban ver a ningún alumno negro en sus clases. A diferencia del primer encuentro de Gregory, no hacían afirmaciones racistas, sino que comunicaban su mensaje de maneras muy sutiles: no leían tu nombre al pasar lista, no te miraban, fingían que no te oían cuando hablabas y, en ocasiones, te ignoraban por completo.

La primera vez que me sucedió me quedé desconcertada y me asusté. Era evidente, tanto para mí como para el resto de los alumnos blancos, que el profesor, un varón blanco, dirigía su maltrato agresivo exclusivamente hacia mí. Los demás alumnos me dijeron que era muy poco probable que aprobara la asignatura, por bueno que fuera mi trabajo, porque el profesor se las apañaría para encontrar algún fallo. Nunca sugirieron que ese tratamiento estuviera informado por el racismo y el sexismo; sencillamente, el profesor había decidido por algún motivo «desconocido» que yo no le gustaba. Por supuesto, hubo raras ocasiones en las que alguna asignatura era tan importante para mí que intentaba enfrentarme al racismo, hablar con el profesor; y luego estaban las asignaturas obligatorias. Siempre que intentaba hablar con los profesores acerca de su racismo, negaban toda culpabilidad. Con frecuencia me decían que ni siquiera se habían dado cuenta de que fuera negra.

En la escuela de posgrado fue especialmente difícil elegir asignaturas impartidas por profesores que no fueran bastante racistas. Aunque podías hacer frente a la situación evidenciando el problema y confrontando a la persona, era prácticamente imposible encontrar a nadie que se tomara en serio las acusaciones. Los profesores blancos contaban con el apoyo de instituciones supremacistas blancas, de colegas racistas, de jerarquías que daban más valor a la palabra del profesor que a la del alumno. Cuando hablaba con alguno de los profesores más liberales y les explicaba los comentarios racistas que se hacían a puerta cerrada, durante las horas de consulta, siempre me miraban con incredulidad, sorpresa y desconfianza acerca de la exactitud de lo que les estaba contando. En general, me escuchaban solo porque creían que hacerlo era su deber liberal. Su incredulidad, su negativa a asumir la responsabilidad por el racismo blanco, les impedía demostrar una preocupación sincera o ayudarme. Un profesor de Literatura del siglo XVIII escrita por autores blancos me invitó a su despacho solo para decirme que se ocuparía personalmente de que no me graduara jamás. Yo, como muchos otros alumnos de su asignatura, había escrito un artículo en un estilo que desaprobaba, pero la única a quien le dijo algo semejante fue a mí. Con frecuencia, era precisamente en las áreas de literatura británica y norteamerica-na, en cuyos textos abunda el racismo, donde encontraba a los profesores más racistas.

Poco a poco, mi interés fue pasando de la primera literatura norteamericana a obras más modernas y contemporáneas. Este cambio se vio muy influido por un encuentro con un profesor blanco de literatura norteamericana cuyo racismo y cuyo sexismo estaban descontrolados. Durante sus clases, otras alumnas y yo teníamos que sufrir chistes racistas y sexistas. Si consideraba que la escuela de posgrado no era lugar para alguna de nosotras, nos convertíamos en el blanco específico de las burlas y del ridículo. Cuando hacíamos presentaciones orales, nos decía que nuestro trabajo era absurdo y patético y no nos dejaba terminar. Si nos resistíamos de cualquier modo, la situación empeoraba. Cuando fui a hablar con él acerca de su actitud, me dijo que yo no tenía madera para estar en la escuela de posgrado y que tendría que renunciar. No pude contener la ira y empecé a gritar y a llorar. Recuerdo que le grité: «¿Acaso me quiere? Y si no me quiere, ¿cómo puede tener la menor idea de lo que me preocupa, de lo que soy capaz? ¿Quién se cree que es para hacer sugerencias de este tipo basándose en una sola asignatura?». Por supuesto, no estaba sugiriendo nada. Su asignatura era obligatoria y tenía que aprobarla para titularme. Lo que me había dicho era que, si aban-donaba, podría evitar el maltrato sistemático. Seguí trabajando a pesar de que era evidente que no lo conseguiría, a pesar de que la persecución fue cada vez más intensa. Y a pesar de que me resistía constantemente.

Con el tiempo, me fui deprimiendo cada vez más. Empecé a soñar con acudir al despacho del profesor con una pistola carga-da. Exigiría que me escuchara y lo obligaría a experimentar el miedo, la humillación. En mis fantasías, oía su voz suplicante pi-diéndome que no disparara, que mantuviera la calma. En cuanto bajaba el arma, volvía a ser el de siempre. Al final, en mi sueño, la única solución era disparar, disparar para matarlo. Cuando este sueño se convirtió en una parte constante de mis fantasías diurnas, supe que había llegado el momento de tomarme un respiro del posgrado. Aun así, sentí que su terrorismo había tenido éxito, que me había quebrado. Y esto fue lo que me hizo volver al posgrado, a sus clases, porque sentí que le había otorgado demasiado poder sobre mí y que tenía que recuperar la sensación de identidad y de integridad personal que le había permitido erosionar. Durante la mayor parte de mis estudios de posgrado, me dijeron que no tenía la actitud adecuada para ser una alumna de posgrado. En un posgrado, otra alumna negra me explicó que le decían que ella no era tan inteligente como yo, pero que ella sabía cuál era su lugar. Yo no sabía cuál era mi lugar. Los radicales blancos jóvenes empezaron a usar la frase «estudiar como un negro» precisamente para llamar la atención sobre el modo en que las jerarquías universitarias alentaban la dominación de los indefensos a manos de los poderosos. En muchas universidades, la actitud adecuada de un alumno de posgrado es ejemplar cuando se muestra obediente, cuando no cuestiona la autoridad ni se resiste a ella.

Durante los estudios de posgrado, los otros alumnos me hablaban de la importancia de no cuestionar, de no desafiar, de no resistirse. Su nivel de tolerancia parecía muy superior al mío o al de otros alumnos negros. Al reflexionar de un modo crítico acerca de las diferencias entre nosotros, se me hizo evidente que muchos de los alumnos blancos procedían de clases privilegiadas. Tolerar las humillaciones y las descalificaciones a que nos veíamos sometidos en la escuela de posgrado no amenazaba radicalmente su integridad, su sensación de valía personal. Con frecuencia, los que procedíamos de entornos desfavorecidos y éramos negros solo habíamos conseguido llegar a la universidad porque habíamos desafiado constantemente a todos los que nos habían querido hacer creer que éramos inteligentes, pero «no lo bastante inteligentes»; a los orientadores que se habían negado a hablarnos de facultades concretas porque ya sabían que no nos aceptarían; a padres y a madres que no necesariamente apoyaban los estudios de segundo ciclo, etc. Los alumnos blancos tampoco vivían a diario en un mundo exterior a la vida en el campus en el que también se tenían que resistir a la degradación y a la humillación. Tolerar formas de explotación y de dominación en la escuela de posgrado no evocaba en ellos imágenes de toda una vida tolerando el maltrato. Soportaban ciertas formas de dominación y de abuso, que aceptaban como una especie de proceso de iniciación que terminaría cuando se convirtieran en la persona que ostentaba el poder. En cierto sentido, consideraban la escuela de posgrado y las diversas humillaciones como una especie de juego en el que aceptaban desempeñar el papel de subordinado. Yo, como muchos otros alumnos, sobre todo los que no eran blancos y procedían de entornos desfavorecidos, era incapaz de aceptar y participar en ese «juego». Con frecuencia, nosotros sentíamos ambivalencia en relación con las recompensas que nos prometían. Muchos de nosotros no queríamos ostentar una posición de poder sobre los demás. Aunque deseábamos enseñar, no queríamos ejercer un poder autoritario y coercitivo sobre otros. Claramente, los alumnos que mejor jugaban a ese juego eran varones blancos que no se enfrentaban a la discriminación, a la explotación y al maltrato en muchas otras áreas de sus vidas.

Muchos de los alumnos de posgrado negros que conocí estaban preocupados por si nos estábamos encaminando a participar en las estructuras de dominación y no estaban seguros de que fuéramos capaces de asumir posiciones de autoridad. No nos veíamos asumiendo el rol del opresor. Para algunos el fracaso —fracasar, que nos hicieran fracasar— era una alternativa positiva, y empezamos a verla como una escapatoria, como una solución. Esto era especialmente cierto en el caso de los alumnos que sentían que estaban sufriendo mentalmente, que sentían que jamás podrían recuperar la sensación de estar completos o de bienestar. Últimamente, se ha tomado conciencia de que el campus no ofrece apoyo a los alumnos internacionales, que se enfrentan a muchos conflictos y dilemas en un entorno que no reconoce sus códigos culturales, y esto ha llevado al desarrollo de redes de apoyo. Sin embargo, apenas se ha reconocido el hecho de que hay alumnos negros, y otros alumnos no blancos, que sufrimos problemas similares, que procedemos de entornos donde hemos aprendido códigos culturales distintos. Por ejemplo, quizá hayamos aprendido que es importante no aceptar un poder autoritario y coercitivo de alguien que no es un miembro respetado de la familia y, por lo tanto, es posible que tengamos dificultades a la hora de aceptar el hecho de que personas desconocidas adopten esa función.

No hace mucho asistí a una fiesta privada junto a otros profesores de una importante universidad liberal de California que, hasta hacía muy poco, no había tenido profesores negros titulares en el Departamento de Literatura Inglesa, aunque sí había recibido a algún profesor visitante. Otro profesor no blanco y yo empezamos a hablar acerca de los problemas a que se enfrentan los alumnos de posgrado negros que estudian en departamentos de Literatura Inglesa. Bromeamos acerca del racismo en estos departamentos y comentamos que otras disciplinas estaban algo más dispuestas a aceptar el estudio de la vida y de la obra de personas no blancas, un trabajo que casi nunca se afirma en los departamentos de Literatura Inglesa, donde el estudio de la literatura suele consistir en muchas obras escritas por hombres blancos y alguna que otra escrita por mujeres blancas. Hablamos de que algunos departamentos estaban intentando cambiar las cosas. Al hablar del suyo, comentó que solo contaban con unos pocos alumnos de posgrado negros, a veces ninguno, y que en cierta ocasión, aceptaron a dos alumnos negros (un hombre y una mujer) y que ambos tenían problemas mentales graves. En las reuniones de departamento, algunos profesores blancos habían sugerido que eso indicaba que los alumnos negros no tenían la capacidad suficiente para realizar con éxito ese posgrado. Durante un tiempo, no admitieron a ningún alumno negro. Su historia reveló que parte de la carga que quizá sentían esos alumnos, que hemos sentido muchos de nosotros, reside en que sabemos que nuestro rendimiento tiene consecuencias futuras para todos los alumnos negros y saber esto intensifica la ansiedad de desempeño desde el primer día de clase. Por desgracia, con frecuencia los sesgos racistas llevan a que los departamentos entiendan la conducta de un solo alumno negro como un indicador del rendimiento académico que alcanzarán todos los alumnos negros. Por el contrario, cuando alumnos blancos concretos tienen dificultades para adaptarse o para cursar con éxito un posgrado, no se interpreta como una señal de que el resto de los alumnos blancos tendrán los mismos problemas.

Muchas veces, la combinación de las fuerzas del racismo y del sexismo hace que la experiencia de las alumnas de posgrado negras sea distinta a la de los alumnos negros. Ellos también sufren el sesgo racial, pero su masculinidad palia de algún modo la manera en la que serán atacados, dominados, etc. Con frecuencia se asume que los varones negros tienen más capacidad para tener éxito en los posgrados de literatura inglesa que las mujeres negras. Aunque es posible que muchos estudiosos blancos conozcan la tradición intelectual negra masculina, apenas saben nada de mujeres negras intelectuales. Las tradiciones intelectuales afroamericanas, al igual que las blancas, están dominadas por los hombres. Las mismas personas que conocen los nombres de W. E. B. Dubois o de Martin Delaney seguramente no hayan oído hablar nunca de Mary Church Terrell o de Anna Cooper. La pequeña cantidad de mujeres negras que tienen cargos titulares en instituciones académicas no constituye una presencia significativa ni con la fuerza suficiente para enfrentarse a los sesgos racistas y sexistas. Con frecuencia, la única mujer negra que los profesores blancos han conocido en toda su vida es la asistenta de su casa. No conozco ningún estudio sociológico que analice si los miembros de un grupo al que sc ha considerado carente de capacidad intelectual reciben respeto y reconocimiento automáticamente cuando acceden a posiciones que sugieren que son académicos representativos. Muchas veces, las mujeres negras son una «presencia tan invisible» en el campus que muchos alumnos ni siquiera son conscientes de que hay profesoras negras en las universidades en las que estudian.

Dada la realidad de racismo y de sexismo, obtener diplomas de segundo y tercer ciclo no significa que las mujeres negras alcancen la igualdad con los hombres negros o con cualquier otro grupo en la profesión. Las mujeres no blancas titulares suponen menos del 3 por ciento de todo el claustro en la mayoría de las universidades. El racismo y el sexismo, sobre todo en el nivel de posgrado, modelan e influencian tanto el rendimiento académico como la contratación de las profesionales negras. Durante mis estudios de posgrado en literatura inglesa, me enfrenté con frecuencia a la hostilidad de alumnos blancos que creían que, como era negra y mujer, no tendría problemas para encontrar trabajo. Esta era también la respuesta habitual de los profesores cuando manifestaba el temor de no encontrar un empleo. Irónicamente, nadie mencionó ni una sola vez que esas mujeres negras que se quedaban con todos los trabajos no nos daban ni una sola clase. Nadie quería ver que, quizá, el sexismo y el racismo militan en contra de la contratación de mujeres negras a pesar de que se nos considera un grupo al que se da prioridad y un estatus preferencial. Estas suposiciones, que suelen estar ancladas en la lógica de la acción afirmativa en la contratación, no reconocen que la mayoría de las universidades no tienen la prioridad de contar con un claustro diverso y que, con frecuencia, diversidad significa contratar a una persona no blanca, a una persona negra. Cuando otras alumnas de posgrado negras y yo repasamos los departamentos de Literatura Inglesa en Estados Unidos, no encontramos a muchas mujeres negras en ellos y, por lo tanto, nos preocupamos por nuestro futuro.

Como viajo con frecuencia, asistí a varias escuelas de posgrado pero al final terminé mi trabajo en la Universidad de California en Santa Cruz, donde encontré apoyos a pesar de la prevalencia del racismo y del sexismo. Como ya contaba con mucha experiencia, antes de matricularme pude hablar con los profesores blancos para ver si se mostrarían receptivos y apoyarían mi deseo de centrarme en escritores afroamericanos. Me aseguraron que sí, y así fue. Cada vez hay más entornos universitarios donde las alumnas negras y los alumnos negros de posgrado pueden estudiar en un ambiente que los apoya. Aunque el racismo y el sexismo siempre están presentes, no modelan necesariamente todas las áreas de la experiencia de posgrado. Cuando hablo con alumnas de posgrado negras que trabajan en departamentos de Literatura Inglesa, veo que muchos de los problemas no han cambiado y que siguen experimentando la misma soledad y el mismo aislamiento intenso que caracterizó mi experiencia. Por eso creo que es importante que las mujeres negras que trabajamos en la educación superior escribamos y hablemos acerca de nuestras experiencias y de nuestras estrategias de supervivencia. En una ocasión en que lo estaba pasando muy mal, leí *Working It Out*. A pesar de que las intelectuales que describían cómo el sexismo había modelado su experiencia académica en la escuela de posgrado eran mujeres blancas, su resistencia, su perseverancia y su éxito me dieron ánimos. Leer sus historias me ayudó a sentirme menos sola. He escrito este ensayo por las múltiples conversaciones que he mantenido con alumnas de posgrado negras que están desesperadas y frustradas y que temen que sus experiencias sean únicas. Quiero que sepan que no están solas, que los problemas que surgen, que los problemas que crean el racismo y el sexismo son reales, que existen y que hacen daño, pero que no son insuperables. Quizá estas palabras les ofrezcan consuelo, intensifiquen su valor y renueven su espíritu.

CAPÍTULO
10

Ser negra en Yale: la educación como práctica de la libertad

Vivíamos en una zona rural, donde las carreteras no estaban asfaltadas, donde el polvo se nos pegaba en las piernas, recién lavadas y untadas con grasa, donde podíamos caminar y bailar en la carretera porque por allí pasaban poquísimos coches. Nos quejábamos a diario del largo camino que teníamos que recorrer a pie para llegar a la pequeña escuela de madera blanca y mi padre nos respondía, también a diario, diciéndonos los kilómetros que él había tenido que recorrer para poder ir a la escuela. Queríamos silenciar sus palabras, su experiencia. Pero siguieron viniendo, regresaron a medida que crecíamos y aprendíamos que el acceso a la educación era muy complicado para las personas negras, y que era una lucha, algo necesario, una manera de ser libres. Generaciones de personas negras han sabido lo que significa ver la educación como práctica de la libertad. Aunque me apropio ahora de estas palabras, que entraron por primera vez en mi conciencia gracias a la obra del pedagogo brasileño Paulo Freire, camarada y maestro, su significado siempre ha estado en mi vida, en mi experiencia. Crecí en una comunidad donde me enviaban de un lado a otro, para leerle la Biblia a Miss Zula, porque ella no sabía leer, para leer esto y aquello, una carta, las letras impresas en una caja de detergente, para leer y para escribir para otros. ¿Cómo no iba a entender la necesidad de la alfabetización? ¿Cómo podía no anhelar saber? ¿Y cómo podría olvidar que, fundamentalmente, el propósito de mi conocimiento era ponerlo al servicio de los que no sabían? Yo debía aprender para enseñar a los míos. La educación como práctica de la libertad.

Generaciones de norteamericanos negros que han vivido en un país supremacista blanco han sabido qué significa ver la educación como práctica de la libertad, han sabido qué significa educar para desarrollar una conciencia crítica. En su narrativa de esclavo, Frederick Douglass, cuyos artículos están aquí, en Yale, identifica la insistencia de un amo blanco en que aprender a leer lo incapacitaría para ser un buen esclavo como un momento de despertar crítico:

> Fue una revelación nueva y especial, que explicó cosas oscuras y misteriosas con las que mi joven comprensión había batallado, aunque en vano... A partir de ese momento, entendí cuál era el camino que llevaba de la esclavitud a la libertad.

La alfabetización sigue siendo ahora una cuestión crucial, un derecho que muchas personas negras tienen dificultades para obtener, a pesar de que, hoy, más personas negras que nunca antes en la historia tienen la oportunidad no solo de leer y de escribir, sino también de convertirse en mujeres y hombres eruditos, en académicos, en intelectuales. A pesar de la lucha por la defensa de los derechos civiles y de las múltiples reformas que han hecho posible que estudiemos y enseñemos en las universidades de todo Estados Unidos, seguimos viviendo en un país supremacista blanco. Aunque ya no vivimos en las estructuras rígidas del *apartheid* racial que caracterizaron los primeros momentos de nuestra historia, vivimos en una cultura de dominación, rodeados de instituciones (religiosas, educativas, etc.) que refuerzan los valores, las creencias y los supuestos que subyacen a la supremacía blanca. Más que nunca antes en la historia, personas blancas educadas interiorizan muchos de estos supuestos y actúan como cómplices de las mismas fuerzas de dominación que oprimen, explotan y nos niegan activamente a la gran mayoría de nosotros el acceso a una vida exenta del azote de la pobreza brutal, de la deshumanización, de la alienación extrema y de la desesperanza.

Los académicos negros no sufren a diario y de forma individual los horrorosos actos de discriminación y explotación racial de que antaño servían como recordatorios constantes de que no podíamos cejar en la lucha para poner fin a la dominación racista, que nuestro destino sigue estando íntimamente relacionado con el destino de todas las personas negras oprimidas en Estados Unidos y en el mundo. Esto ha llevado a que muchos estudiosos negros olviden las tradiciones radicales instauradas por educadores negros profundamente comprometidos con la transformación social y que no se preocupaban solo de su propio progreso ni se limitaban a transmitir información acerca de una disciplina concreta.

Yale es una de las muchas universidades en Estados Unidos donde o bien se ha olvidado o bien se considera poco importante el gran esfuerzo político radical para transformar la institución tanto en términos de la composición racial de los alumnos y del claustro como en términos de las posturas sobre el conocimiento y la realidad. No continuar y promover estos esfuerzos no solo inhibe la probabilidad de que la visión de libertad académica que ha iluminado los corazones y las mentes de los académicos de la institución se haga realidad; también promueve una atmósfera de desmoralización, de alienación y de desesperanza entre los alumnos y los miembros del claustro preocupados y conscientes, sobre todo entre los alumnos y los miembros del claustro negros. Independientemente de nuestras opiniones políticas, de nuestros objetivos académicos concretos o de los estilos de vida de cada uno, los académicos negros de Yale, tanto alumnos como profesores, nos enfrentamos a la cuestión de la raza de una manera u otra, en forma de nuestra mera presencia aquí. ¿Es este nuestro sitio? ¿Se reconoce nuestra igualdad de inteligencia y de habilidad? ¿Creemos que la solidaridad es importante? ¿Promovemos los intereses de la liberación negra? ¿Valoramos la educación como práctica de la libertad?

Una de mis principales preocupaciones como profesora y como académica tiene que ver con la última pregunta, con la educación como práctica de la libertad. Si los eruditos negros nos comprometemos activamente con una pedagogía liberadora, ese compromiso modelará e informará el resto de las percepciones de nuestra función. Es una preocupación arraigada en la conciencia de la realidad política, sobre todo en las circunstancias de los grupos oprimidos, una preocupación que nos insta a reconocer que las instituciones de la educación superior se han estructurado de modo que el conocimiento quede al servicio del mantenimiento de la supremacía blanca y del resto de las formas de dominación, una preocupación que nos insta a enfrentarnos a la realidad de que la educación no es un proceso neutro. Richard Shaull insiste en este punto en su introducción a la *Pedagogía del oprimido* de Paulo Freire:

> La educación o bien funciona como un instrumento que facilita la integración de la generación más joven en la lógica del sistema presente y promueve la conformidad con el mismo o bien se convierte en «la práctica de la libertad», que significa que hombres y mujeres abordan de un modo crítico y creativo la realidad y descubren cómo participar en la transformación de su mundo.

Con frecuencia, los más comprometidos con hacer realidad la visión de la libertad académica son también los más reticentes a reconocer que la educación no es un proceso neutro. Se inquietan cuando los debates en el aula adoptan un tono abiertamente político, aunque quizá no les inquieta que el programa del curso promueva y perpetúe la supremacía blanca. En su discurso inaugural en Yale, Benno Schmidt dijo que «la misión principal de una universidad es preservar, difundir y hacer avanzar el conocimiento mediante la enseñanza y la investigación». Prosiguió así: «La base de esa misión es la libertad académica y la adherencia absoluta a la libertad de expresión en la universidad y a las libertades y las protecciones asociadas que la mantienen». Una y otra vez, se apela a la libertad académica para desviar la atención de los modos en que se usa el conocimiento para reforzar y perpetuar la dominación, de los modos en que la educación no es un proceso neutral. Siempre que esto sucede, el propio concepto de libertad académica pierde sentido e integridad.

Este tema es especialmente relevante para los eruditos negros. Nosotros también nos hemos dejado seducir por la falsa premisa de que la mejor manera de lograr el objetivo de la libertad académica es mantener posturas de neutralidad política, enseñar métodos que ocultan la realidad de que la misma elección de temario, de manera y de estilo de presentación encarna significantes ideológicos y políticos. Hay profesores negros en Yale y en otras universidades que adoptan esta postura y que creen que es esencial no llamar la atención sobre la raza o el racismo, que creen que deben comportarse siempre de un modo que reste importancia a la raza. Es una gran tragedia. Esta conducta no favorece en absoluto a la libertad académica. Por el contrario, participa en la construcción de una realidad social en la que impera la conformidad con la norma de representación masculina blanca y racista, donde la diferencia y la diversidad son atacadas y donde se niega el espacio y el valor de las mismas. La libertad académica se hace realidad del modo más genuino y más pleno cuando hay diversidad de representación y de perspectivas intelectuales. El racismo siempre ha amenazado la consecución de este ideal. En lugar de convertirnos en cómplices de la perpetuación de la dominación racial, los académicos negros que valoramos la libertad académica debemos trabajar continuamente para instaurar en las instituciones esferas de aprendizaje donde la práctica intelectual no se fundamente en la supremacía blanca. Si este lugar no puede existir o no existe, traicionamos las

tradiciones radicales que nos han permitido llegar a estas instituciones y actuamos de un modo que justificará y apoyará nuestra
exclusión de las mismas en el futuro. Tenemos la responsabilidad
colectiva, tanto para con nosotros como personas negras como
para con las comunidades académicas en las que participamos y a
las que pertenecemos, de asumir una función primaria a la hora de
instaurar y de mantener espacios académicos y sociales donde se
promuevan los principios de la educación como práctica de la libertad.

Las alarmantes circunstancias actuales (el resurgimiento de la
violencia racista manifiesta, el aumento de la privación y de la pobreza, un analfabetismo generalizado y una devastación psicológica que da lugar a la locura más allá de las fronteras de clase) nos
impelen a examinar y a reevaluar de un modo crítico nuestra función como académicos negros. Debemos preguntarnos cómo es
posible que tantos de nosotros carezcamos de conciencia crítica,
tengamos poca o ninguna comprensión de la política de la raza,
neguemos la supremacía blanca que amenaza nuestra existencia y
nuestro bienestar y actuemos como cómplices de la misma interio-
rizando el racismo y denigrando y devaluando la negritud. Tenemos que identificar cómo manifestamos estos supuestos, creencias
y valores para construir estrategias de resistencia y de transformación. Y aún más importante, tenemos que llamar la atención sobre
todos los aspectos de la experiencia negra —tanto social como
educativa— aquí, en Yale, donde se afirme la negritud, donde se
exprese la educación como práctica de la libertad.

Presenté la solicitud de empleo para dar clases en Yale porque
la vacante era un cargo mixto en estudios afroamericanos. No hubiera aceptado trabajar exclusivamente en el Departamento de
Literatura Inglesa. Creía que en el Departamento de Estudios
Afroamericanos encontraría un lugar donde los estudios centrados en personas negras se considerarían inequívocamente valiosos, una parte de la producción del conocimiento tan necesaria
como cualquier otro trabajo. Creía que allí también encontraría

apoyo para cualquier trabajo que quisiera llevar a cabo como investigadora negra aunque no se centrara en las personas negras. Que el Departamento de Estudios Afroamericanos de Yale siga siendo un lugar así, a pesar de los azotes del tiempo y de las circunstancias, es un testamento de la lucha y del compromiso de los académicos negros de la institución, presentes y pasados, que se esforzaron por instaurarlo. De todos modos, no podrá seguir siendo fuerte para siempre en un clima en el que el propio énfasis en la raza, en la negritud y en la resistencia radical a la supremacía blanca que promovió su creación se considera poco importante, no esencial. Tampoco basta con que sea un refugio para un puñado de académicos individuales. Ha de enriquecer y ampliar la experiencia educativa y las posibilidades intelectuales de la comunidad de Yale y afirmar en este esfuerzo la presencia y el trabajo específico de las personas negras.

En muchos aspectos, la fuerza y la debilidad del Departamento de Estudios Afroamericanos reflejan nuestra condición colectiva como personas negras en Yale. Si el programa sufre, y yo creo que es así, de una crisis de valoración y de compromiso que conduce a la frustración, la desmoralización, la alienación y la desesperanza, todos sufrimos esa crisis. Estamos frustrados, desmoralizados, alienados y desesperanzados. Son emociones que expresan tanto el personal negro como los alumnos y los profesores negros. Cuando los alumnos negros sienten que nosotros, en calidad de profesores negros, los despreciamos, desconfiamos de sus motivos o les negamos la afirmación, estamos en crisis. Cuando los profesores negros sentimos que los alumnos negros no aspiran a la excelencia en nuestras clases, que intentan saltárselas, nos juzgan con dureza o explotan nuestra preocupación, estamos en crisis. Cuando los profesores negros somos incapaces de participar en un diálogo crítico y denigramos o devaluamos la presencia y el trabajo del otro, estamos en crisis. Nuestra crisis no es única. Es un reflejo de la experiencia negra en todos los aspectos de la vida contemporánea. Nuestra voluntad para abordar esta crisis afirma nuestra relación con la multitud de personas negras que intentan afrontar el cambio de realidad de la experiencia negra.

Es importante señalar que esta crisis de valoración hunde sus raíces en cuestiones sin resolver acerca de la identidad y de las alianzas. En las décadas de 1960 y 1970, pareció que las universidades aceptaban la diversidad como una circunstancia ideal para el aprendizaje. Parecía que existía la voluntad de permitir que la similitud y la diferencia coexistieran. La negritud expresada mediante la diversidad del discurso, del atuendo, de las inquietudes, etc. podía coexistir con un estudio académico y una vida social no influenciados por una perspectiva negra. Celebrar la diferencia era reaccionar contra la conformidad, contra una norma impuesta por la clase privilegiada blanca. Fue una postura radical y subversiva, con el potencial de transformar el proceso educativo al completo. Muchos alumnos negros no solo pudimos sentir que encajábamos en universidades pobladas mayoritariamente por personas blancas; anhelábamos tener éxito y muchos de nosotros lo tuvimos. Nuestro compromiso con la transformación de las vidas de la gente de color, con el «ascenso racial», con el fin de la dominación racial, era absolutamente compatible con el estudio de ciertas disciplinas. Esto fue una experiencia importante de la educación como práctica de la libertad. Durante una conversación con el historiador blanco Eugene Genovese, este recordó con afecto sus días en Yale, en 1968, cuando los alumnos blancos se reunían para debatir acerca de sus clases, para criticarlas y cuestionarlas, lo que dio lugar al proceso de aprendizaje mutuo que constituye la esencia de la pedagogía liberadora.

Comparemos esto con los alumnos negros de Yale que hoy se preguntan: «¿Existe la negritud?» o «¿Hay una cultura negra?». Los alumnos negros no están seguros del valor de la solidaridad racial y se les ha animado a creer que el camino al éxito reside en la asimilación (ser similar, ser absorbido). Casi nunca critican la insistencia en la conformidad a una norma impuesta por una clase privilegiada blanca, sino que, por el contrario, se esfuerzan para adaptarse a ese modelo de ser. Al contrario del modelo más radical que aspira a transformar la propia definición de ser e integrar un modelo nuevo que valore la diferencia, ahora el objetivo es la adaptación. En *Education for Critical Consciousness*, Freire afirma:

> A diferencia de la adaptación, la integración con el propio contexto es una actividad característicamente humana. La integración es el resultado de la capacidad para adaptarse a la realidad sumada a la capacidad crítica de tomar decisiones y de transformar dicha realidad. Cuando el ser humano pierde la capacidad de tomar decisiones y se ve sometido a las decisiones de otros, cuando estas decisiones ya no son las suyas, porque son el resultado de prescripciones externas, ya no está integrado...
>
> La persona integrada se convierte en sujeto. Por el contrario, la persona adaptada se convierte en objeto, porque la adaptación representa la forma de defensa personal más débil. Si un ser humano es incapaz de cambiar la realidad, se ajusta a ella. La adaptación es una conducta característica de la esfera animal. Cuando la vemos en el ser humano, es un síntoma de su deshumanización.

A pesar de que se entiende la asimilación como una estrategia que garantiza que las personas negras puedan entrar con éxito en la cultura dominante, en el fondo es deshumanizadora. La lógica de la asimilación parte de la premisa supremacista blanca de que hay que erradicar la negritud, de modo que pueda aparecer una nueva identidad, en este caso una identidad «blanca». Por supuesto, como los que somos negros nunca podremos ser blancos, el esfuerzo promueve y provoca un estrés psicológico grave e incluso enfermedades mentales severas. Mi preocupación por el proceso de asimilación se ha intensificado a medida que oigo a alumnos negros expresar dolor y sufrimiento y los veo sufrir de modos que no solo inhiben su capacidad para tener éxito académico, sino que amenazan a su propia existencia. Cuando le comuniqué a una alumna negra el tema sobre el que iba a hablar, me respondió: «¿Por qué hablar de la libertad? ¿Por qué no podemos hablar de la cordura? Intentamos mantener la cordura». Oír cómo mis alumnos expresan dolor y confusión ha hecho que sea aún más consciente de que estamos en crisis. Me resulta especialmente perturbador escuchar a alumnos negros confesar que, en ocasiones, se sienten abrumados por la alienación y la desesperanza, que sienten que han perdido toda noción de identidad y de sentido. Esta desesperanza es un eco de las emociones que expresaban personas negras en circunstancias en las que no había elección, en las que no había posibilidad de cambio. Gran parte de ese sufrimiento surge del esfuerzo por asimilarse, que supone negarse a uno mismo.

Los alumnos que se esfuerzan por asimilarse al tiempo que, en secreto, intentan mantener su implicación con la experiencia negra sufren una frustración y un malestar psicológico extremos. En algunas circunstancias, pueden sentir la necesidad de actuar como si el racismo no existiera, como si su identidad como personas negras no fuera importante. En otras circunstancias, quizá les parezca importante resistirse al racismo e identificarse con la experiencia negra. Mantener esta dicotomía es muy difícil, sobre todo cuando estos dos anhelos contradictorios convergen y chocan. Por ejemplo, pensemos en un alumno negro que está con sus amigos blancos en el centro de New Haven, en Chapel Street. Un grupo de adolescentes negros pasa por delante, con música ruidosa y hablando en voz alta. Uno de sus compañeros blancos se dirige a él y le dice como si nada: «Mira a esos negros, habría que sacarlos de la calle y exterminarlos». El racismo consterna a la parte de sí mismo que reconoce su negritud, y constatar que la amistad y el afecto no han alterado ese odio racial lo hiere profundamente. Por el contrario, la parte de sí mismo que se ha asimilado se da cuenta de que el comentario se ha hecho como si él no fuera negro, sino uno de sus iguales blancos, uno más en una hermandad de los elegidos y los superiores, es un gesto de inclusión en la «blanquitud» que afirma que ha conseguido asimilarse. Esta es la parte que calla, que silencia la indignación, el dolor y la ira que siente, la parte que reprime. Superficialmente, podría parecer que ha llevado bien la situación, que no le pasa nada, pero su carga psicológica se ha intensificado; el dolor, la confusión y la sensación de traición es un caldo de cultivo para los problemas mentales graves. Los ejemplos son infinitos, algunos no tan extremos, pero este tipo de incidentes suceden a diario en las aulas, en las residencias y en la calle.

Sin un movimiento de liberación negro que ofrezca una estructura para la afirmación, para la educación de la conciencia crítica, los alumnos negros preocupados miran a los profesores negros como ejemplo de cómo estar entero, de cómo existir en este contexto social que permite la celebración y la aceptación de la diferencia, en busca de maneras de integrarse en lugar de adaptarse, maneras de ser sujeto en lugar de objeto. Con mucha frecuencia, lo que se encuentran es una fragmentación y una confusión similares: profesores negros que actúan como si creyeran que todos los alumnos negros son vagos e irresponsables; profesores negros que dirigen las preguntas y los comentarios exclusivamente a los alumnos blancos; profesores negros que se esfuerzan por no reconocer de ningún modo a los alumnos negros, para evitar ser criticados por demostrar preferencias, algo que los puede llevar a compensar en exceso y a ser excesivamente atentos con los alumnos no negros. Quizá tememos a los alumnos blancos que preguntan (como me han preguntado a mí): «Si la negritud y los alumnos negros le gustan tanto, ¿por qué da clases en Yale?». O quizá tememos que nos llamen racistas. Dado el contexto supremacista blanco, es difícil que los alumnos entiendan que atender las necesidades de un grupo no significa negarse a atender las de otro, cuando les han enseñado justo lo contrario.

Los profesores negros han de reconocer y validar a los alumnos negros. Estos gestos les confirman que tienen un lugar en Yale, que pueden tener éxito y que el éxito no equivale al aislamiento racial. La ausencia de este reconocimiento y de esta afirmación promueve la inseguridad y refuerza la idea de que la asimilación es la única manera de tener éxito. Por supuesto, a Yale llega una cantidad significativa de alumnos negros ya inmersos en el proceso de asimilación. Aunque es posible que el hecho de verse afirmados por otras personas negras los inquiete o incluso los intimide, seguir negándolos solo consigue ahondar en la división y la separación. Muchos alumnos negros desean entablar un contacto significativo con profesores negros, tanto en el aula como fuera de ella. Por ejemplo, imaginemos una alumna negra que va a hablar con un profesor negro acerca de su deseo de estudiar un aspecto concreto de la historia de las mujeres afroamericanas. Él responde aludiendo a la escasez de material disponible y a la dificultad de este tipo de investigación. Entonces, cambia de tema y le pregunta acerca de qué otras cosas le interesaría estudiar. Ella dice que le gustaría saber más acerca de China. Por fin, parece que él le presta atención de verdad y la anima a estudiar ese tema. La alumna se va desalentada y sintiéndose minusvalorada, no entiende por qué el profesor no ha afirmado su deseo de estudiar a las mujeres negras, sobre todo dado que su especialidad son precisamente los estudios afroamericanos.

Con frecuencia, los profesores perdemos de vista hasta qué punto se sienten vulnerables los alumnos negros, sobre todo cuando esconden sus emociones tras una máscara de fuerza y de palabras duras. Las instituciones como Yale, que ponen gran énfasis en la jerarquía y en el rango como en algo que no solo identifica a las personas, sino que también las separa y las aísla, refuerzan esta ceguera. Las premisas definidas acerca de cómo ha de ser la conducta social entre las personas calificadas como autoridad y las consideradas como subordinadas sientan las bases de las relaciones entre los miembros del claustro y los alumnos. En este contexto, es fácil ejercer el poder de un modo que hiere y subestima, que refuerza la dominación.

Este contexto social afecta a los profesores negros. Sus colegas pueden interpretar los esfuerzos individuales que llevan a cabo para humanizar la relación con los alumnos como una amenaza al mantenimiento del estatus jerárquico. Hay profesores negros que creen que la conducta de ambas partes ha de reforzar una separación clara entre los profesores y los alumnos (es decir, «los alumnos han de saber cuál es su sitio»); los orígenes de esta actitud están en nuestra propia historia. Estas ideas se basan en los mismos conceptos de inferioridad y de superioridad en los que se basa la supremacía blanca. Adoptarlas significa aliarse con las fuerzas que refuerzan y perpetúan la dominación. Entender el dolor y el maltrato que las personas negras nos infligimos las unas a las otras cuando absorbemos pasivamente y apoyamos sin espíritu crítico estos conceptos de jerarquía y esforzarnos en construir una conducta alternativa refuerza nuestra compasión y profundiza en cómo cuidamos los unos de los otros.

El racismo interiorizado que expresamos mediante nuestras interacciones fomenta la división y el miedo. Se expresa en los encuentros entre alumnos y miembros del claustro y también en la relación entre profesores. Por ejemplo, imaginemos a una profesora negra nueva que llega a un entorno donde hay pocas mujeres negras. Conoce a otro profesor negro y, cuando le pregunta por sus intereses, este responde sin más que «toda esa parafernalia afroamericana no me interesa demasiado». Se desvincula de la negritud y asume una actitud de superioridad, como si hubiera entendido mejor la manera de tener éxito: la asimilación, la negación de la identidad negra.

Luego están los profesores negros cuyo campo de estudio se centra en un aspecto de la experiencia negra y para quienes la negritud es la materia prima para la producción de un bien de consumo que no guarda relación con su conducta social. Les gusta estudiar y escribir acerca de las personas negras, pero prefieren no relacionarse con ellas. Esto es debido a la cosificación y la mercantilización de la negritud y conduce al desarraigo y a la alienación. Algunos profesores negros quieren guardar las distancias con los demás y critican con dureza a los colegas, para asegurarse de que nadie pueda pensar que hay un vínculo, una conexión. Estas críticas pueden adoptar la forma de una descalificación feroz del trabajo de los demás o incluso de traiciones más graves. Por ejemplo, pensemos en una profesora negra que se enzarza en una larga conversación sobre la asignatura de otra e insiste en que no aprueba la metodología de su colega, porque la considera ilegítima y antiacadémica. Sin embargo, nunca ha participado en la asignatura de la otra profesora, nunca la ha oído dar una clase y nunca ha hablado con ella acerca de pedagogía. Todas las críticas se basan en rumores y no solo generan una tensión y una hostilidad innecesarias, sino que imposibilitan el diálogo y la crítica constructiva. El reconocimiento de la experiencia compartida como profesores universitarios negros debería constituir la base de la solidaridad entre nosotros y promover una voluntad de cuestionarnos y confrontarnos para reforzar la comunidad colectiva de académicos. Si podemos entablar diálogos críticos entre nosotros, aumentará la probabilidad de que lo podamos hacer también con nuestros colegas y con los alumnos.

Los estudios afroamericanos deberían ofrecer un contexto para los debates críticos, sobre todo entre los miembros del claustro. A veces, los alumnos citan la presencia de profesores blancos como una señal de que la universidad no se toma en serio la afirmación de la negritud. Sin embargo, si transformamos la educación en la práctica de la libertad, no podemos excluir a ningún académico consciente y comprometido (esta queja también se plantea cuando hay muchos alumnos que no son negros en las clases de estudios afroamericanos). En teoría, los profesores blancos que intervienen en los estudios afroamericanos deberían ser aliados importantes, que entienden la supremacía blanca y que están comprometidos con enseñar de un modo que refleje esa preocupación. De no ser así, nos corresponde a nosotros, tanto personal como colectivamente, cuestionarlos y promover una conciencia crítica. Limitarnos a denunciar a esa persona ante los demás es renunciar a intentar corregir el problema de un modo significativo. Si los programas de estudios afroamericanos en Yale, o en otras universidades, están poblados de profesores blancos cuya conducta refuerza la dominación blanca, el propósito de dichos estudios se erosiona y queda trágicamente pervertido. Como vivimos en un marco histórico (en el sentido de ser personas que cambian y que son cambiadas por los eventos y las circunstancias), tenemos la capacidad de transformar la realidad si decidimos actuar. Limitarnos a nombrar e identificar un problema no lo resuelve; nombrarlo no es más que una etapa en el proceso de transformación. Lo que nos permitirá aplicar estrategias y objetivos nuevos es tener el valor de vivir nuestra vida de forma consciente y de actuar. Como grupo étnicamente diverso en el Departamento de Estudios Afroamericanos, deberíamos ser una vanguardia y dar un toque de atención para poner sobre la mesa la necesidad de desarrollar una conciencia de la política de raza; deberíamos participar continuamente en un proceso de reflexión crítica. Aunque nuestro foco no debería ser la exclusión, deberíamos poner el énfasis en la participación consciente.

A veces, alguno de mis alumnos que no son negros, y sobre todo los blancos, critican mi manera de enseñar y se quejan de que presto más atención a los alumnos negros; los alumnos negros se quejan de lo contrario. No es necesario invertir las estructuras de dominación para afirmar la negritud y tampoco tenemos por qué restar valor a las experiencias del otro. La negritud se afirma cuando alumnos que antes tenían una visión restringida de la experiencia negra amplían su conciencia; y esto es cierto tanto si hablamos de alumnos negros como de alumnos que no lo son. Además, es importante que nos centremos en una política de inclusión, para no convertirnos en un reflejo de las estructuras opresoras, lo que no significa que no podamos llevar a cabo una crítica y una confrontación constructivas o que no debamos perder de vista el imperativo de afirmar la negritud. La diversidad supone un desafío precisamente porque exige que cambiemos los paradigmas antiguos y que dejemos espacio para la complejidad.

Estos son solo algunos ejemplos de situaciones y de circunstancias que reflejan nuestra crisis, como personas negras, en Yale. Reconocerlo es una manera importante de iniciar el proceso de confrontación y de transformación, de reunirnos. No es una ocasión para la desesperanza. Identificar cómo participamos en la perpetuación de la supremacía blanca, de la dominación racista, amplía nuestro potencial de intervención y de transformación. Reunirnos para hablar es un acto de resistencia importante, un gesto que demuestra nuestro interés y nuestra preocupación. Nos permite ver que somos un colectivo, que podemos ser una comunidad de resistencia. Juntos podemos aclarar cómo entendemos la experiencia negra, las similitudes y las diferencias que determinan nuestras relaciones sociales, al tiempo que compartimos cómo conseguimos afirmarnos y desempeñar con integridad nuestra labor académica. Compartir las estrategias personales que nos permiten sortear esta estructura es un proceso de intervención útil. Cuanto más nos conozcamos, cuanto más nos comuniquemos los unos con los otros, cuanto más conscientes seamos de que no estamos solos, más podremos proyectar nuestras preocupaciones de modo que puedan ejercer un impacto sobre la experiencia de todos los que formamos Yale.

El Departamento de Estudios Afroamericanos y el Centro Cultural Afroamericano son los dos sitios principales en los que podemos entrar en contacto y en los que encontrar cursos y asignaturas que aborden aspectos específicos de la experiencia negra. La manera como valoremos estos espacios determinará tanto su dirección actual como su futuro. Ahora es el momento de reforzar y de intensificar nuestro compromiso, de renovar el espíritu de unidad y de conexión que los hizo posibles. Este es el verdadero significado de la solidaridad: promover deliberadamente la conciencia de la política de raza, resistir el racismo, definir las preocupaciones y los intereses comunes que compartimos en calidad de personas negras, reconocer que satisfacer este objetivo no ha de impedir de ningún modo nuestra participación plena en la comunidad de Yale. Si nos afianzamos en una conciencia afirmativa, en una conciencia de negritud que dé valor y sentido a nuestra experiencia, aportaremos integridad de existencia al resto de nuestras relaciones, ya sean educativas o personales, y las ampliaremos y enriqueceremos.

Cuando nos comprometemos con la educación como la práctica de la libertad, participamos en la construcción de una comunidad académica en la que podemos ser y convertirnos en intelectuales en el sentido más amplio y más profundo de la palabra. Participamos en una manera de aprender y de ser que hace que el mundo sea más real, no menos, una manera que nos permite vivir con plenitud y libertad. Esa es la alegría de nuestra búsqueda.

CAPÍTULO

11

Quedarse cerca de casa: la clase y la educación

Las dos estamos despiertas, aunque son las cinco de la madrugada y aún no ha amanecido. Todos los demás siguen profundamente dormidos. Mi madre me hace las preguntas de siempre. Me dice que mire a mi alrededor, que me asegure de que lo tengo todo, me riñe porque no estoy segura de a qué hora pasa el autobús... A las cinco y media estamos esperando frente a la estación de autobuses, aún cerrada. Enfadada con sus hijos, sobre todo con los que murmuran a sus espaldas, dice amargamente: «Vuestra infancia no ha podido ser tan mala. No os ha faltado de nada. Es más de lo que tiene mucha gente y no soporto que os quejéis sin parar». Me entristece oír el dolor en su voz. Siempre he querido proteger a mi madre del dolor, aliviar su carga. Ahora soy parte de sus problemas. Se dirige a mí, acusadora: «No me refiero solo a los otros. Tú también hablas demasiado del pasado. No escuchas». Y hablo de ello. Aún peor. Escribo acerca de ello.

Mi madre siempre busca respuestas distintas en cada uno de sus hijos. Conmigo expresa la decepción, el dolor y la ira por la traición: ira porque sus hijos sean tan críticos, porque ni siquiera tenemos la decencia de alegrarnos por los regalos que nos envía. Nos dice que a partir de ahora ya no habrá más regalos, que se limitará a meter dinero en un sobre y enviarlo, como hacemos los demás. Se queja de que nadie quiere críticas, de que todos la critican a ella, pero que ella no puede decir nada. Cuando intento hablar, mi voz suena como la de una niña de doce años. Cuando intento hablar, ella alza la voz, me interrumpe, a pesar de que me pide una y otra vez que le explique por qué no dejo de hablar del pasado. Me cuesta volver a mi yo de treinta y cinco años de edad para que el tono de mi voz le recuerde que somos dos mujeres en plena conversación. Solo calla cuando logro afirmar con firmeza y con mi voz plenamente adulta: «Mamá, no me escuchas». Espera. Ahora que por fin tengo su atención, temo que mis explicaciones parezcan banales, insuficientes. «Mamá —comienzo—, en general, la gente va a terapia para curar una herida interior, porque tienen un dolor que no cesa, como una herida que se abre una vez tras otra, que no cicatriza. Y, con frecuencia, esas heridas, ese dolor, tienen que ver con cosas que han sucedido en el pasado, a veces durante la infancia, con frecuencia durante la infancia, o con cosas que creemos que han pasado.» Quiere saber a qué heridas, a qué dolor me refiero. «Mamá, no puedo responder a esa pregunta, no puedo hablar por todos nosotros, cada uno tiene sus propias heridas. La cuestión es que, cuando nos esforzamos por entender el origen de la vida, lo que intentamos es sanar ese dolor, curarlo. Sé que te enfadas mucho cuando decimos que pasó algo o que algo nos dolió y tú no lo recuerdas de esa manera, pero el pasado no es así, no todos compartimos el mismo recuerdo. Recordamos las cosas de maneras distintas. Ya lo sabes. Y, a veces, la gente se siente dolida por cosas que desconocemos o de las que no éramos conscientes, y necesitan hablar de ello. Estoy segura de que entiendes la necesidad de hablar de ello.»

Interrumpimos la conversación cuando vemos a mi tío, que cruza el parque en nuestra dirección. Callamos para observarlo. Va de camino al trabajo, vestido con su traje azul de siempre. Son muy parecidos, ninguno de los dos habla casi nunca del pasado. La interrupción me hace pensar en la vida en una pequeña ciudad. Siempre ves a alguien conocido. Las interrupciones, las intrusiones, forman parte de la vida cotidiana. Salimos de nuestro espacio privado en el coche para saludarlo. Después de darme el abrazo y el beso que me da cada año desde que nací, se ponen a hablar de los funerales del día. El autobús se acerca desde la distancia. Mi tío se aleja, porque sabe que ellos se verán luego. Justo antes de subir al autobús, me doy la vuelta y miro el rostro de mi madre. Viajo al pasado unos instantes y me veo hace dieciocho años, en esa misma parada de autobús, mirando el rostro de mi madre, girándome continuamente, para despedirme, de vuelta a la universidad. Es la experiencia que me alejó por primera vez de nuestra ciudad, de mi familia. Alejarme entonces me resultó tan doloroso como ahora. Cada paso que me aleja hace que regresar sea más difícil. Cada separación intensifica la distancia, tanto física como emocional.

Para una joven sureña negra de clase obrera que nunca se había subido a un autobús urbano, que nunca había usado una escalera mecánica, que nunca había viajado en avión, abandonar los cómodos confines de la vida en una pequeña ciudad de Kentucky para asistir a la Universidad de Stanford no solo resultaba aterrador, también era absolutamente doloroso. A mis padres no les había gustado nada que me aceptaran y se habían opuesto firmemente a que me alejara tanto de casa. En aquella época, no entendí su oposición como una expresión del miedo a perderme para siempre. Al igual que tantas personas de clase obrera, temían lo que la educación universitaria podía hacer en la mente de sus hijos, a pesar de que reconocían (sin entusiasmo, eso sí) la importancia de acceder a la misma. No entendían por qué no podía asistir a una universidad más cercana, a una universidad para negros. Para ellos, daba lo mismo a qué universidad asistiera. Me licenciaría, me convertiría en maestra de escuela, me ganaría bien la vida y me casaría. Y aunque me apoyaban con reticencia y escepticismo en mis esfuerzos por formarme, también los sometían a una crítica constante, dura y amarga. Me resulta difícil hablar de mis padres y del impacto que ejercieron sobre mí, porque siempre

se mostraron temerosos, ambivalentes y desconfiados ante mis as-
piraciones intelectuales, a pesar de que siempre fueron también
afectuosos y me apoyaron. Quiero hablar de estas contradicciones, porque sortearlas, esforzarme en resolverlas y en reconciliar-
las ha sido importante para mí, porque ha afectado a mi desarrollo como escritora, a mis esfuerzos para realizarme plenamente y
a mi anhelo para permanecer cerca de la familia y de la comunidad que proporcionaron los cimientos de gran parte de mi pensamiento, de mi escritura y de mi identidad.

Durante mis estudios en Stanford, empecé a reflexionar seriamente acerca de las diferencias de clase. Pertenecer a una clase
desfavorecida materialmente en una universidad en la que la mayoría de las personas (excepto los trabajadores) pertenecían a clases privilegiadas suscita este tipo de pensamientos. Las diferencias de clase eran límites a los que nadie quería enfrentarse y de los
que nadie quería hablar. Era más fácil restarles importancia y actuar como si todos procediéramos de entornos privilegiados; o
evitarlas y confrontarlas en privado, en la soledad de la habitación, o hacer ver que el mero hecho de haber sido elegidos para
estudiar en esa institución significaba que quienes no procedíamos de un entorno privilegiado ya habíamos iniciado la transición
hacia el privilegio. No anhelar dicha transición era señal de rebeldía y anunciaba que las probabilidades de tener éxito eran escasas. No creer que era mejor ser identificado con el mundo del
privilegio material que con el mundo de la clase trabajadora, de
los pobres, era una especie de traición. No era de extrañar que
nuestros padres, de clase trabajadora y de orígenes pobres, temie-
ran que entrásemos en ese mundo, porque, quizá, intuían que
aprenderíamos a avergonzarnos de nuestros orígenes, que no volveríamos nunca a casa, o que solo volveríamos para demostrarles
nuestra superioridad.

Aunque me relacionaba con alumnos supuestamente radicales y modernos, no hablábamos de cuestiones de clase. No hablaba con nadie acerca de los orígenes de mi vergüenza, del dolor

que sentía al ver el desprecio con que se trataba a las criadas fili-
pinas de tez oscura que limpiaban nuestras habitaciones o, más
tarde, mi preocupación por los cien dólares mensuales que paga-
ba por una habitación fuera del campus, que era más de la mitad
de lo que mis padres pagaban por el alquiler de casa. No hablaba
con nadie de mis esfuerzos para ahorrar dinero, para enviar aunque fuera un poco a casa. Y, sin embargo, esas realidades de clase
me separaban del resto de los alumnos. Avanzábamos en direc-
ciones diferentes. No tenía intención de olvidar mis orígenes de
clase ni de alterar mis lealtades de clase. Y, aunque recibía una
educación diseñada para proporcionarme una sensibilidad bur-
guesa, la conformidad pasiva no era mi única opción. Sabía que
me podía resistir. Me podía rebelar. Podía modelar la dirección y
el enfoque de las distintas formas de conocimiento que tenía a mi
alcance. Aunque, a veces, envidiaba y anhelaba más ventajas materiales (sobre todo en vacaciones, cuando era de los pocos alumnos, si es que había alguno más, que se quedaban en la residencia
porque no tenía dinero para viajar), no compartía ni la sensibilidad ni los valores de mis iguales. Y esto era importante, porque la
clase no solo tenía que ver con el dinero; también tenía que ver
con los valores que se revelaban y que determinaban la conducta.
Y, aunque con frecuencia necesitaba más dinero, nunca necesité
creencias o valores nuevos. Por ejemplo, me quedaba profundamente desconcertada y consternada cuando mis compañeros hablaban con poco respeto acerca de sus padres o decían incluso
que los odiaban. Me resultaba especialmente perturbador cuando
a mí me parecía que se trataba de padres afectuosos y preocupados por sus hijos. Me explicaron muchas veces que ese odio era
«saludable y normal». Expliqué a mi compañera de habitación
blanca, californiana y de clase media, que a nosotros nos enseñaban a valorar a nuestros padres y los cuidados que nos ofrecían, a
entender que no estaban obligados a cuidar de nosotros. Siempre
meneaba la cabeza y, entre risas, decía: «Ya aprenderás que aquí
las cosas son distintas, pensamos de otra manera». Tenía razón.

Muy pronto viví sola, como el único alumno mormón que no se relacionaba con nadie, en un esfuerzo concentrado en mantenerse fiel a sus creencias religiosas y a sus valores. Más adelante, en la escuela de posgrado, descubrí que mis compañeros creían que las personas de «clase baja» carecían de creencias y de valores. Durante esas conversaciones yo permanecía en silencio, asqueada por su idiotez.

All Our Kin, el estudio antropológico de Carol Stack, fue uno de los primeros libros que leí que confirmó mi comprensión basada en la experiencia de que en la cultura negra (sobre todo en la clase obrera y pobre y especialmente en los estados del sur) había surgido un sistema de valores contrahegemónico, que cuestionaba los conceptos de individualismo y de propiedad privada que tan importantes eran para el mantenimiento del patriarcado capitalista y supremacista blanco. La población negra había creado en espacios marginales un mundo de comunidad y de colectividad donde se compartían los recursos. En el prólogo de *Feminist Theory: from margin to center*, hablé de cómo el punto de la diferencia, de cómo la marginalidad puede ser el espacio donde se forma una visión del mundo. Debemos articular, nombrar, la visión opositora del mundo si queremos que nos proporcione una estructura sólida para el cambio. Por desgracia, carecemos de una estructura constante desde la que darle nombre. Consecuentemente, tanto la experiencia de esta diferencia como la documentación de la misma (cuando sucede), pierde presencia y significado de manera gradual.

Por ejemplo, gran parte de lo que Stack documentó acerca de la «cultura de la pobreza» no describiría las interacciones entre la mayoría de los pobres negros en la actualidad, independientemente de su ubicación geográfica. Como las personas negras que describía no asumían (aunque lo reconocían en términos teóricos) el valor oposicionista de su visión del mundo, a la que consideraban más bien una estrategia de supervivencia determinada más por las circunstancias que por un esfuerzo consciente para oponerse a los sesgos opresivos de raza y de clase, tampoco intentaron construir una estructura que les permitiera transmitir sus creencias y sus valores de generación en generación. Cuando las circunstancias cambiaban, los valores se alteraban. Los esfuerzos para asimilar los valores y las creencias de los blancos privilegiados, tal y como los presentan los medios de comunicación y la televisión, erosionan y destruyen las estructuras de oposición potenciales.

Cada vez más, la cultura dominante, así como las personas negras que interiorizan los valores de esta hegemonía, animan a los jóvenes negros a creer que la asimilación es la única manera de sobrevivir, de tener éxito. Sin una estructura de lucha en defensa de los derechos civiles o sin una resistencia negra organizadas, los esfuerzos individuales y colectivos para la liberación negra centrados en la autodefinición y en la autodeterminación acostumbran a pasar desapercibidos. Es imperativo que quienes nos resistimos y nos rebelamos, los que sobrevivimos y tenemos éxito, hablemos abierta y honestamente acerca de nuestras vidas y de la naturaleza de nuestras dificultades personales, de cómo hemos resuelto y reconciliado las contradicciones. No es en absoluto una tarea fácil. En las instituciones educativas en las que aprendemos a desarrollar y reforzamos nuestras habilidades analíticas y de escritura, también aprendemos a pensar, a escribir y a hablar de un modo que desvía la atención de la experiencia personal. Sin embargo, si queremos llegar a nuestra gente, y a toda la gente, si queremos seguir conectados (sobre todo los que tenemos orígenes humildes y de clase trabajadora), debemos entender que narrar nuestra historia personal ofrece un ejemplo cargado de sentido, permite que los demás se identifiquen y conecten.

Combinar lo personal con el análisis crítico y las perspectivas teóricas nos permite conectar con personas que, de otro modo, se sentirían aisladas, alicnadas. También es importante que hablemos de un modo sencillo y con un lenguaje que resulte accesible a tantas personas como sea posible. Los académicos y los intelectuales acostumbran a pensar que hablar de la experiencia personal o usar palabras sencillas es una señal de debilidad intelectual o, incluso, de antiintelectualidad. Últimamente, cuando hablo, no me quedo en mi sitio (leyendo mi artículo, sin apenas entablar contacto visual con el público), sino que entablo contacto visual, hablo espontáneamente, divago y me dirijo directamente a la audiencia. Me han dicho que la gente asume que no me he preparado, que soy antiintelectual, que soy poco profesional (un concepto que está íntimamente relacionado con la clase, porque determina las acciones y la conducta) o que refuerzo el estereotipo de las personas negras como no teóricas y viscerales.

Hace poco, recibí críticas de este estilo por parte de académicas feministas después de una ponencia en la Universidad Northwestern durante un congreso sobre «Género, cultura y política» ante un público compuesto fundamentalmente por alumnos y académicos. Opté deliberadamente por un discurso muy básico, dirigido especialmente a las pocas personas de la población general que habían venido a escucharme. Unas semanas más tarde, Kumkum Sangari (otra participante que me explicó lo que se dijo cuando yo ya no estaba presente) y yo entablamos un diálogo crítico bastante riguroso acerca de cómo habían percibido mi charla sobre todo las académicas blancas privilegiadas. A ella le preocupaba que yo ocultara mi conocimiento teórico, que pareciera una antiintelectual. Su crítica me animó a articular preocupaciones de las que no suelo hablar con mis colegas. Hablé de la lealtad de clase y de los compromisos revolucionarios y le expliqué que me inquietaba que los mismos radicales intelectuales que hablaban de transformar la sociedad y de poner fin al dominio de la raza, el sexo y la clase no pudieran romper con unas pautas de conducta que refuerzan y perpetúan la dominación o siguieran usando como único punto de referencia cómo somos o podemos ser percibidos por los que dominan o si obtenemos o no su aceptación y su aprobación.

Esta es una contradicción primordial que plantea la cuestión de si el entorno académico es o no un lugar en el que podamos ser verdaderamente radicales o subversivos. Al mismo tiempo, el uso dc un lenguaje y una forma de presentación que aliena a la mayoría de las personas que carecen de formación académica refuerza la idea de que el mundo académico está desconectado de la vida real, del mundo cotidiano en el que debemos ajustar continuamente el lenguaje y la conducta para satisfacer necesidades diversas. El entorno académico solo se desconecta si nos esforzamos en desconectarlo. Es una falsa dicotomía que sugiere que los académicos y los intelectuales solo podemos hablar entre nosotros y que no podemos aspirar a hablar a las masas. Lo que sí es cierto es que tomamos decisiones, que elegimos a nuestro público, que elegimos a qué voces escuchar y a qué voces silenciar. Si no hablo en un lenguaje que pueda ser entendido, apenas hay oportunidad para el diálogo. Este tipo de lenguaje y de conducta es una contradicción básica a la que todos los intelectuales radicales, y sobre todo los que pertenecemos a grupos oprimidos, nos enfrentamos continuamente, una contradicción que debemos intentar resolver. Uno de los peligros más claros y presentes que existen cuando salimos de nuestra clase de origen, de nuestra experiencia étnica colectiva, y entramos en instituciones jerárquicas que refuerzan a diario el dominio de la raza, el sexo y la clase es que asumamos gradualmente una mentalidad similar a la de quienes dominan y oprimen y perdamos la conciencia crítica, porque el entorno ya no la afirma ni la refuerza. Debemos mantenernos siempre alertas. Es importante que sepamos a quién hablamos, quién tiene más deseo de escucharnos, a quién anhelamos emocionar, motivar y alcanzar con nuestras palabras.

Cuando llegué a New Haven para dar clases en Yale, me quedé muy sorprendida al constatar las marcadas divisiones de clase que había entre las personas negras (alumnos y profesores) que se identifican con Yale y las personas negras que trabajan en Yale o en las comunidades próximas. La mayoría de las veces, la manera de vestirse y de comportarse son los indicadores principales de la posición que uno ocupa. Aprendí muy pronto que era muy probable que las personas negras que se paran a hablar en la calle forma-

ran parte de la comunidad negra y que las que desviaban cuidadosamente la mirada estuvieran asociadas a Yale. Un día, mientras
paseaba con una colega negra, me dirigí a prácticamente todas las
personas negras a las que vi (un gesto que refleja el modo en que
crecí), algo que molestó a mi compañera. Como me dirigía a personas negras que, evidentemente, no tenían nada que ver con
Yale, quiso saber si las conocía. Me hizo gracia. «Claro que no»,
respondí. Sin embargo, cuando reflexioné más detenidamente
acerca de ello, me di cuenta de que, a un nivel profundo, sí que los
conocía, porque ellos, y no mi colega ni la mayoría de mis colegas
en Yale, se parecían a mi familia. Más adelante ese mismo año, en
un grupo de apoyo para mujeres negras que habían organizado
para las alumnas de licenciatura, algunas que tenían orígenes pobres empezaron a hablar de la vergüenza que sentían a veces cuando se enfrentaban a la realidad de su relación con la clase trabajadora y con las personas negras pobres. Una de ellas confesó que su
padre era un vagabundo adicto a las drogas y que mendigaba de
los transeúntes. Ella, como otros alumnos de Yale, daba la espalda
a los vagabundos y, con frecuencia, los trataba con ira o desprecio.
No quería que nadie supiera que tenía algo que ver con alguien
así. Tenía dificultades para asumirlo, porque quería encontrar
una manera de reconocer y afirmar esta realidad, de reclamar esa
relación. El grupo me preguntó, y se preguntaron entre ellas, qué
podíamos hacer para mantenernos conectadas, para honrar los
vínculos que tenemos con las personas de clase trabajadora, con
las personas pobres, cuando nuestra experiencia de clase cambia.

Mantener las relaciones con la comunidad y con la familia más
allá de los límites de clase exige más que un recuerdo sumario de
cuáles son nuestras raíces, de dónde venimos. Exige conocer,
nombrar y prestar atención constante a los aspectos del pasado
que han permitido y siguen permitiendo nuestro crecimiento personal en el presente, que nos sostienen y nos apoyan, que nos enriquecen. También tenemos que enfrentarnos con honestidad a
las barreras que existen, a los aspectos del pasado que nos debili-

tan. La ambivalencia que sentían mis padres ante mi amor por la lectura dio lugar a conflictos muy intensos. Ambos, y sobre todo mi madre, se esforzaban para garantizar que tuviera acceso a libros, pero amenazaban con quemarlos o con tirarlos a la basura si no me ceñía a lo que se esperaba de mí. O insistían en que perdería la cabeza si leía demasiado. Su ambivalencia alimentó en mi interior una incertidumbre similar acerca del valor y de la importancia del esfuerzo intelectual que tardé años en desaprender. Aunque este aspecto de nuestra realidad de clase hacía daño y debilitaba, su gran insistencia en que ser inteligente no me convertía en una persona «mejor» o «superior» (algo que me irritaba mucho, porque ahora creo que quería tener la sensación de que, efectivamente, me diferenciaba y me hacía mejor) ejerció un efecto profundo sobre mí. Gracias a ellos aprendí a valorar y a respetar habilidades y talentos diversos y no solo a las personas capaces de leer libros y de hablar sobre ideas. Por ejemplo, mis padres y mis abuelos decían cosas como «No sabe leer ni escribir una palabra, pero nadie explica las historias mejor que él». O, como decía mi abuela: «Es capaz de pintar el infierno con palabras».

El romanticismo hueco con que a veces se presentan la pobreza o los entornos de clase obrera reduce la posibilidad de establecer conexiones reales. Estas conexiones se basan en comprender las diferencias de experiencia y de perspectiva y en trabajar para mediar y negociar estos terrenos. El lenguaje es una cuestión crucial para las personas cuyo paso al otro lado de los límites de la pobreza y de la clase trabajadora cambia la naturaleza y la dirección de su discurso. Cuando llegué a Stanford con mi personal acento de Kentucky, al que siempre he considerado un sonido fuerte y bastante distinto al acento de Tennessee o Georgia, aprendí a hablar de un modo diferente al tiempo que mantenía la manera de hablar de mi región, el sonido de mi familia y de mi comunidad. Por supuesto, me resultó mucho más fácil mantenerlo mientras pude volver a casa y quedarme allí con frecuencia. Durante los últimos años, he hecho un esfuerzo consciente para usar

en el aula distintos estilos de discurso y me he dado cuenta de que
desconcierta a quienes creen que el uso de un *patois* concreto los
excluye como oyentes, incluso se les ofrece una traducción al discurso habitual y aceptable. Aprender a escuchar voces distintas, a
escuchar hablas diversas, cuestiona la idea de que todos debamos
asimilarnos, compartir un discurso único y similar, en las instituciones educativas. El lenguaje refleja la cultura de la que procedemos. Una de las maneras en que desconectamos y nos alejamos de
nuestro pasado consiste en negarnos a nosotros mismos el uso
diario de las pautas de discurso que nos resultan conocidas y habituales, que encarnan el aspecto único y característico de nuestra
identidad. Es importante que contemos con tantas maneras de
hablar como podemos saber o aprender. Es importante que las
personas negras que hablamos un *patois* concreto además del inglés estándar nos expresemos de las dos maneras.

Con frecuencia digo a los alumnos procedentes de entornos
pobres o de clase trabajadora que, si creemos que lo que hemos
aprendido y aprendemos en la escuela y en la universidad nos separa del pasado, eso es precisamente lo que sucederá. Es importante que nos mantengamos firmes en la convicción de que nada
nos puede separar de verdad del pasado si cuidamos y prestamos
atención a la relación. Una estrategia importante para mantener el
contacto es reconocer de forma constante la importancia del pasado, de la procedencia, y afirmar la realidad de que estos vínculos no se rompen solo porque entremos en un entorno nuevo y
avancemos hacia una experiencia de clase distinta.

Insisto en que no quiero dar un lustre romántico a ese esfuerzo ni restar importancia a la realidad del conflicto y de la contradicción. Durante mi periodo en Stanford, pasé más de un año sin
volver a casa. Fue un tiempo en el que sentía que conjugar dos
realidades tan profundamente distintas me resultaba demasiado
difícil. Pude superar este complicado periodo mediante la reflexión crítica acerca de la decisión que estaba tomando y, sobre
todo, acerca de por qué sentía que era necesario tomar una deci

sión. Por suerte, me di cuenta de que la insistencia en la necesidad de elegir entre el mundo de la familia y de la comunidad, por un lado, y el mundo nuevo de personas blancas privilegiadas y de maneras privilegiadas de acceder al conocimiento, por otro, era una imposición del exterior. Es como si en algún momento se hubiera firmado un contrato mítico que exigía que las personas negras que entrábamos en esas esferas renunciásemos inmediatamente a todos los vestigios de nuestro pasado desfavorecido. Me correspondía a mí formular una manera de ser y de estar que me permitiera participar plenamente en mi nuevo entorno al tiempo que integraba y mantenía aspectos del antiguo.

Una de las manifestaciones más trágicas de la presión para la asimilación a que nos vemos sometidas las personas negras es la interiorización de posturas racistas. Me sorprendí y me entristecí mucho la primera vez que oí a profesores negros en Stanford degradar y manifestar desprecio por los alumnos negros, de los que esperaban que fracasásemos y con los que se negaban a establecer vínculos afectivos. Me he encontrado con actitudes similares en todas las universidades a las que he asistido como alumna o en las que he trabajado como profesora, expresadas con escasa o ninguna comprensión de los factores que pueden impedir que los alumnos negros brillantes puedan rendir al máximo de sus capacidades. En las universidades hay muy pocos espacios educativos o sociales donde los alumnos que desean afirmar vínculos positivos con la etnicidad (con la negritud, con sus orígenes de clase obrera) reciban apoyo y afirmación. El mensaje ideológico es muy claro: la asimilación es la única manera de obtener la aprobación y la aceptación de quienes están en el poder.

Muchas personas blancas apoyaron con entusiasmo la afirmación que Richard Rodríguez hacía en su autobiografía, *Hambre de memoria*, respecto a que sus esfuerzos por mantener los vínculos con su origen chicano entorpecieron su progreso. Explicaba que tuvo que romper los vínculos con su comunidad y con su familia para tener éxito en Stanford y en el mundo en general, y que tuvo que dejar en segundo plano, o incluso descartar, su lenguaje materno, en este caso el español. Si los únicos términos que definen el éxito son los estándares que imponen los grupos gobernantes del patriarcado capitalista y supremacista blanco, la asimilación es necesaria, no hay duda de ello. Sin embargo, no es así. Incluso enfrentados a estructuras de dominación potentes, todos y cada uno de nosotros podemos decidir la naturaleza y el alcance de nuestro compromiso, especialmente los que pertenecemos a grupos oprimidos o explotados, además de los visionarios radicales que usan su privilegio de raza, clase y sexo para definir y determinar estándares alternativos. Los criterios con los que medimos el éxito personal, ya seamos alumnos o profesores, son muy distintos para los que nos resistimos a reforzar la dominación de raza, sexo y clase y para quienes nos esforzamos en mantener y en reforzar los vínculos con los oprimidos, con los que carecen de privilegio material, con nuestras familias, con los pobres y con la clase trabajadora.

Cuando escribí mi primer libro, *¿Acaso no soy yo una mujer? Mujeres negras y feminismo*, la cuestión de la clase y de la relación que guarda con los potenciales lectores de la obra se materializó en mi decisión de no usar notas al pie; decisión por la que he sido muy criticada. Expliqué que me preocupaba que las notas al pie establecieran fronteras de clase para los lectores y determinaran a quién iba dirigido el libro. Me sorprendió que muchos colegas académicos se mofaran de esta idea. Les expliqué que había hablado con comunidades negras de clase trabajadora, además de con familiares y amigos, y que a ellos no les había parecido absurdo. Algunos no sabían qué eran las notas al pie, pero la mayoría las consideraban una señal de que el libro estaba dirigido a personas con educación universitaria. Estas respuestas influyeron en mi decisión. Cuando algunos de mis amigos con educación universitaria más radicales se escandalizaron ante la ausencia de notas al pie, cuestioné seriamente cómo podíamos ni siquiera imaginar una transformación revolucionaria de la sociedad si un cambio de dirección tan pequeño resultaba tan amenazante. Por supuesto, muchos me advirtieron de que la ausencia de notas al pie restaría credibilidad al libro en los círculos académicos. Ciertamente, sabía que optar por un lenguaje sencillo, por la ausencia de notas al pie, etc., suponía arriesgarme a que no se me tomara en serio en los círculos académicos, pero para mí era un tema político y fue una decisión política. Me produce una alegría inmensa constatar que no ha sido así y que muchos académicos, además de personas sin educación universitaria, leen el libro.

Cuando nos animan a conformarnos o a renunciar en el marco de estructuras que refuerzan la dominación, la primera respuesta ha de ser siempre la reflexión crítica. La única manera en que haremos posible la alternativa radical, en que ampliaremos el ámbito y el alcance del estudio crítico, es desafiarnos a luchar contra los límites opresores. A no ser que compartamos estrategias radicales, maneras de reevaluar y de reconsiderar junto a los alumnos, la familia y la comunidad, junto a un público más amplio, nos arriesgamos a perpetuar el estereotipo de que tenemos éxito porque somos la excepción, porque somos distintos al resto de nuestra gente. Desde que me fui de casa para ir a la universidad, me han preguntado muchas veces (normalmente personas blancas) si mis hermanas y hermanos también han tenido éxito. El fondo de la pregunta es el deseo de reforzar la creencia en «la excepción» que permite que los sesgos de raza, sexo y clase permanezcan intactos. Siempre dejo claro que no es lo mismo ser excepcional que ser «la excepción».

Muchas veces, oigo a personas negras inteligentes de origen pobre o de clase trabajadora expresar su frustración porque, en ocasiones, la familia y la comunidad no reconocen que son excepcionales. La ausencia de afirmación positiva merma con claridad el deseo de excelencia en los esfuerzos académicos. Sin embargo, también es importante que distingamos entre la ausencia de una afirmación positiva básica y el anhelo del refuerzo constante de que somos especiales. Muchas veces, las personas blancas liberales nos ofrecen espontáneamente un refuerzo positivo continuado y destacan que somos excepciones, especiales. Esto puede ser a la vez condescendiente y seductor. Como, con frecuencia, trabajamos en entornos donde no tenemos contacto con otras personas negras, es fácil que empecemos a sentir que el aliento de las personas blancas es la fuente principal, si no la única, de apoyo o de reconocimiento. Dada la interiorización del racismo, también es fácil que nos parezca que este apoyo nos otorga más validez y legitimidad que un apoyo similar recibido de personas negras. Sin embargo, nada puede sustituir el ser valorados y apreciados por nuestra gente, por nuestra familia y por nuestra comunidad. Compartimos una responsabilidad mutua y recíproca para afirmarnos en nuestros éxitos respectivos. A veces, tenemos que hablar con nuestra gente y decirles que necesitamos que nos demuestren apoyo, que nos validen de forma constante, que son únicos y especiales para nosotros. En algunos casos, es posible que no recibamos nunca el reconocimiento y la validación de logros específicos por parte de los nuestros. En lugar de entenderlo como un motivo para alejarnos de ellos, para romper el vínculo, es más útil que exploremos la posibilidad de encontrar otras fuentes de afecto y apoyo.

Hasta donde yo sé, mi madre solo expresó reconocimiento por mi formación académica una vez, cuando me preguntó: «¿Cómo puedes vivir tan lejos de los tuyos?». Sin embargo, me ofrecía otras formas de afirmación y de afecto cuando compartía conmigo el legado de la confección de colchas de retales, la historia de la familia, su increíble manera de hilvanar las palabras. Hace poco, cuando mi padre se jubiló después de más treinta años trabajando como conserje, quise rendir tributo a su experiencia y encontrar vínculos de unión entre su trabajo y el mío como escritora y docente. Al reflexionar sobre el pasado de nuestra familia, recordé varias maneras en que había sido un ejemplo impresionante de diligencia y de esfuerzo, en que abordó las tareas con una seriedad y una concentración que yo me esfuerzo en imitar y en desarrollar, con una disciplina que a mí me cuesta mantener. Compartir estos pensamientos con él nos mantiene conectados, alimenta el respeto que sentimos el uno por el otro y mantiene abierto un espacio, por grande o pequeño que sea, en el que podemos hablar.

La comunicación abierta y honesta es la principal manera de conservar las relaciones con la familia y con la comunidad a medida que cambian tanto nuestra experiencia de clase como nuestro entorno. Esto es tanto o más importante que compartir los recursos. Muchas veces se ofrece apoyo económico en situaciones en las que no hay ningún contacto significativo. Aunque puede ser una gran ayuda, a veces también es una expresión de desarraigo y de alienación. La comunicación entre personas negras con distintas experiencias de privilegio material era mucho más fácil cuando todos estábamos en comunidades segregadas y compartíamos experiencias comunes en relación con las instituciones sociales. Sin ese punto de anclaje, tenemos que trabajar para mantener los vínculos, la conexión. Tenemos que asumir una mayor responsabilidad para establecer y mantener el contacto, conexiones que pueden modelar nuestra visión intelectual y conformar nuestros compromisos radicales.

El recurso más potente que cualquiera de nosotros podemos tener cuando estudiamos y enseñamos en entornos universitarios es entender y valorar plenamente la riqueza, la belleza y la importancia de nuestro origen familiar y comunitario. Mantener la conciencia de las diferencias de clase, cultivar la relación con las personas pobres y de clase obrera que son nuestra familia más inmediata, con nuestros camaradas en la lucha, transforma y enriquece nuestra experiencia intelectual. La educación como práctica de la libertad se convierte entonces en una fuerza que no nos fragmenta ni nos separa, sino que nos aproxima y amplía nuestras definiciones de hogar y de comunidad.

12

La violencia en las relaciones íntimas: una perspectiva feminista

Estábamos en la autopista, de vuelta a casa desde San Francisco. Conducía él. Discutíamos. Él me había pedido en repetidas ocasiones que me callara. Yo seguí hablando. Levantó la mano del volante y la lanzó hacia atrás, me golpeó en la boca, en la boca abierta, empecé a sangrar y sentí un dolor intenso. No pude decir ni una palabra más, solo pude emitir sollozos y gemidos mientras la sangre me manchaba las manos y el pañuelo que sostenía con demasiada fuerza. Él no detuvo el coche. Siguió conduciendo hasta llegar a casa. Lo observé mientras se hacía la maleta. Era un puente. Se iba para divertirse. Cuando se marchó, me lavé la cara. Tenía la mandíbula inflamada y me costaba abrir la boca.

Al día siguiente llamé al dentista y pedí hora. Cuando la voz femenina me preguntó por el motivo de consulta, le dije que me habían dado un golpe en la cara. Era consciente de las cuestiones de raza, sexo y clase y me preguntaba cómo me tratarían en la consulta de ese médico blanco. Cuando llegué, ya no tenía el rostro hinchado y no había nada que me identificara como una mujer a la que habían golpeado, como a una mujer negra con una mandíbula dolorida e inflamada. Cuando el dentista me preguntó qué me había pasado en la boca, se lo expliqué con tranquilidad y precisión. Hizo chistes sobre «No podemos dejar que nos traten así, ¿verdad?», pero no dije nada. Reparó el daño. Durante todo el proceso, me habló como si fuera una niña, alguien a quien tenía que tratar con sumo cuidado para evitar que tuviera un ataque de histeria.

Esta es una de las maneras en que se mira a las mujeres que son golpeadas por hombres y buscan atención médica. En el imaginario de la sociedad patriarcal, las mujeres somos golpeadas porque somos unas histéricas, porque estamos más allá de la razón. Sin embargo, la mayoría de las veces, es la persona que golpea la que está más allá de la razón, la que está histérica, la que ha perdido por completo el control sobre sus respuestas y sus acciones.

Al crecer, siempre pensé que nunca permitiría que un hombre me golpeara y siguiera viviendo. Lo mataría. Una vez vi a mi padre golpear a mi madre y quise matarlo. Entonces, mi madre me dijo que aún era demasiado joven para saber cómo funcionaban las cosas, para entenderlo. Era madre en una cultura que apoya y promueve la dominación, en una cultura supremacista blanca patriarcal, y no me explicó ni cómo se encontraba ni qué quería decir. Quizá le habría sido demasiado difícil hablar de la confusión que genera ser golpeada por alguien con quien tienes una relación íntima, alguien a quien quieres. En mi caso, fui golpeada por mi pareja en un momento de la vida en que varias fuerzas del mundo ajeno a mi casa ya me habían «golpeado», por decirlo de alguna manera, e hizo que fuera dolorosamente consciente de mi indefensión, de mi marginalidad. Me pareció que me enfrentaba a ser negra y a ser mujer de las peores maneras posibles. Sentía vértigo. Había perdido la noción de arraigo y de seguridad. El recuerdo de esta experiencia me acompañó durante todo mi crecimiento como feminista y mientras reflexionaba profundamente y leía mucho acerca de la violencia de los hombres contra las mujeres, de la violencia de los adultos contra los niños.

En este ensayo no me voy a centrar solo en el maltrato físico de los hombres contra las mujeres. Es crucial que las feministas llamemos la atención sobre el maltrato físico en todas sus formas. En concreto, quiero hablar de incidentes aislados de maltrato físico a manos de alguien a quien amamos. Muy pocas personas que son agredidas una vez por alguien a quien quieren responden de la misma manera en que lo harían ante un ataque aislado por parte de un desconocido. Muchos niños que crecen en hogares donde los golpes han sido una respuesta normal por parte de los cuidadores reaccionan con ambivalencia ante las agresiones físicas cuando llegan a la edad adulta, sobre todo si son agredidos por alguien que los quiere y a quien quieren. Muchas veces, las madres usan el maltrato físico como una manera de ejercer el control. Aún necesitamos que se lleven a cabo investigaciones feministas sobre este tipo de violencia. Alice Miller ha llevado a cabo un trabajo esclarecedor acerca del impacto del maltrato físico, aunque en ocasiones adopta una postura antifeminista. (Con frecuencia, en su trabajo culpa a las madres, como si fueran más responsables de la crianza de los hijos que los padres.) Deberíamos ampliar el debate acerca de la violencia contra la mujer para que incluyera el reconocimiento de las maneras en que las mujeres abusan de la fuerza física contra los niños, no solo para cuestionar el concepto de que las mujeres no son violentas, sino para completar nuestra comprensión de por qué, con frecuencia, los niños que son maltratados se convierten en adultos maltratados o que maltratan a otros.

Recientemente inicié una conversación con un grupo de adultos negros acerca de golpear a los niños. Todos coincidieron en que, en ocasiones, era necesario. Un hombre negro profesional de una familia sureña y que tenía dos hijas explicó cómo las castigaba. Las sentaba y, para empezar, las interrogaba acerca de la situación o circunstancia por la que las iba a castigar. Dijo, con voz llena de orgullo, que quería que entendieran del todo por qué iban a ser castigadas. Respondí diciéndole que, muy probablemente, se convertirían en mujeres a quienes sus parejas atacarían usando el mismo procedimiento que usaba él, que las quería tanto, y que no sabrían cómo responder ante el maltrato. Se resistió a la idea de que su conducta pudiera afectar de ningún modo a la respuesta de sus hijas ante la violencia una vez fueran mujeres adultas. Le expliqué caso tras caso de mujeres que mantenían relaciones de pareja con hombres (y en ocasiones con otras mujeres) que se ven sometidas a la misma forma de interrogatorio y de castigo que experimentaron cuando eran niñas, y que aceptan que su pareja asuma un papel autoritario y agresivo. Los niños que sufren maltratos físicos (ya se trate de una paliza o de palizas recurrentes, de un empujón violento o de varios) y cuyas heridas son infligidas por alguien a quien quieren, sufren una sensación extrema de desubicación. El mundo que han conocido más íntimamente, el mundo en el que se sentían relativamente a salvo y seguros, se ha desmoronado. Y ha surgido un mundo diferente, lleno de terror, donde cuesta distinguir entre una situación segura y una situación peligrosa, entre un gesto de amor y un gesto de violencia y desafecto. Es una sensación de vulnerabilidad, de exposición, que no desaparece nunca, que acecha bajo la superficie. Lo sé. Fui uno de esos niños. Los adultos que son golpeados por seres queridos acostumbran a experimentar una sensación parecida de desubicación, de pérdida y de terrores recién descubiertos.

Muchos niños que son golpeados no han sabido nunca qué es sentirse cuidado y querido sin agresiones físicas ni el dolor del maltrato. Los golpes son una práctica tan generalizada que quien no los haya experimentado nunca en su vida se puede considerar muy afortunado. Uno de los aspectos que menos se comentan acerca de la realidad de que los niños que son maltratados viven situaciones parecidas cuando llegan a la edad adulta es que, con frecuencia, compartimos con nuestros amigos y con nuestras parejas la estructura de nuestro dolor infantil y esto puede determinar cómo responden ante nosotros en situaciones complicadas. Les explicamos cómo fuimos heridos y dejamos al descubierto las áreas más vulnerables. Con frecuencia, estas revelaciones ofrecen un modelo detallado para quien luego quiere hacernos daño o herirnos. Aunque la literatura acerca del maltrato físico suele apuntar al hecho de que los niños que son maltratados tienen más probabilidades de convertirse en adultos maltratadores o que siguen siendo maltratados, no se presta atención a que, al compartir nuestras heridas con las personas con las que mantenemos relaciones íntimas, les hacemos saber exactamente qué pueden hacer para hacernos daño, para hacernos sentir que estamos atrapados en los mismos patrones destructivos que tanto nos hemos esforzado por romper. Cuando nuestra pareja crea situaciones de maltrato parecidas, si no exactamente iguales, a las que experimentamos en la infancia, no solo sufrimos el daño del dolor físico, sino el daño emocional que produce la traición calculada. Traición. Cuando nuestros seres queridos nos hacen daño, nos sentimos traicionados. Ya no podemos confiar en que el afecto se mantenga. Nos dañan, nos hieren, nos rompen el corazón.

El trabajo feminista que llama la atención sobre la violencia de los hombres contra las mujeres ha contribuido a generar un clima en el que se puede hablar libremente de las cuestiones relativas al maltrato físico perpetrado por seres queridos y, especialmente, del abuso sexual en las familias. La exploración de la violencia masculina contra las mujeres que han llevado a cabo tanto feministas como no feministas revela una conexión entre la experiencia infantil de ser golpeado por seres queridos y la aparición posterior de violencia en las relaciones adultas. Aunque hay mucho material disponible acerca del maltrato físico de mujeres a manos de hombres, que normalmente se trata de un maltrato físico extremo, apenas se habla del impacto que puede ejercer un incidente aislado de violencia sobre una persona en una relación de pareja o de cómo la persona agredida se recupera de la experiencia. Cada vez más, cuando hablo con mujeres acerca del maltrato físico en las relaciones de pareja, e independientemente de las preferencias sexuales, me encuentro con que la mayoría de nosotras hemos tenido la experiencia de haber sido agredidas violentamente al menos una vez. Apenas se habla del daño que nos infligen esas experiencias (sobre todo si nos golpearon cuando éramos niñas), de cómo afrontamos la herida y nos recuperamos de ella. Es un área importante para la investigación feminista, porque muchos casos de maltrato físico extremo comienzan con un incidente aislado de violencia. Si queremos eliminar la posibilidad de que las mujeres corran peligro en sus relaciones de pareja, deberíamos centrarnos en entender y en detener estos incidentes aislados.

La reflexión crítica acerca del maltrato físico me ha llevado a cuestionar el modo en que nuestra cultura, el modo en que nosotras, como luchadoras feministas, abordamos la cuestión de la violencia y del maltrato físico a manos de seres queridos. Hemos prestado atención sobre todo a la violencia masculina contra la mujer y, en concreto, al abuso sexual que los niños sufren a manos de hombres. Dada la naturaleza del patriarcado, las feministas se han tenido que centrar en casos extremos para conseguir que la población se enfrente al problema y reconozca que se trata de una cuestión grave y relevante. Por desgracia, el hecho de habernos centrado en los casos extremos puede llevar, y lleva, a que pasemos por alto los casos más frecuentes y habituales, si bien menos extremos, de golpes ocasionales. También es menos probable que las mujeres denuncien los golpes ocasionales, por miedo a que se las juzgue y se considere que mantienen una relación tóxica o que han perdido el control sobre su propia vida. En la actualidad, la literatura acerca de la violencia masculina contra las mujeres identifica a las mujeres víctima de violencia física como «mujeres maltratadas». Aunque es importante contar con una terminología accesible para llamar la atención sobre el problema de la violencia masculina contra la mujer, los términos elegidos reflejan sesgos porque solo llaman la atención sobre un tipo de violencia en las relaciones íntimas. El término «mujer maltratada» es problemático. No es un término que emergiera a raíz del trabajo feminista sobre la violencia de los hombres contra las mujeres, sino que los psicólogos y los sociólogos ya lo usaban en la literatura acerca de la violencia doméstica. La etiqueta de «mujer maltratada» pone el énfasis principal en ataques físicos continuados, repetidos e implacables. La atención se centra en la violencia extrema y apenas se hace esfuerzo alguno por relacionar estos casos con la aceptación cotidiana del maltrato físico no extremo en las relaciones de pareja. Y, sin embargo, estas formas menores de maltrato físico dañan psicológicamente a las mujeres y, si no se corrigen y se tratan de la manera adecuada, pueden allanar el terreno para incidentes más extremos.

Por otro lado, y aún más importante, el término «mujer maltratada» se usa como si constituyera una categoría independiente y única de feminidad, como si fuera una identidad, una marca que nos separa del resto en lugar de ser un término meramente descriptivo. Es como si la experiencia de ser atacada con violencia de forma repetida fuera la única característica definitoria de la identidad de la mujer y el resto de los aspectos que determinan quién es y cuál es su experiencia quedaran ocultos. Cuando me golpearon, también usé las expresiones habituales de «maltratador», «mujer maltratada» o «maltrato», aunque no sentía que en realidad describieran adecuadamente la experiencia de ser golpeada una vez. Sin embargo, estos eran los términos que la gente escuchaba, que la gente consideraba importantes, significativos (como si en realidad no fuera importante para una persona, y aún más para una mujer, ser golpeada una vez). Mi pareja se enfadó cuando lo etiqueté como maltratador. No quería hablar acerca de la experiencia de golpearme, precisamente porque no quería ser etiquetado como maltratador. Yo le había golpeado una vez (no tan fuerte como él me había golpeado a mí) y yo no pensaba en mí como en una maltratadora. El término nos resultaba insuficiente a ambos. En lugar de permitirnos abordar de forma efectiva y positiva una situación negativa, formaba parte de todos los mecanismos de negación; nos impulsaba a evitar enfrentarnos a lo que había sucedido. Y esto mismo les sucede a muchas personas que han sido golpeadas o que han golpeado a otras.

Las mujeres que son golpeadas por los hombres una única vez, así como las mujeres que son golpeadas en repetidas ocasiones, no quieren ser ubicadas en la categoría de «mujer maltratada», porque es una etiqueta que nos arrebata la dignidad, que niega que haya habido la menor integridad en las relaciones que mantenemos. Si alguien es golpeado por un desconocido o por alguien a quien conoce pero con quien no mantiene una relación íntima, y ya sea un ataque aislado o repetido, no ha de encajar en una categoría concreta antes de que médicos, abogados, familiares, psicólogos, etc. se tomen en serio el problema. Quiero insistir en que instaurar las categorías y la terminología ha formado parte del esfuerzo para llamar la atención del público sobre la gravedad de la violencia de los hombres contra las mujeres en las relaciones de pareja. Que el uso de etiquetas y de categorías cómodas haya facilitado identificar problemas de maltrato físico no significa que no podamos criticar la terminología desde una perspectiva feminista y cambiarla si es necesario.

Hace poco, ayudé a una mujer que había sido brutalmente atacada por su marido (no me dijo si había sido la primera vez o no) y la experiencia me llevó a reflexionar de nuevo acerca del uso del término «mujer maltratada». Esta joven no participaba en el pensamiento feminista ni era consciente de que «mujer maltratada» fuera una categoría. Su marido había intentado asfixiarla y ella había conseguido escapar, sin otra cosa que la ropa que llevaba puesta. Una vez recuperada del trauma, valoró la posibilidad de volver con su pareja. Era religiosa practicante y creía que los votos del matrimonio eran sagrados y que tenía la obligación de esforzarse para que su relación funcionara. En un esfuerzo para transmitirle que si lo hacía podía correr un grave peligro, le llevé el libro *The Battered Woman*, de Lenore E. Walker, porque me pareció que había muchas cosas que no me había explicado, que se sentía muy sola y que las experiencias acerca de las que leería en el libro la ayudarían a ver que otras mujeres habían pasado antes por lo que ella estaba pasando ahora. Esperaba que leer el libro le permitiera reunir el valor necesario para enfrentarse a la realidad de su situación. Sin embargo, me costó compartirlo con ella, porque pude ver que su autoestima había salido muy perjudicada, que había perdido su sensación de valía y de valor y que, muy probablemente, asignar esa categoría a su identidad no haría más que intensificar la sensación de que debía olvidar y permanecer en silencio (ciertamente, regresar a una situación en la que es muy probable que suframos maltrato es una manera de ocultar la gravedad del problema). De todos modos, tenía que intentarlo. Le di el libro y este desapareció. Un familiar que no identificó lo tiró a la basura, porque sentía que cometería un grave error si se veía a sí misma como una víctima, que era lo que entendía por el término de «mujer maltratada». Insistí en que debía ignorar las etiquetas y leer el contenido. Creía que la experiencia que compartía el libro la ayudaría a reunir el valor para reflexionar de forma crítica acerca de su situación, a emprender acciones constructivas.

Su respuesta a la etiqueta de «mujer maltratada», como la de otras mujeres que han sido víctimas de violencia en relaciones íntimas, hizo que tuviera la necesidad de ahondar todavía más en la exploración crítica del uso del término. Al hablar con muchas mujeres, descubrí que consideraban que se trataba de una etiqueta estigmatizante que victimizaba a mujeres que necesitaban ayuda y que no se encontraban en situación de poder criticarlo, por ejemplo: «Qué más da cómo lo llamen, lo único que quiero es que este dolor desaparezca». En la sociedad patriarcal, las mujeres víctimas de la violencia masculina han tenido que pagar un precio elevado por romper el silencio y dar nombre al problema. Han tenido que ser vistas como mujeres caídas, que han fracasado en su función «femenina» de dotar de sensibilidad y de civilizar a la bestia masculina. Las categorías como «mujer maltratada» pueden reforzar el concepto de que las mujeres agredidas, y no solo las víctimas de violación, se convierten en parias sociales, aisladas y marcadas para siempre por esta experiencia.

Tenemos que diferenciar entre la necesidad de contar con una terminología que permita que las mujeres, como todas las víctimas de actos violentos, identifiquen el problema y unas categorías de etiquetado que pueden llegar a inhibir esa identificación. Cuando nos hacen daño, con frecuencia nos quedan cicatrices, conservamos heridas que nos diferencian de quienes no han sufrido un ataque similar, pero el cierre de la herida, la eliminación de la cicatriz, es una parte esencial del proceso de recuperación. Es un proceso de capacitación que no puede ser mermado por etiquetas que impliquen que la experiencia dolorosa es el aspecto más importante de la identidad de uno.

Tal y como ya he explicado, insistir demasiado en los casos extremos de violencia puede llevar a que pasemos por alto el problema de los golpes ocasionales y puede dificultar que las mujeres hablen de este problema. El proceso de recuperación es una cuestión crítica que los investigadores que estudian a las víctimas y trabajan con ellas no han estudiado en profundidad y acerca de la que no han escrito con demasiado detalle. Hay muy poco material que trate del proceso de recuperación de las personas que han sufrido maltrato físico. En los casos en que una persona es golpeada una sola vez en el marco de una relación de pareja y por violento que sea el ataque, es posible que no exista el menor reconocimiento del impacto negativo de la experiencia. Es posible que la persona atacada no haga ningún esfuerzo consciente para recuperar su bienestar, incluso aunque busque ayuda médica, porque puede ser que no considere grave ni dañino un incidente aislado. Sola y aislada, la persona que ha sido golpeada ha de esforzarse para recuperar la confianza perdida, para forjar alguna estrategia de recuperación. Con frecuencia, podemos procesar mentalmente la experiencia de ser golpeados aunque no lo procesemos emocionalmente. Muchas de las mujeres con las que hablé sentían que su cuerpo seguía afectado incluso mucho después de haber olvidado el incidente en cuestión. La persona que ha sido golpeada puede reaccionar instintivamente con temor ante un movimiento de la persona amada que recuerda a la postura usada cuando la atacaron.

Si no hay proceso de recuperación, ser golpeado por la pareja puede reducir para siempre las relaciones sexuales. Tampoco se ha escrito casi nada acerca de cómo se recuperan físicamente en lo que concierne a la sexualidad las personas que mantienen el vínculo afectivo y las relaciones sexuales con quien las ha atacado. En la mayoría de los casos, la relación sexual cambia drásticamente cuando ha habido una agresión física. Es posible que el ámbito sexual sea precisamente el espacio en el que la persona golpeada experimente la sensación de mayor vulnerabilidad, que a su vez suscitará temor. Esto puede conducir o bien al intento de evitar las relaciones sexuales o bien a un aislamiento sexual no reconocido en el que la persona participa, pero se muestra pasiva. He hablado con mujeres a quienes sus parejas habían golpeado y que describían las relaciones sexuales como una experiencia muy difícil, porque era el espacio en el que se tenían que enfrentar a su incapacidad para confiar en una pareja que había quebrantado la relación de confianza. Una mujer subrayó que, para ella, ser golpeada había constituido una «violación de su espacio corporal» y que a partir de ese momento había sentido que tenía que proteger ese espacio. Si bien se trata de una estrategia de supervivencia, esta respuesta no promueve una recuperación saludable.

Con frecuencia, las mujeres que son atacadas en relaciones íntimas, ya sea con hombres o con mujeres, sienten que han perdido una inocencia imposible de recuperar. Y, sin embargo, este concepto de inocencia se relaciona con la aceptación pasiva de conceptos de amor romántico definidos por el patriarcado y que han servido para ocultar realidades problemáticas de las relaciones de pareja. El proceso de recuperación debe incluir una crítica de este concepto de inocencia que, con frecuencia, se asocia a una visión poco realista y fantasiosa del amor y del romanticismo. Hasta que no abandonemos la idea del «felices para siempre», de la relación perfecta y sin esfuerzo, no podremos librar a nuestra psique de la sensación de haber fracasado de algún modo por no tener una relación semejante. Es necesario que quienes nunca nos hemos centrado en el impacto negativo de haber sido golpeados durante la infancia reevaluemos el pasado de un modo terapéutico, como parte de nuestro proceso de recuperación. Las mismas estrategias que nos ayudaron a sobrevivir como niños pueden perjudicarnos si las aplicamos en nuestras relaciones adultas.

Al hablar con otras mujeres acerca de la experiencia de ser golpeadas por seres queridos, tanto de niñas como ya de adultas, descubrí que muchas de nosotras nunca habíamos reflexionado de verdad acerca de nuestra propia relación con la violencia. Muchas de nosotras nos enorgullecíamos de no habernos sentido nunca violentas, de no haber golpeado nunca. No habíamos reflexionado en profundidad acerca de nuestra relación con infligir dolor físico. Algunas expresábamos terror y sobrecogimiento cuando veíamos a otros demostrar fortaleza física. Para nosotras, el proceso de curación incluía la necesidad de aprender a usar la fuerza física de un modo constructivo, para eliminar el terror, el miedo. A pesar de la investigación que sugiere que los niños que son golpeados se pueden convertir en adultos que golpean (mujeres que golpean a niños, hombres que golpean a mujeres y a niños), la mayoría de las mujeres con las que hablé no solo no golpeaban, sino que eran algo obsesivas en sus esfuerzos por no usar la fuerza física.

En general, el proceso por el que las mujeres se recuperan de la experiencia de ser golpeadas por seres queridos es complicado y multifacético, un área que necesita de mucho más estudio e investigación feministas. Para muchas de nosotras, que el feminismo haya llamado la atención sobre la realidad de la violencia en las relaciones íntimas no ha llevado por sí mismo a que la población se tome en serio el problema y lo cierto es que parece que esta violencia aumenta a diario. En este ensayo he puesto sobre la mesa cuestiones de las que no se suele hablar, incluso entre personas especialmente preocupadas por la violencia contra las mujeres. Espero que sirva como catalizador para una reflexión más profunda y que refuerce nuestros esfuerzos, como activistas feministas, para crear un mundo en el que la dominación y el maltrato coercitivo no sean nunca aspectos de las relaciones de pareja.

13

El feminismo y el militarismo: un comentario

Crecí en Hopkinsville, una ciudad de Kentucky próxima a Fort Campbell, por lo que de pequeña pensaba que el ejército estaba compuesto casi íntegramente por hombres negros. Cuando veía soldados, estos siempre eran negros. Oía a adultos hablar acerca de hombres negros que se alistaban en el ejército para encontrar trabajo, para encontrar la dignidad que otorga tener un propósito en la vida. Decían que era mejor estar en el ejército que vagando por las calles. Sin embargo, mi padre nos advertía a nosotras, sus hijas, en contra de entablar relaciones con soldados, porque sabía cómo eran esos hombres: él había estado en el ejército. Algún episodio de su experiencia durante la segunda guerra mundial, cuando sirvió en un cuerpo de intendencia compuesto íntegramente por hombres negros, lo afectó profundamente. Cuando regresó a casa, nunca volvió a mostrar interés por viajar a lugares nuevos, al «extranjero». Un suceso no explicado y jamás nombrado de esa experiencia lo llevó a querer quedarse cerca de casa. Aún recuerdo la sorpresa que sentí cuando descubrí fotografías suyas con uniforme, fotografías tomadas en lugares lejanos de los que no hablaba nunca. Sin embargo, siempre tuvo en su dormitorio una fotografía de los hombres negros de su sección del batallón 537. De niños, estudiábamos con frecuencia los rostros de esos hombres negros con uniforme, buscándolo a él. A los sesenta y un años, viajó a Indiana para reunirse con sus camaradas de armas, llorar a los muertos y lamentar que los combates no hubieran podido poner fin a la guerra.

Hace más de diez años, la primera vez que me matriculé en la universidad, una facultad ofrecía becas especiales para los familiares de hombres que hubieran combatido en la primera guerra mundial. Fue entonces cuando le pregunté a mi abuelo, Daddy Gus, si él había luchado en la guerra. Respondió con voz ronca y exasperada: «No. No quise saber nada de la guerra. ¿Por qué tendría que haber luchado en ninguna guerra? No, nunca luché en la guerra de nadie». Desde mi infancia y hasta bien entrada en la edad adulta, mi abuelo había ocupado un amplio espacio en el paisaje de la masculinidad como un hombre que vivía en verdadera paz y armonía con quienes lo rodeaban. La violencia no era su forma de vida. Me impresionaba la persistencia de su postura antibélica, como la que mantenían otros hombres negros de nuestra comunidad sureña que eran muy francos en relación con lo que sentían acerca del militarismo (destacaban la incongruencia de que los hombres negros tuvieran que participar en guerras y morir por este país, por esta democracia que institucionalizaba el racismo y les negaba la libertad). Estas actitudes demuestran que no todos los hombres glorifican la guerra, que no todos los hombres que participan en guerras creen necesariamente que estas son justas, que no todos los hombres son inherentemente capaces de matar o que el militarismo no es la única manera de conseguir la seguridad. Pienso muchas veces en estos hombres negros cuando oigo afirmaciones que sugieren que a los hombres les gusta la guerra, que anhelan la gloria de morir en combate.

Muchas mujeres que defienden el feminismo ven en el militarismo un ejemplo de conceptos patriarcales como la masculinidad o el derecho de los hombres a dominar a otros. Para estas mujeres, luchar contra el militarismo equivale a luchar contra el patriarcado. En su ensayo *Militarism and the Tradition of Radical Feminism*, Rena Patterson afirmaba:

Prevenir la guerra es luchar contra el poder masculino, exponer y desafiar las pretensiones de la masculinidad y reconocer y actuar contra los principios básicos que operan en todos los ámbitos de la sociedad patriarcal-capitalista.

En la introducción de su libro de ensayos *Ain't No Where We Can Run: A Handbook For Women on the Nuclear Mentality*, Susan Koen escribe:

Creemos que la tiranía creada por las actividades nucleares no es más que la última y más grave manifestación de una cultura caracterizada en todas sus facetas por la dominación y por la explotación. Por eso, solo podemos considerar la presencia de la mentalidad nuclear en el mundo como parte de un todo, no como un elemento aislado. Instamos a tomar conciencia de que separar la cuestión de las centrales y las armas nucleares de la postura cultural, social y política dominante de nuestra sociedad lleva a una comprensión limitada del problema, lo que a su vez limita el abanico de soluciones posibles. Por lo tanto, defendemos que estos constructos definidos por lo masculino y que controlan nuestra estructura social y nuestras relaciones son los responsables directos de la proliferación de centrales y armas nucleares. El patriarcado es el origen del problema y los peligros inminentes a que da lugar la mentalidad nuclear sirven para llamar la atención sobre el problema básico del patriarcado.

Cuando estas feministas equiparan el militarismo y el patriarcado, acostumbran a estructurar sus argumentos de modo que sugieren que ser varón es sinónimo de fuerza, de agresividad y del deseo de dominar y de ejercer violencia sobre los demás; y que ser mujer es sinónimo de debilidad, de pasividad y del deseo de cuidar y de afirmar la vida de otros. Aunque es posible que haya mucha gente alejada de estos estereotipos, este pensamiento dual es peligroso; es un elemento ideológico básico de la lógica que informa y promueve la dominación en la sociedad occidental. Sigue siendo peligroso incluso cuando se invierte y se aplica para un propósito importante, como el desarme nuclear, porque refuerza la base cultural del sexismo y de otras formas de opresión de grupo. Sugerir, como se sugiere, que las mujeres y los hombres son inherentemente distintos de algún modo fijo y absoluto implica que las mujeres, por virtud de nuestro sexo, no hemos desempeñado ningún papel clave en el apoyo y el mantenimiento del imperialismo (y del militarismo que mantiene el gobierno imperialista) o de otros sistemas de dominación. Muchas de las mujeres que hacen afirmaciones de este tipo son blancas. Es muy probable que las mujeres negras sientan con intensidad que las mujeres blancas han sido muy violentas y militaristas en su apoyo y mantenimiento del racismo.

En lugar de aclarar a las mujeres el poder que ejercemos en el mantenimiento de los sistemas de dominación y de plantear estrategias para la resistencia y el cambio, la mayoría de los debates actuales sobre el feminismo y el militarismo no hacen más que confundir el papel de la mujer. En línea con el pensamiento sexista, se describe a las mujeres como a objetos, en lugar de como a sujetos. Nos presentan no como a trabajadoras y activistas que, como los hombres, tomamos decisiones políticas, sino como a observadoras pasivas que no han asumido responsabilidad alguna a la hora de mantener y de perpetuar activamente el sistema de valores de nuestra sociedad, que da prioridad a la violencia y a la dominación como la herramienta más efectiva de control coercitivo en las interacciones humanas, una sociedad cuyos sistemas de valores defienden y promueven la guerra. Los debates sobre el feminismo y el militarismo que no aclaran el papel que desempeñamos las mujeres, con toda su complejidad y variedad, dan a entender que todas las mujeres están en contra de la guerra y que todos los hombres son el enemigo. Esto es una distorsión de la realidad de la mujer, no aclara, no redefine.

Esta devaluación de los roles que desempeña la mujer construye una noción falsa de la experiencia femenina. Uso la palabra «devaluación» porque creo que sugerir que los hombres han hecho la guerra y la política de guerra equivale a negar a las mujeres como seres políticos activos por mucho que ocupemos roles subordinados a los hombres. Y presentar esta inferioridad o sumisión como algo que define necesariamente qué o cómo somos prolonga una pauta sexista que negaría los «poderes del débil», en términos de Elizabeth Janeway. Aunque creo que es importante que los defensores del movimiento feminista critiquen el patriarcado de forma continuada, también creo que es importante que nos esforcemos en aclarar el compromiso político de las mujeres y que no pasemos por alto nuestra capacidad para decidir estar a favor o en contra del militarismo.

Estoy convencida de que afirmaciones como «las mujeres son las enemigas naturales de la guerra» promueven una visión simplista de la psique de la mujer, de nuestra realidad política. Muchas mujeres activistas contra la guerra sugieren que las mujeres, como madres de hijos o potenciales madres de hijos, están necesariamente más preocupadas por la guerra que los hombres. La inferencia es que las madres afirman necesariamente la vida. En una entrevista con *South End Press News*, Leslie Cagan confirma que las mujeres que participan en las campañas de desarme sugieren que, como tienen hijos, mantienen una «relación y una responsabilidad especial con la supervivencia del planeta». Cagan mantiene, con razón, que se trata de una «postura peligrosa», porque «se centra en la biología de la mujer y tiende a reforzar la idea sexista de que ser mujer equivale a ser madre». Explica:

Es posible que la motivación de algunas, incluso de muchas, mujeres para implicarse en el activismo sea la preocupación por sus hijos. (¡También puede serlo para algunos padres que no quieren ver a sus hijos saltar por los aires en una guerra nuclear!) Sin embargo, esto no justifica la adopción de una postura estrecha y limitante. Es limitante porque afirma que la relación de la mujer con una cuestión tan importante como el futuro de nuestro planeta tiene que ver con un mero hecho biológico.

Los defensores del feminismo que también están preocupados por el militarismo han de insistir en que las mujeres (también las que tienen hijos) no son inherentemente menos violentas ni afirman más la vida. Muchas mujeres que son madres son muy violentas. Muchas mujeres que son madres, ya sean solteras o junto a un hombre, han enseñado a sus hijos e hijas a ver la lucha y otras formas de agresión violenta como modos aceptables de comunicación que son más valoradas que las interacciones afectuosas o de cuidados. Aunque es habitual que las mujeres asuman la función de cuidadoras y de afirmación de la vida en sus relaciones con los demás, el desempeño de esa función no significa necesariamente que no valoren o no respeten esa manera de relacionarse en la misma medida en que pueden valorar la represión de la emoción o la afirmación del poder mediante la fuerza. El feminismo ha de insistir en que las mujeres que deciden denunciar la violencia, la dominación y la expresión definitiva de ambas (la guerra), ya sea inspiradas por la maternidad o no, son pensadoras políticas que toman decisiones políticas. Si las mujeres que se oponen al militarismo siguen sugiriendo, ya sea directa o indirectamente, que las mujeres están predispuestas biológicamente a detestar la violencia, se arriesgan a reforzar el mismo determinismo biológico que ha sido el enclave ideológico del antifeminismo.

Lo que es aún más importante, sugerir que las mujeres son, por naturaleza, activistas antibélicas y no violentas, oculta la realidad de que una cantidad enorme de mujeres en Estados Unidos no son antiimperialistas ni están en contra del militarismo y que hasta que su sistema de valores cambie, hemos de considerar que se aferran, como hacen sus iguales masculinos, a una perspectiva de las relaciones humanas que acepta la dominación social en todas sus formas. El imperialismo, y no el patriarcado, constituye los cimientos básicos del militarismo. Muchas de las sociedades del mundo que están gobernadas por hombres no son imperialistas. Tampoco es inconcebible que en sociedades supremacistas blancas, como las de Sudáfrica, Australia y Estados Unidos, los hombres blancos apoyen los esfuerzos continuados para equiparar el estatus social de las mujeres blancas y de los hombres blancos para reforzar la supremacía blanca. A lo largo de la historia de Estados Unidos, mujeres blancas importantes que han defendido los derechos de las mujeres no han visto contradicción alguna entre este esfuerzo y su apoyo a los intentos del imperialismo occidental blanco de controlar el planeta. Con frecuencia, argumentaron que si las mujeres blancas contaran con más derechos, podrían apoyar mejor el nacionalismo y el imperialismo estadounidense.

A principios del siglo XX, muchas mujeres blancas que defendían con ahínco la liberación de la mujer eran también proimperialistas. Libros como *Western Women in Eastern Lands*, de Helen Barrett Montgomery, publicado en 1910 y que documenta cincuenta años de trabajos de mujeres en misiones en el extranjero, indican que estas mujeres no veían la menor contradicción entre sus esfuerzos para lograr la emancipación de la mujer y su apoyo a la difusión hegemónica de los valores occidentales y de la dominación occidental en todo el globo. Aunque no como soldados, estas mujeres, en su mayoría blancas, viajaron a tierras orientales como misioneras armadas con armas psicológicas con las que contribuyeron a perpetuar la supremacía blanca y el imperialismo occidental blanco. En el párrafo final de su obra, Helen Montgomery declara:

> Son tantas las voces que nos llaman, son tantos quienes nos piden lealtad, que corremos el peligro de olvidar lo mejor. Esforzarnos antes que todo por traer a la tierra el Reino de Cristo, responder a las necesidades más imperiosas, caminar por el desierto en busca de las ovejas amadas y perdidas que han escapado del rebaño del pastor, compartir todo el privilegio con los desfavorecidos y la felicidad con los infelices, entregar la vida si es necesario en el camino de

Cristo, ver la posibilidad de una tierra redimida, unida, sin vejaciones ni consternación, que descanse en la luz de la gloriosa palabra del Señor, del Dios divino, esta es la misión del movimiento misionero femenino.

Al igual que algunas feministas contemporáneas, estas mujeres blancas estaban convencidas de que estaban predispuestas por naturaleza a cuidar y a proporcionar afecto, aunque en este caso dirigían sus esfuerzos a países no blancos, en lugar de al activismo antibélico.

Es cierto que más hombres que mujeres, y más hombres blancos que de ningún otro grupo, defienden el militarismo y promueven el imperialismo. Es cierto que los hombres cometen la mayoría de los actos violentos durante las guerras. Sin embargo, esta división del trabajo por sexos no significa necesariamente que las mujeres piensen de un modo distinto a los hombres acerca de la violencia o que actuaran de un modo muy diferente si ellas ostentaran el poder. Históricamente, en momentos de crisis nacional, las mujeres han participado en combates en todo el mundo y no han mostrado ninguna predisposición a ser más pacíficas. Debemos tener en cuenta que la guerra no se libra únicamente en el campo de batalla. La población apoya a las guerras desde frentes múltiples. Ideológicamente, la mayoría de nosotros hemos sido educados para pensar que la guerra es necesaria e inevitable. En nuestra vida cotidiana, las personas que han aceptado pasivamente esta socialización refuerzan sistemas de valores que apoyan, alientan y aceptan la violencia como medio de control social. Esta aceptación es un prerrequisito para la participación en una lucha imperialista y para apoyar el militarismo que sostiene esa lucha. En Estados Unidos, las mujeres aprendemos las mismas actitudes y valores que los hombres, aunque el sexismo nos asigne funciones distintas. Al final de un ensayo donde habla de la participación de las mujeres en los esfuerzos bélicos, *The Culture in Our Blood*, Patty Walton afirma:

En conclusión, si las mujeres no hemos luchado en las guerras ha sido por nuestras circunstancias materiales, no porque seamos más morales que los hombres por naturaleza o debido a ninguna limitación biológica por nuestra parte. La labor de las mujeres apoya las actividades de la sociedad, tanto en tiempos de paz como en tiempos de guerra. Y nuestro apoyo siempre se ha derivado de nuestra socialización específica como mujeres. De hecho, la socialización de las mujeres y de los hombres complementa las necesidades de la cultura en que vivimos... Los hombres no son más agresivos por naturaleza, del mismo modo que las mujeres no son más pasivas. Tenemos culturas de guerra para poder tener culturas de paz.

La división del trabajo por sexos ha significado que, con frecuencia, como madres, las mujeres apoyan el esfuerzo de guerra instilando en la mente de los niños la aceptación de la dominación y el respeto por la violencia como forma de control social. Compartir estos valores, al igual que controlar globalmente a los hombres mediante pequeños grupos de poder que insisten en que los hombres han de ir a la guerra y que recompensan sus esfuerzos bélicos, es esencial para la construcción de un estado militarista. Al igual que los hombres, las mujeres de Estados Unidos aprenden a presenciar violencia sin reaccionar durante las infinitas horas que pasan frente al televisor. Para combatir el militarismo, nos tenemos que resistir a la socialización y al lavado de cerebro cultural que nos enseñan a aceptar pasivamente la violencia en la vida cotidiana, que nos enseñan que podemos eliminar la violencia con más violencia. A una escala pequeña, pero significativa, todos deberíamos controlar las horas de televisión de nuestros hijos, y las propias. Como las mujeres estadounidenses burguesas se benefician de la conquista imperialista en calidad de consumidoras, debemos consumir menos y defender la redistribución de la riqueza como una de las maneras de poner fin al militarismo. Las mujeres que se oponen al militarismo deben estar dispuestas a retirar todo tipo de apoyo a la guerra y tener claro que esa retirada empieza necesariamente por una transformación de la psique que cambie nuestra aceptación pasiva de la violencia como medio de control social y la transforme en una resistencia activa.

CAPÍTULO

14

La pedagogía y el compromiso político: un comentario

La educación es una cuestión política para los explotados y los oprimidos. La historia de la esclavitud en Estados Unidos demuestra que las personas negras consideraban que la educación (estudiar, saber leer, saber escribir) era una necesidad política. La lucha para resistir la supremacía blanca y los ataques racistas conformaron las actitudes negras hacia la educación. Sin la capacidad de leer y de escribir, de pensar de un modo crítico y analítico, el esclavo liberado seguiría encadenado para siempre, dependiente de la voluntad del opresor. Ningún aspecto de la lucha por la liberación negra en Estados Unidos ha estado tan cargado de fervor revolucionario como el esfuerzo por acceder a la educación de todos los niveles.

A pesar de que las comunidades negras han venerado la educación desde la época de la esclavitud y hasta el presente, también la han mirado con desconfianza. La educación representaba un modo de resistencia radical, pero también llevaba a divisiones de casta o de clase entre los educados y los no educados, porque a las personas negras educadas les resultaba más fácil adoptar los valores y las actitudes del opresor. La educación facilitaba la asimilación. Si uno no se podía convertir en un opresor blanco, al menos podía hablar y pensar como él o ella y, en algunos casos, la persona negra educada asumía la función de mediador y ayudaba a las personas blancas a entender a las personas negras no educadas.

Dada esta historia, muchos padres y madres negros han animado a sus hijos a adquirir una educación al tiempo que nos han advertido de los peligros de la misma. Un peligro muy real, tal y como lo percibían tradicionalmente muchos padres y madres negros, era que la persona negra educada perdiera el contacto con la realidad concreta de la experiencia cotidiana negra. Los libros y las ideas eran importantes, pero no tanto como para que se convirtieran en barreras entre la persona y la participación en la comunidad. Se entendía que la educación tenía el potencial de alienarnos de la comunidad y de la conciencia de nuestras circunstancias colectivas como personas negras. En mi familia, se insistía una y otra vez en que estudiar demasiado podía hacer que perdieras la cabeza. En la comunidad negra, se entendía perder la cabeza como la pérdida de la capacidad de comunicarse de manera efectiva con los demás, la capacidad de afrontar las cuestiones prácticas.

Esta ambivalencia en relación con la educación ha hecho difícil que los estudiantes negros se adapten y tengan éxito en el entorno académico. Muchos de nosotros descubrimos que tener éxito en la educación que nos habían alentado a desear era mucho más fácil si nos distanciábamos de la experiencia de la clase baja negra que era nuestra realidad básica. La actitud ambivalente hacia la educación ha ejercido un impacto tremendo sobre mi psique. En la comunidad negra de clase obrera en la que crecí, aprendí a desconfiar de la educación y a desconfiar de los blancos. Durante mis años de educación primaria y secundaria asistí a escuelas e institutos segregados, donde todos los alumnos éramos negros. En esos centros, estudié la realidad de las personas blancas, pero también la realidad de las personas negras, nuestra historia. En esas escuelas nos enseñaban a estar orgullosos de nosotros mismos, como personas negras, y a trabajar para mejorar la situación de nuestra raza.

A quienes, como yo, habíamos experimentado un entorno educativo estructurado para satisfacer nuestras necesidades de personas negras, nos afectó profundamente que dejaran de existir y tener que empezar a asistir a centros educativos para blancos. En los centros para blancos, dejamos de ser personas con una historia, con una cultura. Solo existíamos en calidad de personas primitivas y esclavos. La escuela dejó de ser un lugar donde aprendíamos a usar la educación como medio para resistirnos a la opresión supremacista blanca. No es de extrañar que pasara los últimos años de instituto deprimida en lo que concernía a la educación; sentía que habíamos sufrido una gran pérdida y que la dirección había cambiado, que los objetivos eran otros. Nuestros maestros ya no hablaban nuestro idioma, ya no entendían nuestra cultura; nuestros maestros eran unos desconocidos. Y, por si eso fuera poco, dependíamos de su evaluación y de su aprobación. Aprendimos a no cuestionar su racismo, porque ostentaban el poder sobre nosotros. Aunque en casa nos advertían que no debíamos desafiar abiertamente a los blancos, también nos instaban a no aprender a pensar como ellos.

Envuelta en esta atmósfera de ambivalencia hacia la educación, yo, a quien habían calificado de inteligente, no sabía si quería ir a la universidad o no. El instituto era un lastre opresor. Por otro lado, el destino de las mujeres negras inteligentes ya estaba decidido: seríamos maestras de escuela. No encajé en la facultad privada a la que asistí el primer año de universidad, en la que la mayoría de las alumnas eran fundamentalmente mujeres blancas. Estaba decidida a mantener mi conexión con la realidad de la cultura negra del sur y me mantuve alejada de las prácticas sociales de las mujeres blancas con las que vivía y estudiaba. A su vez, ellas me percibían como hostil y ajena. Yo, que siempre había sido miembro de alguna comunidad, era ahora una solitaria. Una de mis profesoras blancas me sugirió que la alienación que experimentaba era consecuencia de que la facultad a la que asistía no suponía un reto intelectual suficiente para mí y que tendría que ir a Stanford, donde había estudiado ella.

Los años de licenciatura en Stanford fueron complicados. Además de sentirme completamente diferente de las personas blancas que eran mis iguales y mis profesores, conocí a personas negras que eran distintas, que no pensaban como yo acerca de la cultura negra o de la vida negra, que en algunos aspectos me resultaban tan ajenas como las personas blancas. En mi ciudad natal había conocido a gente negra de distintas clases sociales, pero aun así experimentábamos prácticamente la misma realidad, compartíamos visiones del mundo similares. En Stanford la situación era distinta. Estaba en un entorno en el que los orígenes y los valores de las personas negras eran radicalmente distintos a los míos.

Para superar mi sensación de aislamiento, me relacionaba con trabajadoras, con mujeres negras que trabajaban como criadas, como secretarias. Con ellas me sentía en casa. Durante las vacaciones, me quedaba en sus casas. Sin embargo, estar con ellas no era lo mismo que estar en casa. Allí era una invitada respetada, alguien a quien admirar, porque estaba estudiando en la universidad. Pasé los años de licenciatura en Stanford luchando por encontrar sentido y significado en la educación. Era imperativo que tuviera éxito. No podía decepcionar a mi familia y a mi raza. Así que me licencié en Literatura Inglesa. Había elegido Literatura Inglesa por el mismo motivo que cientos de alumnos de todas las razas eligen Literatura Inglesa: porque me gusta leer. Sin embargo, no había entendido del todo que estudiar literatura en departamentos de Lengua Inglesa significaría estudiar la obra de varones blancos.

Para mí, como para otros alumnos no blancos, resultaba descorazonador constatar hasta qué punto la educación universitaria no era el espacio de apertura y de desafío intelectual que anhelábamos. Detestábamos el racismo, el sexismo y la dominación. Empecé a tener serias dudas acerca del futuro. ¿Por qué me esforzaba en convertirme en académica si en ese entorno no veía a nadie que se opusiera a la dominación? Ni siquiera los escasísimos profesores comprometidos y que se esforzaban en que sus asignaturas fueran interesantes, en crear una atmósfera de aprendizaje, reconocían casi nunca los aspectos destructivos y opresivos de la estructura autoritaria dentro y fuera del aula. Aunque asistiéramos a clases de profesores con ideología feminista o marxista, el modo en el que se presentaban en el aula jamás se alejaba de la norma. Esto era especialmente cierto en el caso de los profesores marxistas. Le pregunté a uno de ellos, que era blanco, cómo podía esperar que los alumnos nos tomáramos en serio su ideología como una alternativa radical a la estructura capitalista si nos encontrábamos con que los profesores marxistas eran aún más autoritarios y opresivos que el resto. Todo el mundo se mostraba reticente a hablar del hecho de que los profesores que defendían una política radical casi nunca permitían que su crítica de la dominación y de la opresión influyera en sus estrategias docentes. La ausencia de cualquier modelo de profesor que combinara una ideología política radical opuesta a la dominación con la práctica de esa ideología en el aula me hacía dudar de si yo sería capaz de hacer las cosas de otra manera. Cuando empecé a dar clases, intenté no emular a mis profesores de ninguna manera. Diseñé estrategias y enfoques diferentes que, a mi parecer, estaban más alineados con mi ideología política. Leer la obra de Paulo Freire influyó de un modo determinante en mi convicción de que en el contexto del aula se podían hacer muchas cosas, de que no hacía falta conformarse.

La introducción a una conversación con Paulo Freire publicada en el IDAC (Institut d'Action Culturelle) insiste en la necesidad de un proceso educativo que no se base en un modelo autoritario y dominador donde un profesor poderoso transfiere su conocimiento a un alumno que carece de todo poder. El texto sugiere que la educación podría ser un espacio para el desarrollo de la conciencia crítica, donde se pudiera establecer un diálogo y donde crecieran tanto el alumno como el profesor:

Si aceptamos la educación en este sentido más rico y dinámico de adquirir una capacidad crítica y de intervenir en la realidad, nos damos cuenta al instante de que no existe nada semejante a una educación neutra. Toda educación tiene una intención, un objetivo que solo puede ser político. O bien confunde la realidad y la hace impenetrable y oscura, lo que lleva a la población a marchar a ciegas por un laberinto incomprensible, o bien desenmascara las estructuras económicas y sociales que determinan las relaciones de explotación y de opresión entre las personas y derriba los laberintos para que cada uno pueda elegir su propio camino. Por lo tanto, nos enfrentamos a una decisión clara: educar para la liberación o educar para la dominación.

En retrospectiva, parece que incluso los profesores más radicales seguían educando para la dominación. Y me preguntaba si era así porque no podíamos ni siquiera imaginar educar para la liberación en la universidad corporativa. En el caso de Freire, él habla como un hombre blanco privilegiado que se alza y actúa en solidaridad con los grupos oprimidos y explotados, sobre todo en sus esfuerzos para instaurar programas de alfabetización que insistan en educar la conciencia crítica. En mi caso, como mujer negra de origen trabajador, me alzo y actúo como miembro de un grupo oprimido y explotado que ha alcanzado cierto nivel de privilegio. Aunque yo elijo educar para la liberación, mi lugar de trabajo se halla entre las paredes de universidades habitadas fundamentalmente por alumnos blancos privilegiados y unos cuantos alumnos de otras razas. Entre estas paredes, he intentado enseñar literatura y cursos de estudios sobre la mujer de modos que no refuercen las estructuras de dominación: imperialismo, racismo, sexismo y explotación de clase.

No pretendo que mi enfoque sea políticamente neutro, algo que perturba a los alumnos, a quienes han hecho creer que toda la educación universitaria ha de ser «neutra». El primer día de clase, hablo acerca de mi postura, de las maneras en que mi asignatura puede ser distinta a otras a medida que trabajamos para diseñar estrategias de aprendizaje que satisfagan nuestras necesidades; por supuesto, antes hemos de descubrir juntos cuáles son esas necesidades. Aunque explico que la asignatura será distinta a otras, los alumnos no siempre se lo toman en serio. Una de las diferencias básicas es que espero que todos participen en clase, si no espontáneamente, al menos leyendo párrafos o artículos cortos. De este modo, todos los alumnos hacen una aportación, todas las voces son escuchadas. A pesar de que lo digo cuando comienzan las clases y de que el programa lo especifica con claridad, los alumnos se quejan y se lamentan por tener que hablar. Hasta hace poco no he empezado a entender gran parte de las quejas como una conducta que quiere «cambiar el cambio». Tanto los profesores como los alumnos tienen dificultades para cambiar de paradigma, a pesar de que hace tiempo que anhelan un enfoque distinto.

El esfuerzo de intentar educar para la liberación en el marco de la universidad corporativa me ha resultado enormemente estresante. Aplicar estrategias pedagógicas nuevas con el objetivo de subvertir la norma, de implicar por completo a los alumnos, es una tarea muy difícil. A diferencia de los oprimidos o de los colonizados, que cuando empiezan a educarse para desarrollar una conciencia crítica pueden descubrir una sensación de poder y de identidad que los libera de la colonización de la mente, que los hace libres, es muy habitual que los alumnos privilegiados se nieguen en redondo a admitir que sus mentes hayan sido colonizadas, que han aprendido a ser opresores, a dominar o, al menos, a aceptar con pasividad la dominación de otros. El curso pasado, un alumno (un alumno negro de clase media urbana) se enfrentó a mí en el aula y me preguntó qué era lo que esperaba de ellos (su tono de voz cuestionaba que tuviera derecho a esperar nada en absoluto). De verdad, quería saber qué esperaba de ellos. Le dije, a él y al resto de la clase, que la experiencia de aprendizaje más importante que podía suceder en el aula era que los alumnos aprendieran a pensar de un modo crítico y analítico, no solo acerca de los libros de lectura obligatoria, sino acerca del mundo en el que viven. Educar la conciencia crítica y animar a todos los alumnos (ya sean privilegiados o no) que buscan acceder a un privilegio de clase en lugar de proporcionar una sensación de libertad y de liberación, invita a criticar las expectativas y los deseos convencionales. En ocasiones, esta experiencia les resulta absolutamente amenazadora. Y, aunque a veces abordan la situación con una gran apertura mental, puede resultar un proceso difícil e incluso doloroso.

El semestre pasado impartí una asignatura sobre escritoras negras en la que animaba a los alumnos a pensar en el contexto social en el que emerge la literatura, en el impacto de la política de la dominación (racismo, sexismo y explotación de clase) sobre la escritura. Me dijeron abierta y honestamente que leer la literatura en el contexto del debate en el aula les resultaba doloroso. Se quejaban de que todo cambiaba para ellos, de que veían el mundo de otra manera y de que, en ese mundo, veían cosas que les hacían daño. Nunca antes un grupo de alumnos había hablado con tanta franqueza acerca del dolor que les causaba aprender a ver el mundo de un modo crítico. No deslegitimé su dolor ni intenté racionalizarlo. Al principio no supe muy bien qué responder y me limité a pedir que reflexionáramos juntos sobre ello. Luego, hablamos de que sus comentarios implicaban que experimentar dolor es malo, una indicación de que algo va mal. Hablamos de cambiar nuestra percepción del dolor, de cómo la sociedad percibe el dolor, y valoramos la posibilidad de que el dolor pudiera ser una señal constructiva de crecimiento. Compartí con ellos la sensación de que no debíamos considerar la experiencia como algo estático y de que, desde otro punto de vista, el conocimiento y las nuevas perspectivas que desarrollaran podrían conducir a una mayor claridad y a una mayor sensación de bienestar.

Es posible educar para la liberación en el entorno universitario, pero eso no conlleva que los alumnos disfruten de la clase ni tampoco que me vean a mí necesariamente de un modo positivo como docente. Uno de los aspectos de la pedagogía radical que más me ha costado asumir es aprender a tolerar que los alumnos no tengan una imagen positiva acerca de mí. El hecho de ofrecer una experiencia de aprendizaje desafiante, y quizá incluso amenazadora, no significa que sea un entretenimiento ni una experiencia necesariamente divertida, aunque en realidad puede serlo. Como una de las funciones principales de este tipo de pedagogía es preparar a los alumnos para vivir y actuar de forma más plena en el mundo, suele ser en ese contexto, fuera del aula, donde sienten y experimentan en mayor medida el valor de lo que han compartido y aprendido. Para mí, esto significa que la mayoría de los comentarios positivos que recibo como docente llegan cuando los alumnos ya han acabado la asignatura, no mientras la están cursando.

Hace poco, durante una conversación con un grupo de alumnos y profesores de la Universidad de Duke, nos centramos en el tema de la exposición y de la vulnerabilidad. Un profesor blanco que sentía que su ideología era radical, que su manera de enseñar educaba para la liberación y que sus estrategias eran subversivas, dijo que consideraba importante que nadie en la estructura burocrática de la universidad supiera lo que sucede en el aula. El miedo a quedar expuestos puede llevar a que profesores con visiones radicales eliminen ideas y sigan las normas establecidas. Hasta que empecé a dar clases en Yale, nadie fuera del aula había prestado demasiada atención a lo que sucedía en el interior de la misma. En Yale, los alumnos hablaban mucho fuera de clase acerca de lo que sucedía dentro de ella. Me resultó muy difícil, porque me sentía expuesta y examinada constantemente. Ciertamente, recibía muchos comentarios críticos tanto por parte de mis alumnos como de otros profesores o de alumnos que habían oído hablar de mis clases. Esta respuesta me obligó a reconocer que practicar una pedagogía abiertamente política, y en concreto si cuestiona radicalmente el *statu quo*, nos exige asumir que entender la educación como la práctica de la libertad supone adoptar una postura política que puede tener consecuencias serias.

A pesar de los comentarios negativos y de la presión, el aspecto más satisfactorio de esta manera de enseñar es la influencia que ejerce sobre la madurez y el crecimiento intelectual y espiritual de los alumnos. Cuando hablo con alumnos que desean intentar aprender de una manera nueva, pero tienen miedo, intento tranquilizarlos explicándoles que participar en distintos tipos de experiencias de aprendizaje no tiene por qué amenazar su seguridad en otras asignaturas; no destruirá el sistema de apoyo de la educación, por lo que no hace falta tener miedo. Por otro lado, si solo sienten miedo, es una señal de que la asignatura no es para ellos. Mi compromiso con la educación como práctica de la libertad se ve reforzado por la gran cantidad de alumnos que se matriculan en mis clases y, al hacerlo, afirman su deseo de aprender de otra manera. Su testimonio confirma que podemos ejercer la educación como práctica de la libertad en el entorno universitario, que nuestras vidas se transforman allí, que allí hacemos una labor política radical y significativa.

La politización feminista: un comentario

Siempre que escucho las palabras «lo personal es político», parte de mi identidad como oyente se cierra en banda. Sí, entiendo las palabras. Entiendo ese aspecto de la concienciación feminista temprana que instaba a todas las mujeres que escuchaban a entender como cuestiones políticas sus problemas, sobre todo los problemas que experimentaban como resultado del sexismo y de la opresión sexista. Que instaba a empezar por lo interno y a avanzar hacia lo externo. A empezar por el punto de partida de la identidad personal y, luego, a avanzar de la introspección a una conciencia de realidad colectiva. Esta es la promesa que contenían esas palabras. Sin embargo, era una promesa demasiado fácil de incumplir, de romper. Una cultura de dominación es necesariamente narcisista. Tomar la identidad personal de la mujer como punto de partida de la politización —de una mujer que, en un patriarcado capitalista supremacista blanco, está hecha particularmente y construida socialmente, para pensar solo en ella, en su cuerpo («soy el universo», «soy todo lo que importa»)— solo puede ser peligroso.

Ahora vemos el peligro que entraña «lo personal es político». Lo personal, lo que conocemos sobre todo como lo privado, como ese espacio en el que no hay intervención exterior, como lo que podemos guardar para nosotros, como lo que no sale fuera. Sabedores de cómo concibe lo personal esta cultura, la promesa era transformar su significado asociándolo a lo político, una palabra que incluso los niños de escuela relacionan con el gobierno, con un mundo de asuntos ajenos al cuerpo, con lo privado, con la identidad. Ahora vemos el peligro. «Lo personal es político.» No hay conexión entre la identidad personal y la realidad material más amplia, no se dice qué es lo político. En esta frase, lo que más resuena es la palabra «personal», no la palabra «político». Entonces, cada mujer individual, insegura de qué es lo político, cree que conoce a la persona, lo personal. Ya no es necesario buscar el significado de lo político, es más fácil quedarse en lo personal, es más fácil convertir lo personal en sinónimo de lo político. Entonces, el yo ya no es lo que uno mueve para avanzar o para conectar. Se queda en su sitio, en un punto de partida que ya no es necesario abandonar. Si lo personal y lo político son una misma cosa, no hay politización, no hay modo de convertirse en un sujeto feminista radical.

Quizá sean palabras demasiado fuertes. Quizá algunas de vosotras recordéis la urgencia, la profundidad, el modo en que este eslogan llegó a vuestras vidas, y se aferró a vuestra experiencia... y os movisteis. Entendisteis mejor la relación entre la experiencia personal y la realidad política. No podemos negar las distintas maneras en que mujeres individuales pudieron encontrar de forma concreta la estructura profunda del eslogan y usarla para radicalizar su conciencia. Sin embargo, es crucial que nombremos el peligro y expliquemos cómo transformó la política feminista en una política identitaria si queremos construir un espacio social, un frente radical en el que la politización de la conciencia, de la identidad, se pueda hacer realidad en la vida cotidiana.

Este eslogan fue tan potente porque insistía en la primacía de lo personal no desde una postura narcisista, sino nombrando al yo como un espacio para la politización, algo que en esta sociedad supuso un desafío muy radical a los conceptos de yo y de identidad. Sin embargo, no siempre se transmitió el desafío que subyacía al eslogan. A pesar de que afirmar que «lo personal es político» subrayaba la preocupación feminista por la identidad, no insistía en la relación entre la politización y la transformación de la conciencia. Interpelaba de forma más inmediata a la preocupación de las mujeres acerca del yo y de la identidad. De nuevo, la insistencia radical en la primacía de una identidad politizada quedó oculta, incluida en una estructura cultural más amplia cuyo énfasis sobre la identidad ya estaba legitimado por las estructuras de dominación. La preocupación obsesiva y narcisista con la «búsqueda de la identidad» ya era una preocupación cultural popular, que desviaba la atención de la política radical. Por lo tanto, fue fácil asociar el énfasis feminista sobre la identidad no con un proceso de politización radical, sino con un proceso de despolitización. Comúnmente, la misión importante ya no era transformar nuestra relación con el yo y la identidad, educar la conciencia crítica, implicarnos y comprometernos políticamente, sino explorar la propia identidad, afirmar y consolidar la primacía del yo tal y como existía en ese momento. Esta postura se vio reforzada por el énfasis del movimiento feminista sobre el estilo de vida, sobre ser políticamente correctos en la representación del yo en lugar de ser, sencillamente, políticos.

Exasperada por la política identitaria, Jenny Bourne comienza su ensayo *Homelands of the Mind: Jewish Feminism and Identity Politics* con la afirmación:

> La política identitaria es la última moda. La explotación ya no está de moda (es extrínsecamente determinista). La opresión, sí (es intrínsecamente personal). Qué hay que hacer ha sido sustituido por quién soy. La cultura política ha cedido a la política cultural. El mundo material ha pasado a ser metafísico. Los Negros, las Mujeres, los Homosexuales, todos se buscan a sí mismos. Y ahora, como combinación de todas sus búsquedas, ha llegado la búsqueda de la identidad feminista judía.

El ensayo de Bourne habla de la crisis de compromiso y de implicación política provocada por la incesante búsqueda de identidad. Apoyo sin reparos su esfuerzo para exponer cómo la identidad política ha llevado a la construcción de un concepto de movimiento feminista que, en sus palabras, «es separatista e individualista y mira hacia dentro». Afirma: «La relación orgánica que hemos intentado forjar entre lo personal y lo político se ha degradado hasta tal punto que ahora la única idea de política que se considera legítima es la personal». Sin embargo, creo que es fundamental que no nos burlemos ni despreciemos lo metafísico, sino que encontremos un punto de unión constructivo entre la lucha material y las preocupaciones metafísicas. No nos podemos oponer al énfasis sobre la política identitaria dándole la vuelta a la lógica y desprestigiando lo personal. Ignorar las cuestiones de identidad o criticar la preocupación por el yo no ayuda al movimiento feminista si no planteamos enfoques alternativos, si no abordamos de una manera dialéctica la cuestión de la politización feminista, la relación entre los esfuerzos para construir socialmente el yo, la identidad, en una estructura opositiva, una identidad que resista la dominación y que permita el mayor bienestar posible.

Si queremos cuestionar la política identitaria, debemos ofrecer estrategias de politización que amplíen nuestro concepto de quiénes somos, que intensifiquen nuestra sensación de intersubjetividad, nuestra relación con una realidad colectiva. Lo lograremos si volvemos a insistir en cómo podemos usar la historia, la ciencia política, el psicoanálisis y diversas formas de conocimiento para conformar nuestras ideas sobre el yo y la identidad. La politización del yo puede comenzar con una exploración de lo personal donde lo primero que revolucionemos sea cómo pensamos acerca del yo. Para empezar a reconceptualizar, tenemos que reconocer la necesidad de examinar el yo desde un punto de vista nuevo, crítico. Esta perspectiva insistiría en el yo como en un espacio de politización, pero también insistiría en que limitarnos a describir la experiencia personal de explotación o de opresión no equivale a politizarnos. No basta con conocer lo personal, sino que debemos conocerlo (hablar de ello) de una manera distinta. Conocer lo personal puede significar señalar espacios de ignorancia, vacíos de conocimiento, que nos incapacitan para relacionar lo personal con lo político.

En *¿Acaso no soy yo una mujer?* señalé la diferencia entre experimentar una forma de explotación y entender la estructura de dominación concreta que la causa. El primer párrafo del capítulo sobre «Racismo y feminismo: la cuestión de la responsabilidad», comienza así:

En Estados Unidos se socializa a las mujeres de todas las razas para que contemplen el racismo exclusivamente en el contexto del odio racial. En concreto, en el caso de las poblaciones blanca y negra, el término «racismo» suele considerarse sinónimo de discriminación o prejuicio contra las personas negras por parte de las blancas. El primer encuentro que tienen las mujeres con el racismo como opresión institucionalizada es a través de la experiencia personal directa o mediante la información extraída de conversaciones, libros, el cine y la televisión. De ahí que el entendimiento de la mujer estadounidense del racismo como arma política del colonialismo y el imperialismo sea muy limitado. Experimentar el dolor racial o ser testigos de este no es sinónimo de entender su origen, evolución o impacto en la historia mundial.

Muchas de las mujeres implicadas en el movimiento feminista asumieron que describir la experiencia personal de explotación a manos de los hombres equivalía a politizarse. La politización combina necesariamente este proceso (nombrar la experiencia personal) con una comprensión crítica de la realidad material concreta que sienta las bases de dicha experiencia personal. Aunque están relacionadas, la tarea de comprender esas bases y lo que hay que hacer para transformarlas es muy distinta a la de tomar conciencia de la experiencia personal.

Las críticas feministas de la política identitaria que llaman la atención sobre cómo esta erosiona al movimiento feminista no han de negar la importancia de dar nombre y voz a la experiencia personal. Lo que debemos hacer es insistir continuamente en que esa no es más que una parte del proceso de politización, una parte que se ha de asociar a la educación de la conciencia crítica que nos muestre las estructuras de dominación y el funcionamiento de las mismas. Entender este segundo elemento es lo que nos permite imaginar posibilidades nuevas y estrategias para el cambio y la transformación. En la medida en que seamos capaces de vincular la conciencia personal radical con la lucha colectiva para cambiar y transformar el yo y la sociedad determinará el destino de la revolución feminista.

El énfasis sobre el yo por parte del movimiento feminista no ha sido exclusivo de las mujeres blancas privilegiadas. Las mujeres de color, muchas de las cuales teníamos dificultades para articular y nombrar nuestra experiencia por primera vez, también empezamos a centrar la atención en la identidad de modos estáticos y no productivos. Jenny Bourne se centra en mujeres negras individuales que promovieron la política identitaria y llama la atención sobre una afirmación del Colectivo río Combahee que dice así: «La política más profunda y potencialmente más radical surge directamente de nuestra propia identidad, no de esforzarnos para poner fin a la opresión de otro». Esta declaración afirma la prioridad de la política identitaria. Procedía de mujeres negras radicales y sirvió para legitimar el énfasis del movimiento feminista sobre la identidad, para legitimar que conocer nuestras necesidades individuales es un acto político. Es una afirmación muy problemática desde muchos puntos de vista. Si la identidad personal se construye sobre una base de poder y de privilegio obtenida de la participación y de la aceptación de las estructuras de dominación, no podemos asumir que centrarnos en nombrar esa identidad llevará necesariamente al desarrollo de una conciencia radicalizada, a cuestionar ese privilegio, a una resistencia activa.

Podemos nombrar la experiencia personal propia sin comprometernos a transformar ni a cambiar dicha experiencia.

Sugerir, como sugiere esta afirmación, que las personas individuales no podemos radicalizar con tanto éxito nuestra conciencia o nuestras acciones si participamos en luchas de resistencia que no afecten directamente a nuestras vidas devalúa el poder de la solidaridad. Participar en las luchas por la liberación es la única manera en que las personas que no son victimizadas pueden demostrar su lealtad y su alianza con los explotados y oprimidos, su compromiso político y su determinación a resistirse y a romper con las estructuras de dominación que les otorgan privilegios personales. Esto es cierto también para las personas que pertenecen a grupos oprimidos y explotados. Podemos radicalizar nuestra conciencia emprendiendo acciones para erradicar formas de dominación que no se corresponden directamente con nuestra identidad y nuestra experiencia. Bourne afirma:

> La política identitaria considera el descubrimiento de la identidad como el objetivo supremo. Las feministas afirman incluso que descubrir la identidad es un acto de resistencia. El error consiste en considerar la identidad como un fin en lugar de como un medio... La identidad no es un mero precursor de la acción, también se crea mediante la acción.

Efectivamente, para muchos pueblos explotados y oprimidos, la lucha para crear una identidad, para nombrar la realidad personal, es un acto de resistencia porque el proceso de dominación (ya sea la colonización imperialista, el racismo o la opresión sexista) nos ha arrebatado la identidad y ha devaluado nuestro lenguaje, nuestra cultura y nuestro aspecto físico. Sin embargo, en este caso también se trata solo de una fase en el proceso revolucionario (una a la que parece que Bourne no concede valor alguno), pero no hay que descalificarla, incluso cuando las personas privilegiadas repiten el gesto con tanta frecuencia que pierde toda implicación radical. Por ejemplo, el eslogan «lo negro es bello» fue una expresión muy importante y popular de resistencia contra la supremacía blanca (por supuesto, la expresión pierde sentido y poder si no se relaciona con un proceso de politización en el que las personas negras aprendamos a vernos como sujetos en lugar de como objetos; un proceso en el que, como expresión de ser sujetos, actuemos para transformar el mundo en el que vivimos de modo que el color de la piel deje de significar que nos degradarán o nos explotarán). Sería un gran error sugerir que la politización del yo no forma parte del proceso por el que nos preparamos para actuar con más efectividad en defensa del cambio social radical. Solo cuando se convierte en un proceso narcisista o cuando, en palabras de Bourne, sugiere con ingenuidad que «las cuestiones materiales y estructurales de raza, clase y poder se resuelven en primer lugar en términos de conciencia personal» erosiona la lucha por la liberación.

Cuando trazo el mapa de la politización feminista, de cómo nos convertimos en seres con más conciencia política, comienzo por insistir en el compromiso con la educación de la conciencia crítica. Gran parte de esa educación comienza por el examen del yo desde una perspectiva nueva y crítica. Para ello, podemos usar la confesión y el recuerdo de un modo constructivo e iluminar con ellos las experiencias pasadas, sobre todo cuando teorizamos a partir de ellas. Usar la confesión y el recuerdo para nombrar la realidad permite a mujeres y hombres hablar acerca de la experiencia personal como parte de un proceso de politización que ubica la conversación en un contexto dialéctico. Esto nos permite hablar de la experiencia personal de otra manera, de un modo que politiza no solo el acto de narrar, sino también lo que se narra. Teorizar la experiencia a medida que explicamos nuestra narrativa personal nos ofrece una visión más aguda y enfocada del objetivo al que aspiramos con nuestra narración. El libro *Female Sexualization: A Collective Work of Memory,* compilado por Frigga Haug, describe un uso interesante y constructivo de la memoria y de la confesión. Colectivamente, las mujeres que hablan no solo se esfuerzan en nombrar su experiencia, sino también en ubicar dicha experiencia en un contexto teórico. Usan la confesión y el recuerdo como herramientas de intervención que les permiten combinar el conocimiento científico con la experiencia cotidiana. Por lo tanto, y para no insistir excesivamente en lo individual, asocian continuamente su experiencia personal con la realidad colectiva. La narración se convierte en un proceso de historización. No elimina a las mujeres de la historia, sino que permite que nos veamos como parte de la historia. El acto de escribir historias autobiográficas permite a las mujeres del libro de Haug verse desde un punto de vista distinto, que describen como una «forma políticamente necesaria de trabajo cultural». Comentan que «hace que vivamos nuestras vidas de un modo más consciente». Si se usan de un modo constructivo, la confesión y el recuerdo son herramientas que aumentan la conciencia de uno mismo. No tienen por qué limitarnos y hacer que miremos únicamente hacia nuestro interior.

Las pensadoras feministas en Estados Unidos usan la confesión y el recuerdo para narrar historias de victimización que casi nunca presentan de un modo dialéctico. Esta postura ha llevado a que no contemos con narraciones múltiples y diversas de todos los aspectos de la experiencia femenina. En nuestra lucha por aprender más acerca de cómo las mujeres nos relacionamos entre nosotras, con los hombres y con los niños en la vida cotidiana, nos resulta útil contar con la confesión y con el recuerdo como fuentes documentales. Sin embargo, debemos ser cuidadosas y no promover la construcción de narrativas de experiencia femenina tan normativas que toda experiencia que no encaja con el modelo se considera ilegítima o no merecedora de investigación.

Reconsiderar cómo podemos usar constructivamente la confesión y el recuerdo evita que nos limitemos a nombrar la experiencia personal, sin más. Permite a las pensadoras feministas hablar de la identidad en relación con la cultura, con la historia, con la política o con cualquier otra cosa y cuestiona el concepto de identidad como algo estático e inmutable. Si queremos explorar la identidad en relación con las estrategias de politización, las pensadoras feministas tenemos que estar dispuestas a ver la identidad femenina desde una nueva perspectiva, a examinar crítica y analíticamente desde distintos puntos de vista cómo se nos asignan las características de género. En los primeros momentos de la concienciación feminista, la confesión era muchas veces la manera de compartir traumas negativos, por ejemplo la experiencia de la violencia masculina. Sin embargo, aún hay áreas inexploradas de la experiencia femenina que debemos estudiar profundamente para ampliar nuestra comprensión de lo que significa ser mujer en esta sociedad. Imaginemos a un grupo de mujeres negras tratando de educar nuestra conciencia crítica explorando nuestra relación con la política radical y la política de izquierdas. Es posible que, así, entendiéramos mejor la reticencia colectiva a comprometernos con la lucha feminista, con la política revolucionaria, o que reflexionásemos sobre las experiencias que nos preparan y nos capacitan para entablar esos compromisos.

Queda mucho trabajo emocionante por hacer en lo que concierne al uso de la confesión y del recuerdo como método para teorizar la experiencia y para ahondar en nuestra conciencia como parte del proceso de politización radical. Con frecuencia, experimentamos placer y alegría cuando compartimos historias personales, proximidad e intimidad. Eso explica que lo personal haya ocupado un lugar tan importante en el discurso feminista. Si queremos reafirmar el poder de lo personal sin quedar atrapadas en la política identitaria, nos tenemos que esforzar en vincular la narrativa personal con la actuación política para cambiar y transformar el mundo.

CAPÍTULO
16

Superar la supremacía blanca: un comentario

La población negra de Estados Unidos comparte con la población negra de Sudáfrica y con la población de color de todo el mundo tanto el dolor de la opresión y de la explotación supremacista blanca como el dolor que surge de la resistencia y de la lucha. El primer dolor nos hiere, el segundo nos ayuda a sanar las heridas. Me preocupa que la población negra de Estados Unidos no se haya alzado en masa para declarar su solidaridad con las hermanas y los hermanos negros de Sudáfrica. Quizá algún día pronto, quizá en el cumpleaños de Martin Luther King, salgamos todos a la calle a la misma hora, estemos donde estemos, para alzarnos durante un momento y nombrar y afirmar la importancia de la liberación negra.

Mientras escribo, intento recordar cuándo la palabra «racismo» dejó de ser el término que, para mí, expresaba mejor la explotación de las personas negras y de otras personas de color en esta sociedad y cuándo empecé a entender que el término de «supremacía blanca» resultaba más útil. Ciertamente, era un término que resultaba necesario a la hora de confrontar las actitudes liberales de las mujeres blancas activas en el movimiento feminista y que no eran como sus antepasadas racistas: mujeres blancas en los inicios del movimiento en defensa de los derechos de la mujer que ni muertas hubieran querido ser vistas en compañía de mujeres negras. De hecho, ahora solicitaban y deseaban la presencia de mujeres negras. Sin embargo, cuando estábamos presentes, lo que veíamos era que deseaban ejercer sobre nuestro cuerpo y sobre nuestro pensamiento el mismo control que ejercieron sus antepasadas racistas y que esa necesidad de ejercer su control sobre nosotras demostraba hasta qué punto habían interiorizado los valores y las actitudes de la supremacía blanca.

Es posible que fueran estos contactos, o el contacto en la universidad con colegas blancos que desean intensamente tener «una» persona negra en «su» departamento (siempre, eso sí, que esa persona piense y actúe como ellos, comparta sus valores y sus creencias y no sea distinta a ellos en ningún aspecto), lo primero que me llevó a usar el término «supremacía blanca» para referirme a la ideología que determina en mayor medida cómo las personas blancas de esta sociedad (independientemente de si sus inclinaciones políticas van hacia la derecha o hacia la izquierda) perciben y se relacionan con las personas negras y con otras personas de color. Lo que con mucha frecuencia oculta la omnipresencia de la supremacía blanca en esta sociedad, ya sea como ideología o como conducta, es el muy pequeño, si bien extraordinariamente visible, movimiento que se aleja de la perpetuación de la discriminación, explotación y opresión flagrantes de la población negra. Si los blancos liberales no entienden cómo pueden encarnar, y encarnan, las creencias y los valores supremacistas blancos incluso cuando ellos mismos rechazan el racismo como prejuicio o dominación (sobre todo cuando se trata de una dominación que implica control coercitivo), la toma de conciencia de cómo sus acciones apoyan y afirman la misma estructura de dominación y de opresión racistas que dicen querer ver erradicada es imposible.

Del mismo modo, el término «supremacía blanca» resulta mucho más útil a la hora de entender la complicidad de las personas de color en la defensa y el mantenimiento de las jerarquías raciales que no implican la fuerza (como la esclavitud o el *apartheid*) que el de «racismo interiorizado», un término que se usa sobre todo para sugerir que las personas negras han absorbido las emociones y las actitudes negativas acerca de la raza negra que mantienen las personas blancas. El término «supremacía blanca» nos permite reconocer no solo que se socializa a las personas negras para que encarnen los valores y las actitudes de la supremacía blanca, sino que podemos ejercer el «control supremacista blanco» sobre otras personas negras. Y esto es importante, porque a diferencia del término «tío Tom», que lleva asociado el reconocimiento de la complicidad y del racismo interiorizado, necesitamos una terminología nueva que nombre con precisión cómo nosotros, personas negras, ejercemos poder directamente las unas sobre las otras cuando perpetuamos las creencias supremacistas blancas. En una entrevista reciente, la escritora Toni Morrison habló acerca del cambio de perspectiva en relación con la identidad negra y dijo: «Ahora, la gente elige su identidad. Ahora, la gente elige ser Negra». En este momento histórico, cuando unas pocas personas negras ya no experimentan el *apartheid* racial o el racismo brutal que siguen determinando el destino de mucha gente negra, es más fácil que esas pocas personas se alíen políticamente con el grupo racista blanco dominante.

La estrategia de la asimilación ha otorgado legitimidad social a este cambio de alianza. Se trata de una estrategia que hunde sus raíces en la ideología de la supremacía blanca y sus defensores instan a las personas negras a negar la negritud, a imitar a las personas blancas racistas y a absorber sus valores y su manera de vida. Irónicamente, muchos de los cambios en la política social y en las actitudes sociales que antaño se consideraban maneras de poner fin a la dominación racial han servido para reforzar y perpetuar la supremacía blanca. Esto es especialmente cierto de las políticas sociales que han alentado y promovido la integración racial. Dada la fuerza continuada del racismo, la integración racial traducida en asimilación solo sirve para reforzar y mantener la supremacía blanca. Sin un movimiento activo y continuado que ponga fin a la supremacía blanca, sin una lucha continuada para la liberación negra, no puede existir en Estados Unidos un entorno social que fomente de verdad la integración. Cuando las personas negras entramos en contextos sociales que no han cambiado, que no se han alterado, que no han sido desprovistos en absoluto de la estructura de la supremacía blanca, nos presionan para que nos asimilemos. Nos recompensan por asimilarnos. Las personas negras que trabajan o se relacionan socialmente en entornos predominantemente blancos cuyas estructuras están conformadas por los principios de la supremacía blanca y que se atreven a afirmar la negritud y su amor por la cultura y la identidad negras corren un gran peligro. Debemos cuestionar, protestar y resistir continuamente mientras, de manera simultánea, nos esforzamos en conseguir que nuestra defensa no tenga el menor resquicio para que no nos puedan aplastar. Esto es especialmente cierto en entornos donde nos arriesgamos a ser despedidos o a no recibir los ascensos que merecemos. Resistir la presión para asimilarnos forma parte de nuestra lucha para poner fin a la supremacía blanca.

Siempre que doy charlas por todo Estados Unidos acerca de cuestiones feministas en relación con la raza y el género, mi uso del término «supremacía blanca» suscita una reacción, normalmente crítica u hostil en el público. Personas blancas e incluso algunas que no son blancas insisten en que no vivimos en una sociedad supremacista blanca, que el racismo no es en absoluto el problema que era antes (me aterra oír a personas afirmar con vehemencia que el problema del racismo se ha solucionado), que ha habido un cambio. Si bien es cierto que la naturaleza de la opresión y de la explotación racistas ha cambiado desde el fin de la esclavitud y desde el cambio legal de la estructura de *apartheid* de Jim Crow, la supremacía blanca sigue modelando las perspectivas de la realidad y conformando el estatus social de las personas negras y de todas las personas de color. Y no hay lugar donde esto sea más evidente que en el entorno universitario. Con frecuencia, son las personas liberales de estos entornos las que se muestran más reacias a reconocer esta verdad.

Hace poco, durante una conversación con un abogado blanco en su casa, donde yo era una invitada, me dijo que alguien le había comentado que, últimamente, los niños aprenden muy poca historia en la escuela, que el intento de ser inclusivos, de hablar de los nativos americanos, de los negros, de las mujeres, etc., ha llevado a presentar un enfoque fragmentado de personas representativas específicas y que ya no se ofrece un marco histórico general. Le respondí sugiriendo que a los blancos les ha resultado más fácil practicar esta inclusión que modificar la estructura general; que es más fácil alejar el foco de Cristóbal Colón, el importante hombre blanco que «descubrió América» y desplazarlo hacia Toro Sentado o Harriet Tubman, que dejar de contar una historia distorsionada de Estados Unidos que defiende la supremacía blanca. Enseñar la historia de un modo verdaderamente nuevo exigiría abandonar los mitos antiguos informados por la supremacía blanca, como la idea de que Cristóbal Colón descubrió América. Significaría hablar del imperialismo, de la colonización, de los africanos que llegaron aquí antes que Colón (véase *They Came Before Columbus*, de Ivan Van Sertima). Significaría hablar de genocidio, de la explotación y traición a los indios nativos americanos a manos de los colonos blancos; de cómo las estructuras legales y gubernamentales de esta sociedad apoyaron y mantuvieron la esclavitud y el *apartheid* (véase *And We Are Not Saved*, de Derrick Bell) desde la Constitución. Esta historia solo se podrá enseñar cuando la supremacía blanca deje de modelar las perspectivas de los maestros. Esta conversación es uno de los múltiples ejemplos que revelan cómo las personas blancas y negras pueden relacionarse socialmente de un modo amistoso y estar integradas racialmente al tiempo que los conceptos profundamente incrustados de la supremacía blanca permanecen intactos. Incidentes como este hacen necesario que las personas concienciadas, que las personas blancas honestas, empiecen a explorar plenamente el modo en que la supremacía blanca determina cómo ven el mundo, incluso cuando su conducta no está conformada por el tipo de prejuicio racial que promueve la discriminación y la separación manifiestas.

Resulta significativo que el término «asimilación» se empezara a usar de un modo más generalizado después de las revueltas contra la supremacía blanca de finales de la década de 1960 y principios de la de 1970. La intensa y apasionada rebelión contra el racismo y contra la supremacía blanca de este periodo fue crucial, porque creó un contexto para la politización y para la educación de la conciencia crítica, un contexto en el que las personas negras podíamos empezar a confrontar el alcance de nuestra complicidad, de nuestra interiorización de la supremacía blanca, e iniciar el proceso de recuperación personal y de renovación colectiva. El teólogo negro Howard Thurman describe este esfuerzo en su obra *The Search for a Common Ground* y comenta:

> «Lo negro es bello» se convirtió en algo más que una frase. Era una postura, una actitud, una metafísica. Estos términos tan positivos y emocionantes empezaron a socavar la idea que a lo largo de tantos años se había convertido en un elemento clave de la mitología blanca: lo negro es feo, lo negro es malo, lo negro es demoníaco. Y, al hacerlo, atacó fundamentalmente la primera línea de defensa del mito de la supremacía y la superioridad blancas.

Claramente, la asimilación como política social que refuerza la supremacía blanca fue un importante contraataque estratégico que permitió desviar la llamada a la transformación radical de la conciencia negra. De repente, se redefinieron los términos del éxito (es decir, encontrar trabajo y adquirir los medios materiales necesarios para mantenerse a uno mismo y a la propia familia). Ya no bastaba con que las personas negras accedieran a las instituciones de educación superior y adquirieran las habilidades necesarias para competir de forma efectiva por empleos que antes ocupaban exclusivamente personas blancas. Ahora se exigía que los negros se convirtieran en «blancos honorarios», que se asimilaran si querían tener éxito.

La economía fue la fuerza que otorgó a la política social de la asimilación el poder necesario para influir en la lucha de la liberación negra y cambiar su dirección. Las dificultades económicas dieron lugar a un clima en el que la militancia, es decir, la resistencia abierta a la supremacía blanca y al racismo (que incluía presentarse de un modo que sugiriera el orgullo de ser negro), ya no se consideraba una estrategia de supervivencia viable. Los peinados naturales, los atuendos africanos, etc., se descartaron como signos de militancia, porque se podían convertir en obstáculos para avanzar. Entre los radicales blancos jóvenes se dio un movimiento reaccionario y regresivo similar y muchos de los que habían participado con ferocidad en la política de izquierdas empezaron de repente a intentar reincorporarse a la corriente principal liberal y conservadora. En este caso, la fuerza que impulsó su regreso al sistema también fue la economía. A un nivel muy básico, los cambios en el coste de la vivienda (el gran apartamento que uno alquilaba en 1965 por cien dólares al mes costaba cuatrocientos en 1975) asustaron a jóvenes de todas las razas con educación universitaria que creían estar comprometidos con la transformación de la sociedad pero que descubrieron que eran incapaces de enfrentarse a la posibilidad de vivir sin capacidad de decidir, sin los medios de escapar; descubrieron que temían vivir en la pobreza. Además de la presión que ejercían las fuerzas económicas, muchos radicales perdieron la esperanza de que fuera posible cambiar el patriarcado capitalista y supremacista blanco.

Trágicamente, muchos blancos radicales que habían sido aliados en la lucha por la liberación negra empezaron a cuestionar la importancia de la lucha para poner fin al racismo y a sugerir que la lucha había terminado a medida que avanzaban hacia sus nuevas posturas liberales. La juventud blanca radical que había participado en la lucha por los derechos civiles, que había protestado contra la guerra en Vietnam y que incluso había denunciado el imperialismo estadounidense no podía recuperar su vínculo con los sistemas de dominación imperantes sin antes crear una capa nueva de conciencia falsa: la afirmación de que el racismo ya no imperaba, de que la raza ya no era un problema importante. Del mismo modo, la crítica al capitalismo, sobre todo la que instaba a las personas a intentar vivir de un modo distinto dentro de una estructura capitalista, también se relegó a un segundo plano cuando la gente «descubrió» la importancia de tener privilegio de clase para estar en mejor posición para ayudar a los explotados.

No es de extrañar que los radicales negros recibieran estas traiciones con desesperanza e impotencia. ¿Qué había logrado en realidad la lucha contemporánea para resistirse al racismo? ¿Qué significaba ese periodo de cuestionamiento de la supremacía blanca, de lo negro es bello, si unos años después debíamos presenciar cómo corporaciones blancas producían en masa y con éxito productos capilares para estirar el cabello negro? ¿Qué significaba presenciar el ataque a nuestra cultura por parte de fuerzas capitalistas que insistían en la producción en todos los frentes de una imagen, de un producto cultural capaz de «transicionar», es decir, que interpelara directamente a las preocupaciones y a la imaginación popular de los consumidores blancos al tiempo que seguía atrayendo los dólares de los consumidores negros? ¿Y qué significa que, en 1987, cuando los telespectadores ven un magazín matutino sobre belleza negra, vean a mujeres negras que sugieren que estas tendencias se relacionan exclusivamente con las preferencias personales y que no tienen nada que ver con el racismo; cuando los telespectadores ven a un hombre blanco privilegiado, Phil Donahue, menear la cabeza mientras intenta persuadir a la audiencia para que reconozca la realidad del racismo y su impacto sobre la población negra? ¿O qué significa que muchas personas negras digan que lo que más les gusta del programa de Bill Cosby es que apenas hace énfasis en la raza, en que los personajes son «solo personas»? ¿O ver de nuevo en las noticias nacionales que los niños pequeños negros prefieren jugar con muñecas blancas que con muñecas negras? Todas estas narrativas populares nos recuerdan que «aún no nos hemos salvado», que la supremacía blanca sigue imperando, que la opresión y la explotación racistas que asaltan a diario el cuerpo y el alma de la población negra en Sudáfrica asalta también a la población negra aquí.

Hace años, cuando era una estudiante de secundaria en plena desegregación racial, hubo una corriente de resistencia y de militancia feroz. Nos embargó y nos atravesó el cuerpo mientras, como alumnos negros, permanecíamos apretados contra las paredes de ladrillo rojo y observábamos a la guardia nacional armada, esperando el momento en que pudiéramos entrar y romper el racismo, esperando el momento de cambio, la victoria. Ahora percibo que ese espíritu militante se debilita también en mi interior. La sensación de desesperanza y de impotencia lo asaltan con demasiada frecuencia. Soy consciente de que tengo que esforzarme en alimentarlo, en mantenerlo fuerte. La desesperanza y la impotencia aumentan cuando veo todas esas imágenes de personas negras que se odian a sí mismas y que demuestran que la militante década de 1960 no ejerció un impacto radical sostenido, que la politización y la transformación de la conciencia negra no se convirtió en una práctica revolucionaria continuada en la vida negra. Me provoca frustración y desaliento, porque significa que tenemos que recuperar los objetivos básicos, que tenemos que renovar los esfuerzos de politización, que tenemos que recorrer de nuevo el mismo camino. Quizá, lo más desalentador de todo sea el temor a que, incluso si las volvemos a sembrar, las semillas no sobrevivan, no lleguen a hacerse fuertes nunca. Ahora mismo, la ira y la cólera (véase «The Uses of Anger», de Audre Lorde, en *La hermana, la extranjera*) por el genocidio racial continuado han vuelto a prender el espíritu de la militancia en mi interior.

Al igual que les sucede a tantos otros negros radicales que trabajan en entornos universitarios, con frecuencia me siento muy sola. Acostumbramos a trabajar en entornos habitados predominantemente por personas blancas (algunas de las cuales están concienciadas y son bienintencionadas) que no están comprometidas con poner fin a la supremacía blanca o que no están muy seguras de qué significa ese compromiso. Ciertamente, el movimiento feminista ha sido uno de los espacios en los que se ha renovado el interés por cuestionar el racismo y resistirse a él. Sin embargo, a las mujeres blancas también les ha resultado más fácil enfrentarse al racismo como una forma abierta de explotación y de dominación, o como un prejuicio personal, que confrontar la realidad global y profunda de la supremacía blanca.

Últimamente, cuando se habla de raza y de género, la pregunta que las mujeres blancas formulan con más frecuencia tiene que ver con cómo han de responder a las mujeres negras o mujeres de color que insisten en que no quieren enseñarles qué es el racismo, que se niegan a mostrarles el camino. Quieren saber qué ha de hacer una persona blanca que se intenta resistir al racismo. Afirmar que personas negras u otras personas de color comprometidas sinceramente con la lucha contra la supremacía blanca no quieren ayudar o enseñar a personas blancas es muy problemático. Frederick Douglass desafió a la población negra en el siglo XIX y planteó la idea clave de que el «poder no concede nada sin exigencias». Que los oprimidos racialmente exijamos a los blancos, a los negros, a todos, que erradiquen la supremacía blanca; que exijamos a todos los que se benefician materialmente del ejercicio del poder supremacista blanco, ya sea de forma activa o pasiva, que renuncien voluntariamente a ese privilegio en respuesta a esa demanda, y que luego nos neguemos a mostrarles el camino es echar piedras sobre nuestro propio tejado. Debemos mostrar el camino. Debe haber un paradigma, un modelo práctico de cambio social que incluya la explicación de maneras de transformar la conciencia asociadas a los esfuerzos para transformar las estructuras.

Básicamente, tenemos la responsabilidad colectiva, como personas negras y personas de color radicales, y como personas blancas, de construir modelos de cambio social. Rehuir esa responsabilidad, sugerir que el cambio es algo que la persona puede hacer a título individual, sola o aislada, junto a otras personas blancas racistas es profundamente engañoso. Si, como persona negra, le digo a una persona blanca comprometida con la lucha para poner fin a la supremacía blanca que me niego a afirmarla o a ayudarla en su esfuerzo, debilito mi propio compromiso con la causa. Muchas personas negras responden así porque no quieren hacerles el trabajo a los blancos y, sobre todo, porque no podemos hacerlo, a pesar de que, con frecuencia, parece que se nos pide precisamente eso. Sin embargo, que rechacemos hacerles el trabajo no significa que no podamos mostrarles, que no les mostremos, el camino mediante nuestra conducta, mediante la información que compartimos. Las personas blancas que quieren continuar la relación dominación/subordinación tan endémica en la explotación racista insistiendo en que les «sirvamos», en que seamos nosotros quienes nos ocupemos del trabajo de cuestionar y de modificar su conciencia, actúan de mala fe. En su obra *Cartas a Guinea-Bissau. Apuntes de una experiencia pedagógica en progreso*, Paulo Freire nos recuerda:

> La verdadera ayuda significa que todos los implicados se ayudan mutuamente, que todos crecen juntos en el esfuerzo común para entender la realidad que quieren transformar.

Nuestra responsabilidad colectiva como personas de color y como personas blancas comprometidas con poner fin a la supremacía blanca es ayudarnos mutuamente. Tenemos la responsabilidad colectiva de educar para fomentar una conciencia crítica. Si me comprometo políticamente con la lucha por la liberación negra, con la lucha para poner fin a la supremacía blanca, no me comprometo a trabajar únicamente para y con personas negras, sino que debo participar en la lucha con todos los camaradas dispuestos, para reforzar nuestra conciencia y nuestra resistencia. (Véase *Malcolm X: Autobiografía* de Malcolm X y *The Last Year of Malcolm X: The Evolution of a Revolutionary*, de George Breitman.) Malcolm X es un modelo importante para los que deseamos transformar nuestra conciencia, porque mantuvo una introspección crítica constante y cambió tanto sus palabras como sus acciones. Cuando pienso en la respuesta de las personas negras a las personas blancas, recuerdo un ejemplo memorable en el que Malcolm X lamentaba un incidente con una estudiante de secundaria blanca que le preguntó qué podía hacer para ayudar y él le respondió: «Nada». Luego se dio cuenta de que hubiera podido hacer mucho. Todos y cada uno de nosotros debemos comprometernos con la tarea de educarnos para entender la naturaleza de la supremacía blanca desde una conciencia crítica. Las personas negras no nacemos con una comprensión innata del racismo y de la supremacía blanca. (Véase John Hodge, (comp.), *Cultural Bases of Racism and Group Oppression.*)

En los últimos años, y sobre todo entre mujeres activas en el movimiento feminista, gran parte del esfuerzo para confrontar el racismo se ha centrado en el prejuicio individual. Y, aunque es importante que trabajemos individualmente para transformar nuestra conciencia y oponernos al racismo, es crucial que recordemos que la lucha para poner fin a la supremacía blanca es una lucha para cambiar un sistema, una estructura. En su libro, Hodge insiste en que «el problema del racismo no es el prejuicio, sino la dominación». Para que nuestro esfuerzo para poner fin a la supremacía blanca sea efectivo de verdad, la lucha individual para cambiar la conciencia se ha de conectar de un modo fundamental al esfuerzo colectivo para transformar las estructuras que refuerzan y perpetúan la supremacía blanca.

CAPÍTULO

17

La homofobia en las comunidades negras

Hace poco fui a casa de mis padres y oí a mis sobrinas y sobrinos adolescentes expresar su odio hacia los homosexuales. Decían que una persona homosexual nunca les podría caer bien. Les respondí que ya conocían y querían a personas homosexuales, así que valía más que se olvidaran de esas ideas. Quisieron saber de quién hablaba. «No importa quiénes sean. Si quisieran que lo supierais, os lo dirían. Pero tenéis que pensar en las tonterías que habéis estado diciendo y preguntaros de dónde han salido», les respondí.

La vehemente expresión de odio en sus rostros me sorprendió y me asustó, sobre todo cuando pensé en el dolor que habrían experimentado nuestros seres queridos homosexuales de haber escuchado esas palabras. En nuestra juventud, nosotros nunca hubiéramos tenido el valor de hacer comentarios semejantes. No se nos permitía hacer comentarios negativos y llenos de odio acerca de las personas que sabíamos que eran homosexuales. Sabíamos sus nombres, conocíamos sus preferencias sexuales. Eran nuestros vecinos, nuestros amigos, nuestros familiares. Eran nosotros, formaban parte de la comunidad negra.

Los homosexuales que conocíamos no vivían en subculturas separadas, al menos no en nuestra pequeña comunidad negra segregada, donde era difícil encontrar trabajo y donde muchos de nosotros éramos pobres. La pobreza era importante, porque creaba un contexto social en el que las estructuras de dependencia eran clave para la supervivencia cotidiana. La necesidad económica pura y el feroz racismo blanco, además de la alegría de estar donde se conocía y se quería a las personas negras, llevaba a muchos homosexuales negros a vivir cerca de casa y de la familia. Sin embargo, eso significaba que construían una manera de vivir sus preferencias sexuales dentro de los límites de circunstancias que solo en raras ocasiones eran ideales, por mucho que afirmaran su identidad. En algunos casos, eso significaba llevar una vida sexual completamente a escondidas. En otras familias, la persona homosexual podía expresarse abiertamente, salir del armario.

Escribo este artículo motivada por la homofobia que expresaron mis sobrinas y mis sobrinos y por la suposición en muchos círculos feministas de que las comunidades negras son, de algún modo, más homófobas y se oponen más a los derechos de los homosexuales que otras comunidades de Estados Unidos. Pensaba titularlo «La homofobia en la comunidad negra», pero lo que hay que cuestionar es, precisamente, la noción de una comunidad negra monolítica. Las comunidades negras son muy distintas, porque las experiencias rurales y urbanas generan una amplia diversidad de culturas y de estilos de vida.

He hablado con personas negras que crecieron en comunidades sureñas donde las personas homosexuales expresaban abiertamente su orientación sexual y participaban plenamente en la vida de la comunidad. También he hablado con personas que explican justo lo contrario.

El doble rasero era muy real en la comunidad negra concreta en la que crecí. Era habitual saber qué hombres eran homosexuales. Se hablaba de ellos, se les veía de forma positiva y desempeñaban papeles importantes en la vida comunitaria, mientras que solo se hablaba de las lesbianas en términos peyorativos. Además, las mujeres identificadas como lesbianas solían estar casadas. Con frecuencia, el privilegio material mediaba la aceptación de la homosexualidad masculina, es decir, los hombres homosexuales con dinero formaban parte del grupo negro privilegiado y, por lo tanto, recibían el respeto y la consideración correspondiente. Con las mujeres era distinto.

En aquella época, la homofobia dirigida a las lesbianas se originaba en la profunda creencia religiosa y moral de que la feminidad de la mujer estaba definida por la capacidad de tener hijos. La idea imperante era que ser lesbiana era «antinatural» porque de ese modo era imposible tener hijos. No había «madres» lesbianas identificadas, a pesar de que sí había hombres homosexuales que se encargaban de cuidar de los hijos de otros. He hablado con personas negras que recuerdan circunstancias parecidas en sus comunidades. En general, la mayoría de las personas negras mayores con las que he hablado, criadas en comunidades negras sureñas pequeñas y muy unidas, sugieren que, en conjunto, se toleraban y se aceptaban distintas prácticas y preferencias sexuales. Un homosexual negro con el que hablé me explicó que, en su caso, prefería vivir en una comunidad de apoyo negra donde sus preferencias sexuales fueran conocidas, aunque no pudiera manifestarlas abiertamente en público, a vivir lejos de su comunidad en una subcultura homosexual donde pudiera expresar abiertamente esta faceta de su identidad.

Hace poco, mantuve una conversación con una lesbiana negra de Nueva Orleans que presumía de que la comunidad negra nunca había tenido a una «persona como Anita Bryant yendo de un lado a otro para atacar a los homosexuales». Su experiencia al salir del armario ante un compañero de habitación negro había sido positiva y llena de afecto. De todos modos, por cada historia positiva que podamos oír acerca de la vida homosexual en las comunidades negras, también las hay negativas. Aun así, estas histo-rias positivas cuestionan la idea de que las personas negras y las comunidades negras sean necesariamente más homófobas que otros grupos de personas en esta sociedad. También nos instan a reconocer la diversidad de la experiencia negra. Por desgracia, hay muy pocas historias orales y autobiografías que exploren la vida de personas negras homosexuales en comunidades negras diversas. Es un proyecto de investigación que habría que llevar a cabo si queremos entender del todo la experiencia compleja de ser una persona negra y homosexual en esta sociedad capitalista, patriarcal y supremacista blanca. Con frecuencia, oímos hablar más a homosexuales negros que han elegido vivir en comunidades predominantemente blancas y cuyas decisiones se pueden haber visto influidas por el acoso en las comunidades negras. Apenas oímos hablar de personas negras homosexuales que viven satisfechas en comunidades negras.

Es posible que se perciba a las comunidades negras como más homófobas que otras porque en las comunidades negras existe la tendencia a hablar abiertamente contra los homosexuales. En California, un hombre negro heterosexual con el que hablé reconoció que, aunque con frecuencia gastaba bromas o expresaba desprecio por los homosexuales como estrategia para entablar vínculos en situaciones grupales, en su vida privada era un apoyo clave para su hermana lesbiana. Esta conducta contradictoria parece ser generalizada en las comunidades negras y revela la ambivalencia acerca de la sexualidad en general y del sexo como tema de conversación, además de emociones y actitudes ambivalentes en relación con la homosexualidad. Son varias las estructuras de dependencia emocional y económica que abren brechas entre las actitudes y la conducta. Sin embargo, tenemos que distinguir entre las personas negras que expresan abiertamente el prejuicio contra los homosexuales y las personas blancas homófobas que nunca hacen comentarios homófobos pero que tienen el poder de explotar y oprimir activamente a personas homosexuales en cuestiones como la vivienda, el empleo, etc. Ambos grupos se perpetúan y se refuerzan mutuamente, no podemos negarlo o restarle importancia, pero lo cierto es que la amenaza más grande a los derechos de los homosexuales no reside en las comunidades negras.

Es mucho más probable que podamos alterar o cambiar las actitudes homófobas en entornos donde no se han institucionalizado con rigidez. En lugar de sugerir que las comunidades negras son más homófobas que otras y olvidarnos de ellas, es importante que el activismo feminista (sobre todo el negro) estudie la naturaleza de esa homofobia y la cuestione de formas constructivas que promuevan un cambio. Evidentemente, en muchas comunidades negras lo que promueve y alimenta la homofobia son las creencias y las prácticas religiosas. Muchos cristianos negros (como otros cristianos en esta sociedad) aprenden en las iglesias que ser homosexual es pecado. Irónicamente, a veces los sacerdotes que se lo enseñan son homosexuales o bisexuales.

El año pasado, hablé con una pastora bautista negra que, a pesar de estar preocupada por cuestiones feministas, manifestó actitudes muy negativas hacia la homosexualidad porque, según me explicó, la Biblia enseña que está mal. Sin embargo, en su vida cotidiana ofrece un apoyo y un afecto tremendos a sus amigos homosexuales. Cuando le pedí que me explicara esa contradicción, me respondió que ella no lo consideraba como tal, porque la Biblia también la enseña a identificarse con las personas explotadas y oprimidas y a exigir que se las trate con justicia. Según su manera de pensar, que alguien pecara no significaba que se le pudiera explotar u oprimir.

Las contradicciones y las inclinaciones homófobas que subyacen a sus actitudes indican que hay una gran necesidad de que los teólogos negros progresistas estudien la función que desempeñan las iglesias negras en el aliento de la persecución de los homosexuales. Los feligreses de algunas iglesias en comunidades negras deberían protestar, a título individual, cuando los servicios religiosos se convierten en una plataforma para enseñar a odiar a los homosexuales. Con frecuencia, la gente se sienta y escucha a los ministros despotricar contra los homosexuales y creen que expresan ideas graciosas y anticuadas, por lo que no las cuestionan. Sin embargo, si queremos erradicar la homofobia en las comunidades negras tenemos que cuestionar las actitudes de este tipo.

Últimamente, sobre todo ahora que personas negras de todo Estados Unidos hablan de la versión cinematográfica de la novela de Alice Walker *El color púrpura*, además del propio libro (que incluye una representación positiva de dos mujeres negras que mantienen una relación sexual), parece que la idea de la homosexualidad como amenaza para la continuidad de la familia negra vuelve a cobrar impulso. En algunos casos, hombres negros que ocupan cargos importantes, sobre todo en los medios de comunicación, contribuyen a perpetuar esta idea. En un artículo de opinión, Tony Brown afirmó que «una relación lesbiana nunca puede sustituir una relación de amor positiva entre mujeres negras y hombres negros». Interpretar la obra de Alice Walker como que las relaciones lesbianas son una respuesta competitiva a los encuentros heterosexuales es tanto una interpretación errónea como una expresión de homofobia. Walker sugiere justo lo contrario.

Hace unas semanas, estaba comiendo bagels con dos amigas negras cuando una de nosotras manifestó que estaba convencida de que los blancos promovían la homosexualidad entre los negros para dividirnos más. Atribuía a la homosexualidad las dificultades que muchas mujeres negras heterosexuales profesionales experimentan a la hora de encontrar amantes, parejas o maridos. La escuchamos y, entonces, la otra mujer dijo: «Sabes que no vamos a quedarnos aquí escuchando toda esa mierda homófoba sin cuestionarla».

Señalamos la realidad de que muchas personas homosexuales negras tienen hijos, por lo que su orientación sexual no supone una amenaza para la continuación de las familias negras. Insistimos en que muchas personas homosexuales negras tienen amantes blancos y en que tampoco hay garantías de que si fueran heterosexuales elegirían como pareja a una persona negra. Afirmamos que las personas deberían poder elegir y afirmar la preferencia sexual que mejor exprese su identidad y sugerimos que, aunque quizá sea cierto que las representaciones positivas de personas homosexuales animan a la gente a verlo como una orientación sexual o un estilo de vida viable, es igualmente cierto que la heterosexualidad obligatoria se promueve con muchísima más fuerza. Sugerimos que todos deberíamos esforzarnos por crear un clima en el que impere la libertad de expresión sexual.

Aunque nuestros argumentos no la persuadieron inmediatamente, al menos le ofrecimos puntos de vista distintos sobre los que reflexionar. Los defensores de los derechos de los homosexuales en las comunidades negras han de ser conscientes de la necesidad de educar una conciencia crítica que explique y critique los estereotipos imperantes si queremos erradicar la homofobia. Uno de los principales mitos que hay que estudiar y corregir es el de que la homosexualidad equivale al genocidio de la familia negra. Y, además de las conversaciones sobre el tema, las personas negras han de afrontar la realidad de la bisexualidad y la medida en que la propagación del sida en las comunidades negras se relaciona con la transmisión bisexual del VIH.

Debemos entablar alianzas para reforzar la solidaridad entre las personas negras, independientemente de nuestra orientación sexual. Esto es especialmente importante ahora que cada vez más personas homosexuales viven fuera de las comunidades negras. Con mucha frecuencia, se insta a las mujeres negras a que respondan a la pregunta de qué es más importante, si el movimiento feminista o la lucha por la liberación negra; si los derechos de la mujer o los derechos civiles; ¿qué somos primero, negras o mujeres? Las personas homosexuales se enfrentan a preguntas similares. ¿Se identifican más con la lucha política de su grupo étnico o racial o con la lucha por los derechos de los homosexuales? No es una pregunta sencilla. En algunos casos, se formula de tal modo que el interpelado se ve obligado a elegir una identidad sobre la otra.

En un caso, cuando una familia negra supo que su hija era lesbiana, no cuestionaron su preferencia sexual (dijeron que no eran tontos, que ya sabían que era lesbiana), sino la identidad racial de sus parejas. ¿Por qué mujeres blancas y no mujeres negras? Su homosexualidad, expresada exclusivamente en relaciones con mujeres blancas, resultaba amenazadora porque se percibía como un factor que la alejaba de su raza.

Se escribe muy poco acerca de esta lucha. Con frecuencia, las familias negras que pueden reconocer y aceptar la homosexualidad tienen más dificultades para aceptar las parejas interraciales. Las lesbianas negras también hablan del tema de las mujeres negras que prefieren tener amantes exclusivamente blancas, pero suelen ser conversaciones en el ámbito privado. Estas relaciones, como todas las relaciones íntimas interraciales, están conformadas por la dinámica del racismo y de la supremacía blanca. Las lesbianas negras hablan de la ausencia de reconocimiento entre ellas en reuniones sociales, donde la mayoría de las mujeres negras presentes están acompañadas por amantes blancas. Por desgracia, estos incidentes refuerzan la idea de que hay que elegir entre la solidaridad con el grupo étnico y la solidaridad con las personas con quienes compartimos preferencia sexual, independientemente de las diferencias de clase, étnicas o políticas.

Tanto la lucha por la liberación negra como la lucha por la liberación homosexual se ven debilitadas cuando se promueven y se fomentan este tipo de divisiones. Las personas negras, ya sean homosexuales o heterosexuales, han de esforzarse para resistir la política de dominación que se expresa en el sexismo y en el racismo y que nos lleva a pensar que apoyar una lucha de liberación reduce el apoyo que se brinda a la otra o incluso se opone a ella. Como parte de la educación para el desarrollo de una conciencia crítica en las comunidades negras, tenemos que insistir continuamente en que la lucha contra el racismo y la lucha para recuperarnos de la opresión y de la explotación están inextricablemente vinculadas a todas las luchas para acabar con la dominación, lo que incluye la lucha por la liberación homosexual.

Con frecuencia, la gente negra, y sobre todo la que no es homosexual, se enfurece cuando oye a un homosexual blanco sugerir que la homosexualidad es sinónimo del sufrimiento que las personas experimentan como consecuencia de la explotación y de la opresión racistas. La necesidad de equiparar la experiencia de la opresión homosexual y la negra parece estar mucho más presente en la mente de las personas blancas. Con mucha frecuencia, se interpreta como una manera de minimizar o de despreciar los problemas concretos a los que se enfrentan las personas de color en una sociedad supremacista blanca, sobre todo los problemas a los que se enfrentan porque no tienen la piel blanca. Muchos de nosotros hemos estado en debates donde una persona que no es blanca, una persona negra, se esfuerza en explicar a las personas blancas que, aunque reconocemos que personas homosexuales de todos los colores de piel son acosadas, explotadas y dominadas, también sabemos que la visibilidad de la piel oscura marca una diferencia significativa. Con frecuencia, los ataques homófobos ocurren en situaciones donde se indica o se declara la preferencia homosexual, por ejemplo frente a bares homosexuales. Aunque esto no merma de ningún modo el sufrimiento de las personas homosexuales ni el miedo que esos ataques causan, significa que, en situaciones concretas, el mecanismo de protección y de supervivencia puede ser, sencillamente, no identificarse como homosexual.

Por el contrario, la mayoría de las personas de color no tenemos elección. No podemos ocultar, cambiar o esconder el color oscuro de la piel. Las personas blancas, tanto homosexuales como heterosexuales, demostrarían una mayor comprensión del impacto que ejerce la opresión racial sobre las personas de color si, en lugar de equiparar ambos tipos de opresión, buscaran puntos de conexión que los asemejen, a pesar de la diferencia. Del mismo modo, el intento de las personas blancas de equiparar la experiencia de la agresión homófoba y la opresión racial desvía la atención del dilema doble al que se enfrentan las personas homosexuales que no son blancas, porque se enfrentan simultáneamente al racismo y a la homofobia.

Con frecuencia, las personas homosexuales negras se sienten enormemente solas, por la tensión que el racismo crea en sus relaciones en la comunidad homosexual global, mayoritariamente blanca, y las tensiones que causa la homofobia en las comunidades negras. A veces, lo más fácil es responder a las tensiones aislándose de ambos grupos y negándose a participar o a identificarse políticamente con ninguna lucha de liberación. Si afirmamos y apoyamos a las personas negras homosexuales, tanto en nuestra comunidad como fuera de ella, ayudaremos a reducir y a cambiar el dolor de ese aislamiento.

Es importante destacar que las actitudes hacia la sexualidad y la orientación sexual están cambiando. Cada vez se reconoce más la existencia de preferencias sexuales distintas y de prácticas sexuales diversas. Dada esta realidad, asumir que el hecho de condenarlo conseguirá que la gente deje de expresar distintas preferencias sexuales es un derroche inútil de energía. Muchas personas homosexuales de todas las razas criadas en esta sociedad homófoba tienen dificultades para enfrentarse a ello y aceptarse a sí mismas, para recuperar o encontrar la autoestima y el bienestar sometidos a amenazas y ataques constantes, procedentes tanto del interior como del exterior. Esto es especialmente cierto para los homosexuales negros. Es esencial que los negros no homosexuales reconozcan y acepten los problemas y las dificultades que experimentan los negros que sí lo son y que les demuestren el afecto y la comprensión esenciales para la construcción de una comunidad negra auténtica. Les podemos demostrar nuestro afecto siendo constantes en nuestra denuncia de la homofobia. Si reconocemos el punto de unión entre la lucha por la liberación negra y la lucha por la liberación homosexual, reforzaremos nuestra solidaridad, ampliaremos el alcance y el poder de nuestras alianzas y llevaremos más lejos nuestra resistencia.

CAPÍTULO
18

La visión feminista de los hombres: un comentario

Durante mi reflexión acerca de los hombres y de la masculinidad como el tema de un nuevo libro que quería escribir, me di cuenta de que tanto la lucha feminista como los escritos que expresan las distintas dimensiones de la misma dicen muy poco, y ciertamente no lo suficiente, acerca de los hombres, de la construcción social de la masculinidad o de sus posibilidades de transformación. En las primeras etapas del movimiento feminista contemporáneo, es posible que etiquetar a los hombres como «el enemigo» o como «cerdos chovinistas» fuera una manera efectiva de espolear a las mujeres a que iniciaran la separación crítica que permitiría el comienzo de la rebelión, una rebelión contra el patriarcado, una rebelión contra la dominación masculina. Como estrategia de desafío, funcionó. No se podía considerar a los hombres como líderes o ni siquiera como participantes radicales en el movimiento feminista. Los hombres no podían ser «feministas». Las mujeres estaban dentro y los hombres estaban fuera. El movimiento de las mujeres anunció su exclusividad. Dado este marco, las activistas y las académicas feministas apenas sintieron la menor responsabilidad de explorar de forma crítica las cuestiones de los hombres, de desarrollar estrategias feministas para la transformación de la masculinidad.

Ahora que la lucha feminista ha progresado y que nuestra conciencia crítica ha profundizado y madurado, podemos ver el error de esta postura. Ahora podemos reconocer que la reconstrucción y la transformación de la conducta masculina, de la masculinidad, constituye una parte necesaria y esencial de la revolución feminista. Sin embargo, la conciencia crítica de la necesidad de este trabajo no ha llevado a la producción de un cuerpo importante de obras académicas feministas que aborden plenamente estas cuestiones. Gran parte del poco trabajo que existe acerca de los hombres ha sido llevado a cabo por hombres.

Las intelectuales feministas no hemos afirmado hasta hace muy poco nuestra preocupación, nuestro interés por pensar y por producir trabajos acerca de los hombres. Las mujeres que han escrito acerca de los hombres (por ejemplo, Phyllis Chesler y Barbara Ehrenreich) no se han referido a su obra como algo excepcional o único en ningún sentido. Dada la gran cantidad de obras feministas que no se centran en los hombres de ninguna manera, merece la pena especular acerca de la naturaleza de este silencio y explorarlo.

Para muchas mujeres, hablar de los hombres o pensar en escribir acerca de los hombres no es una tarea sencilla. En la sociedad patriarcal, el silencio de las mujeres ha sido una forma de sumisión y de complicidad, sobre todo en lo que se refiere al silencio acerca de los hombres. Las mujeres han custodiado fielmente los secretos de los hombres y se han negado apasionadamente a hablar de ellos (quiénes son, cómo piensan, cómo se comportan, cómo dominan). Con frecuencia, aprendimos a guardar silencio cuando aún éramos niñas pequeñas. Muchas de nosotras aprendimos que, como eran hombres, no debíamos hablar ni a nuestros padres a no ser que ellos desearan hablar con nosotros. Y, además, nunca debíamos mostrarnos críticas con ellos.

Las que crecimos en hogares negros sureños de clase trabajadora y dominados por hombres vivíamos en dos espacios sociales. Uno era el mundo sin el padre, cuando este se iba a trabajar, y era un mundo lleno de discurso. Podíamos subir el volumen. Podíamos expresarnos en voz alta, con pasión, con descaro. El otro mundo era un espacio social dominado por el hombre, cuya presencia dictaba el sonido y el silencio. Cuando volvía a casa (con frecuencia esperábamos, observábamos y escuchábamos para detectar el sonido de su vuelta), ajustábamos nuestro discurso a su estado de ánimo. Bajábamos el volumen, bajábamos la voz y, si era necesario, nos manteníamos en silencio. En ese mismo mundo de la infancia, veíamos a las mujeres (las abuelas, las madres, las tías) hablar con fuerza y con poder en espacios segregados por sexo, para luego retirarse a un reino de silencio en presencia de los hombres. Mi abuela, que hablaba sin parar, con rapidez, con dureza, era para mis hermanas y para mí un ejemplo de la mujer en la que no nos debíamos convertir. De algún modo, su amor por las palabras y por el discurso, su voluntad de luchar y de contestar, habían mermado el privilegio masculino de mi abuelo. Ella lo había disminuido. Se había disminuido. Lo sabíamos porque oíamos lo que el resto de los adultos de nuestro entorno decían de ella, así que temíamos ser como ella. Temíamos hablar. Temíamos las palabras de una mujer capaz de mantenerse firme en cualquier discusión o disputa con un hombre.

Los estudios feministas acerca de mujeres que son atacadas físicamente por hombres están repletos de narraciones autobiográficas de hombres que castigan a las mujeres por hablar, ya se trate de hablar para defenderse, para entablar un debate crítico o, sencillamente, para decir algo, cualquier cosa. Es como si el mero hecho de hablar, en el que una mujer le habla a un hombre, entrañara un desafío, una amenaza a la dominación masculina. Quizá fuera el anhelo profundamente socializado de evitar ese discurso, esa confrontación, lo que llevó a las mujeres contemporáneas a promover un activismo feminista que devaluaba la importancia de hablar con los hombres, de hablar acerca de los hombres. Quizá fuera por un miedo profundo a no emerger triunfantes, victoriosas, de estos enfrentamientos. Quizá temíamos que el feminismo nos fallara. Ciertamente, muchas mujeres feministas, yo misma incluida, hemos experimentado pérdida de fuerza y de poder

cuando nos hemos esforzado por hablar a los hombres de nuestras vidas, por hablar con ellos acerca de la dominación masculina, de la necesidad de cambio. Quizá, una desesperanza profunda
conformaba y sigue conformando la sensación feminista de que es
inútil hablar con los hombres o de los hombres. Sin embargo,
mantener este silencio, no resistirnos a él colectivamente, equivale
a renunciar al poder que surge del discurso feminista.

En la mayoría de los escritos feministas, el silencio se evoca como
un significante, como un marcador, de la explotación, de la opresión, de la deshumanización. El silencio es la condición de la persona
dominada, convertida en objeto; el habla es la marca de la liberación,
del devenir en sujeto. La poeta Audre Lorde reta a los oprimidos a
hablar como forma de resistencia y de rebeldía en su «Letanía de la
supervivencia»:

> y cuando hablamos tenemos miedo
> de que nuestras palabras no se escuchen
> ni sean bienvenidas,
> pero cuando estamos calladas
> seguimos teniendo miedo.
> Así que es mejor hablar
> y recordar
> que nadie esperaba que sobreviviéramos.

Las mujeres nos volvemos potentes cuando hablamos y narramos nuestras historias, compartimos nuestro pasado y participamos en el debate feminista. Al principio, las sesiones de concien-
ción feminista ofrecían un espacio donde las mujeres podían dar
testimonio del dolor de la explotación y de la opresión en una sociedad dominada por los hombres. Al romper con esos largos silencios, muchas mujeres dieron por primera vez voz al dolor y a la angustia, a la ira, a la amargura e incluso al odio profundo que sentían.
Este discurso formaba parte de la lucha de las mujeres para resistirse al silencio impuesto por la dominación masculina. Era un acto de

resistencia. Y resultaba amenazador. Aunque este discurso permitió a las mujeres rebelarse y resistirse, no fue más que una etapa en el proceso de la educación feminista para el desarrollo de la conciencia crítica, una etapa en el proceso de la transformación radical.

La siguiente fase habría sido el enfrentamiento entre hombres y mujeres, un espacio en el que hombres y mujeres habrían compartido este discurso nuevo y radical: las mujeres hablando a los hombres con una voz liberada. Y esta es la confrontación que, en gran medida, se ha evitado. Sin embargo, debe ocurrir de forma constante si las mujeres han de entrar plenamente en la lucha feminista como sujetos y no como objetos. Este discurso opositivo y fundamentalmente rebelde y desafiante indica un cambio en el estatus de subordinación de las mujeres. Nos identifica como participantes activas en una lucha feminista revolucionaria. En esta lucha, y si queremos transformar los roles de género, transformar la sociedad, es esencial que las explotadas y las oprimidas hablemos entre nosotras, nos hablemos a nosotras; sin embargo, es igualmente esencial que nos dirijamos sin miedo a quienes nos explotan, nos oprimen y nos dominan. Si las mujeres seguimos siendo incapaces de dirigirnos a los hombres, de hablar a los hombres con una voz feminista, nuestro desafío a la dominación masculina en otros frentes se verá gravemente debilitado.

El sexismo es único. Es distinto a otras formas de dominación (como el racismo o el clasismo), donde la mayoría de los oprimidos no conviven íntimamente con sus opresores ni desarrollan sus principales relaciones afectivas (familiares y románticas) con las personas que los oprimen y los dominan o que disfrutan de los privilegios conseguidos mediante la dominación. Por lo tanto, es aún más necesario que las mujeres se dirijan a los hombres con una voz liberada. El contexto de estas relaciones románticas es también el lugar de la dominación y de la opresión. Una de cada cuatro niñas es víctima de incesto masculino, una de cada tres es violada y la mitad de todas las mujeres casadas son víctimas de violencia masculina, por lo que abordar el modo en que se relacionan a diario los hombres y las mujeres ha de ser una preocupación feminista. Las relaciones de afecto y de intimidad median con frecuencia el contacto entre hombres y mujeres en el patriarcado, por lo que no todos los hombres dominan y oprimen necesariamente a las mujeres. Es posible educar a los hombres para que desarrollen una conciencia crítica a pesar del patriarcado y del sexismo. Mientras la gran mayoría de las mujeres sigan decidiendo desarrollar y mantener relaciones íntimas con hombres, uno de los focos esenciales de la lucha feminista ha de ser la transformación de esos encuentros, para evitar que se conviertan en un espacio para la dominación del hombre y la opresión de la mujer.

El movimiento feminista contemporáneo en Estados Unidos ha ejercido un enorme impacto sobre mujeres particulares que se esfuerzan en transformar sus vidas, en cambiar sus situaciones concretas. No debería sorprendernos que las mujeres con los niveles más elevados de privilegio de clase y de raza sean las que más éxito han tenido a la hora de luchar contra los límites impuestos por el sexismo y la dominación. Su experiencia es excepcional. Cuando las mujeres que carecen de estos privilegios adquieren una conciencia feminista, pueden ver aumentadas e intensificadas la frustración y la desesperanza en lugar de sentirla como una fuerza liberadora. La conciencia puede llevar a un aumento de la sensación de impotencia y de indefensión y preparar el terreno para una depresión incapacitante. Esto sucede sobre todo en el caso de mujeres no privilegiadas que mantienen relaciones con hombres, que tienen hijos y que no ven el modo de sobrevivir económicamente o de alcanzar la independencia económica por sí solas. Aunque la educación feminista de una conciencia crítica, ya sea a partir de la lectura de obras feministas o de conversaciones sobre ideas feministas con alguna amiga, puede aportarles una conciencia personal crítica y una mayor comprensión de las formas que la dominación masculina adopta en sus vidas, no les permitirá transformar sus relaciones con los hombres. No es fácil acceder a obras feministas centradas en las estrategias que pueden usar las mujeres para hablar con los hombres acerca de la dominación masculina y del cambio, si es que esas obras existen. Sin embargo, las mujeres anhelan profundamente compartir la conciencia feminista con los hombres de sus vidas y trabajar con ellos para transformar sus relaciones. La preocupación por esta lucha básica debería motivar a las pensadoras feministas a hablar y a escribir más acerca de cómo nos relacionamos con los hombres y de cómo cambiamos y transformamos nuestras relaciones con ellos cuando estas se caracterizan por la dominación.

Teniendo en cuenta hasta qué punto la masculinidad, tal y como está construida en el patriarcado, alienta a los hombres a considerar las palabras de las mujeres, el discurso de las mujeres, como algo sin sustancia ni valor, o incluso como una posible amenaza, las mujeres a título individual no pueden esperar comunicar de manera efectiva el pensamiento feminista a los hombres en su vida (familiares, parejas, etc.) sin contar con una estrategia preparada cuidadosamente. Las mujeres necesitamos escucharnos las unas a las otras y hablar de cómo comunicar el pensamiento feminista a los hombres. Generar un contexto de diálogo entre mujeres y hombres es una tarea subversiva y radical. «Diálogo» implica un discurso entre dos sujetos, no entre un sujeto y un objeto. Es un discurso humanizador, que desafía y se resiste a la dominación.

En *Pedagogía del oprimido*, Paulo Freire insiste en la importancia del diálogo y lo relaciona con la lucha de los oprimidos para convertirse en sujetos. Insiste en que «el amor es al mismo tiempo la base del diálogo y dialógico en sí mismo. Por lo tanto, es necesariamente la tarea de Sujetos responsables y no puede existir en una relación de dominación». Freire continúa diciendo que «cada vez estoy más convencido de que los verdaderos revolucionarios han de percibir la revolución como un acto de amor, por su naturaleza creativa y liberadora... La distorsión que el mundo capitalista ha impuesto sobre la palabra amor no puede impedir que la revolución tenga un carácter esencialmente amoroso...». Hay que destacar que la dominación masculina suprime el diálogo esencial para el amor, por lo que los hombres y las mujeres no se pueden oír hablándose mutuamente durante su vida cotidiana. A medida que las feministas hablemos más acerca del patriarcado tanto a las mujeres como a los hombres, es importante que abordemos la verdad de que las circunstancias de la dominación masculina imposibilitan que la mayoría de los hombres y las mujeres entablen relaciones auténticas de amor. Debemos distinguir entre los vínculos de afecto y de compromiso que se desarrollan en una relación de dominación-sumisión, sujeto-objeto, y el afecto y el compromiso que surgen en un contexto de no dominación, de reciprocidad y de mutualidad. Estos vínculos son los que permiten el amor sostenido, los que permiten que hombres y mujeres se cuiden mutuamente y crezcan en libertad y plenitud.

La dominación masculina no ha destruido el anhelo de hombres y mujeres para amarse, aunque hace que satisfacer ese anhelo sea prácticamente imposible. El contexto del amor entre hombres y mujeres es variado y multidimensional (están las relaciones entre madres e hijos, hermanos y hermanas, padres e hijas, etc.). Cuando este anhelo por amar existe, también existe la posibilidad de resistirse a las formas de discurso del patriarcado que aíslan y alienan a las mujeres de los hombres, de crear un contexto para el diálogo, de entablar una conversación liberadora. Sin embargo, el diálogo solo puede surgir si somos conscientes de que las mujeres y los hombres debemos alterar de forma deliberada cómo nos hablamos y qué decimos los unos de los otros, para no perpetuar y reforzar la dominación masculina. Si no nos centramos en cómo nos hablamos las mujeres y los hombres o si nos negamos a hacerlo porque eso significaría hablar acerca de los hombres y hablar a los hombres, entorpeceremos significativamente el avance del movimiento feminista. La mayoría de las mujeres activas en la lucha feminista hemos tenido que enfrentarnos a hombres en el intento de compartir el pensamiento feminista, ya sea en los esfuerzos de una hija lesbiana para comunicarse con su padre, en el esfuerzo que hacen esposa y marido o en los esfuerzos que hacemos con nuestros amigos. Conocer las estrategias que hacen posible el diálogo, que facilitan la reconciliación y la comunicación..., compartir esta información sería muy útil. Sin embargo, no se compartirá hasta que las activistas feministas afirmen la importancia del trabajo sobre hombres llevado a cabo por mujeres.

Muchas mujeres feministas que damos clases, que somos académicas feministas en activo, hemos participado en luchas difíciles y con frecuencia amargas para abrir un espacio de diálogo con los hombres en nuestras vidas privadas y profesionales. Durante estos enfrentamientos, hemos aprendido maneras efectivas de comunicar el pensamiento feminista a los hombres. Muchas de nosotras hemos intentado abrir un espacio de diálogo en el aula. Cuando las aulas feministas y de estudios de la mujer estaban ocupadas fundamentalmente por mujeres jóvenes deseosas de aprender y de compartir perspectivas feministas, dispuestas a comprometernos con la lucha feminista, no nos instaron a desarrollar estrategias que facilitaran la comunicación con los alumnos varones. El aumento constante de hombres en mis aulas me ha llevado a reflexionar acerca de las dificultades que surgen cuando trabajamos para comunicar el pensamiento feminista a los hombres y también acerca de la importancia de conseguir esa comunicación. Esta experiencia también me ha llevado a reconocer la necesidad de que las mujeres lleven a cabo más estudios académicos acerca de los hombres.

De la misma manera que las relaciones amorosas entre mujeres y hombres abren un espacio donde la lucha feminista puede crear un contexto para el diálogo, la enseñanza y los estudios feministas también pueden, y deben, ser un espacio para el diálogo. En ese espacio podemos compartir el pensamiento feminista con un público dispuesto a escuchar. En ese espacio podemos entablar una confrontación y una crítica constructivas. El estereotipo de la mujer feminista como mujer que odia a los hombres hace que muchas maestras y profesoras se sientan incómodas a la hora de hacer comentarios críticos acerca de los hombres, sobre todo ahora que reconocemos la necesidad de que cada vez más hombres intervengan en la lucha feminista si queremos poner fin a la opresión sexista, a la dominación del hombre. Como no queremos reforzar este estereotipo, es muy habitual que las profesoras feministas nos mostremos reacias a hablar de un modo crítico acerca de la masculinidad, a explicar cómo el sexismo limita a los hombres o a plantear estas cuestiones de modos que alienan o que transmiten ridículo, desprecio o nuestra propia inseguridad. Las intelectuales feministas debemos ser la vanguardia y cartografiar un terreno en el que las mujeres puedan hablar a los hombres y hablar de los hombres de un modo que cuestione, pero no desprecie.

Cuestionar y cambiar el modo en que las intelctuales feministas hablamos a los hombres y hablamos de los hombres y promover más trabajos acerca de los hombres es una dirección importante para la lucha feminista revolucionaria. Aunque es fundamental que los intelectuales comprometidos con la lucha feminista lleven a cabo estudios centrados en hombres, es igualmente importante que las pensadoras lleven a cabo ese mismo trabajo. Cuando las intelectuales escribimos acerca de los hombres, nuestra obra altera la relación de sujeto-objeto que ha caracterizado nuestro estado explotado y oprimido. Nuestro punto de vista puede proporcionar una información única y crítica, además de conectarnos íntimamente con la lucha diaria de todas las mujeres que quieren abrir un espacio de diálogo con los hombres, un espacio que no esté modelado por la dominación. En lugar de centrarse en los hombres de un modo que los convierta en objetos, los estudios académicos feministas llevados a cabo por mujeres acerca de los hombres han de estar influenciados por una política que resista la dominación, que sea humanizante y liberadora. Han de estar conformados por el anhelo de un encuentro sujeto-sujeto, por el anhelo de un espacio de reunión, de un espacio de solidaridad en el que las mujeres podamos hablar a los hombres y de los hombres con una voz feminista, donde nuestras palabras sean escuchadas, donde podamos decir una verdad que cura, que transforma, que hace la revolución feminista.

«¿De quién es este coño?»: un comentario feminista

Oigo hablar de la nueva película de Spike Lee, *She's Gotta Have It*, cuando aún no la he visto. La gente me dice cosas como: «Es negra, es divertida, no te la puedes perder». Todos estos comentarios, sobre todo en boca de personas negras que no acostumbran a ir al cine, me hacen ser algo reticente, incluso desconfiada. Si les gusta a todos, y también a los blancos, algo va mal. Seguro. Al principio, estos pensamientos me mantienen alejada de la pantalla, pero el distanciamiento no dura mucho. Cuando recibo cartas y llamadas telefónicas de mujeres negras, tanto colegas como amigas, que me hablan de la película y que quieren hablar conmigo acerca de si representa o no a una mujer negra liberada, decido ir al cine. No voy sola, voy con mis amigas Beverly, Yvette y Maria, con mujeres negras, para poder hablar de la película después. Parte de lo que dijimos esa noche, en el fragor del debate, fundamenta los comentarios que escribo a continuación.

Soy una cinéfila apasionada, sobre todo cuando se trata de obras de directores independientes, por lo que disfruté mucho con la técnica, el estilo y la producción global de *She's Gotta Have It*. Me resultó especialmente innovador ver en la pantalla imágenes de personas negras que no eran caricaturas grotescas, imágenes que me resultaban familiares, que capturaban de un modo imagina-

tivo la esencia, la dignidad y el espíritu de esa cualidad tan escu-
rridiza a la que llamamos «alma». Era una película con alma.

Sin embargo, la película me resulta mucho más problemática
si la abordo desde una perspectiva feminista, si pienso en sus implicaciones políticas. En el artículo *Art vs. Ideology: The Debate
Over Positive Images* (*Black Film Review*, vol. 2, núm. 3), Salim
Muwakkil plantea la pregunta de si una «comunidad afroamericana madura» puede permitir que «los juicios estéticos se basen
en criterios ideológicos o políticos» y comenta:

> Los nacionalistas de la cultura negra de las décadas de 1960 y 1970
> volvieron a demostrar el efecto sofocante que las exigencias ideoló-
> gicas ejercen sobre la expresión creativa. Sus múltiples prohibicio-
> nes y prescripciones cercenaron un momento histórico lleno de pro-
> mesa. Parece evidente que los esfuerzos para subordinar a un
> movimiento ideológico el profundo y penetrante proceso creativo
> de la población negra asfixian la vitalidad creativa de la comunidad.

Aunque yo afirmaría sin lugar a dudas que no deberíamos ba-
sar los juicios estéticos exclusivamente en criterios ideológicos o
políticos, esto no significa que no podamos usarlos junto a otras
estrategias críticas para evaluar el valor global de una obra concreta. Debatir de forma crítica sobre la base de esos criterios no
devalúa la obra. Negar la validez de una crítica estética que incluya también lo ideológico o lo político es ocultar la verdad de que
toda obra estética incluye lo político, incluye lo ideológico, como
parte de su estructura fundamental. Ninguna obra estética tras-
ciende la política o la ideología.

Resulta interesante que la película de *Spike Lee* se anunciara,
se promoviera y se comentara en las críticas y en las conversaciones de un modo que planteaba cuestiones políticas e ideológicas
tanto acerca de la película como de las respuestas del público ante
la misma. ¿Era la película «una historia de mujeres»? ¿De verdad
presentaba una imagen radicalmente nueva de la sexualidad fe-

menina negra? ¿De verdad puede un hombre explicar la historia de una mujer? Una espectadora me planteó la pregunta de la manera siguiente: «¿Es Nola Darling, la protagonista, una mujer liberada o, sencillamente, una GUARRA?». (Estaba escrito así en la carta que me envió una profesora negra que imparte clases de cinematografía y que escribió que aún estaba «esperando la respuesta feminista».) No ha habido una respuesta feminista generalizada a la película, precisamente porque la respuesta del público ha sido una abrumadora celebración de lo nueva, de lo distinta y de lo emocionante que es la obra. Dada la omnipresencia del antifeminismo en la cultura popular, en la subcultura negra, es probable que la crítica feminista hubiera sido descalificada con agresividad. Sin embargo, que las pensadoras feministas eviten la crítica del público merma la potencia de la película. Que nos obligue a pensar, a reflexionar y a enfrentarnos a ella da fe de lo potente que es.

Hace poco, la versión cinematográfica de *El color púrpura* suscitó entre la población negra un debate acerca de cuestiones feministas (el sexismo, la libertad de expresión sexual, la violencia de los hombres contra las mujeres, etc.) más encendido que cualquier otra obra teórica o polémica escrita por intelectuales feministas. *She's Gotta Have It* ha generado una respuesta similar. Con frecuencia, las conversaciones demostraban un profundo desconocimiento acerca del movimiento político feminista y revelaban hasta qué punto los conceptos superficiales de la lucha feminista que los no feministas divulgan en la cultura popular modelan e influyen en cómo muchas personas negras perciben este movimiento. Impera el estereotipo de que todas las feministas odian a los hombres, son depravadas sexuales, castradoras, ansiosas de poder, etc. La tendencia a ver a las mujeres liberadas como mujeres fáciles conformó el modo en que muchas personas entendieron la representación de la sexualidad femenina negra en la película. Hasta cierto punto, esta percepción se basa en un concepto muy restringido de la idea de liberación que fue aceptable en algunos círculos feministas en un periodo concreto.

Durante las primeras etapas del movimiento contemporáneo
en defensa de los derechos de la mujer, era habitual que tanto
activistas feministas como no feministas equipararan la liberación feminista con la liberación sexual. En aquella época, la noción de la liberación sexual de la mujer estaba modelada por un
feroz sesgo heterosexista que entendía la liberación sexual fundamentalmente en términos de que las mujeres debían afirmar
su derecho a tener deseo sexual, a tomar la iniciativa en las relaciones sexuales y a participar en encuentros sexuales informales
con múltiples parejas masculinas. Las mujeres se atrevieron a
afirmar que la sexualidad femenina no era pasiva, que las mujeres eran sujetos que deseaban y que anhelaban el sexo y lo disfrutaban tanto, si no más, que los hombres. Estas afirmaciones
podrían haber proporcionado la estructura para la construcción
de un personaje como Nola Darling. Nola expresa una y otra vez
su deseo y su voluntad de mantener relaciones sexuales con
hombres, además de su derecho a tener varias parejas.

Superficialmente, Nola es la encarnación perfecta de la mujer
como sujeto que desea, una representación que ciertamente
cuestiona las ideas sexistas acerca de la pasividad sexual de la
mujer. (Es importante recordar que, desde la era de la esclavitud,
el pensamiento racista blanco ha representado a las mujeres negras como sexualmente asertivas, una postura que choca drásticamente con el énfasis que la cultura negra hace en la castidad, la
monogamia y el derecho del hombre a iniciar el contacto sexual,
sobre todo entre la clase media.) Irónica y desafortunadamente,
el deseo sexual de Nola Darling no se representa como un gesto
autónomo, como un anhelo independiente de expresión, de satisfacción y de plenitud sexual. Por el contrario, en la mayoría de
las ocasiones, su sexualidad asertiva se representa como si su
cuerpo, como si su ser excitado sexualmente, fuera una recompensa, un regalo que concede al hombre merecedor. Cuando el
culturista Greer Child le dice a Nola que aparecerá en la portada
de una revista masculina popular, ella responde desnudándose,

ofreciéndole su cuerpo como símbolo de su estima. Este y otros incidentes sugieren que Nola, a pesar de ser un sujeto que desea, actúa desde la premisa de que la afirmación sexual femenina heterosexual es legítima fundamentalmente como gesto de recompensa o como un medio con el que las mujeres pueden manipular y controlar a los hombres (lo que vulgarmente se conoce como «el poder del coño»). Los hombres no tienen necesidad de cosificar la sexualidad de Nola; ya lo hace ella. Y, al hacerlo, su personaje se convierte en la proyección de un concepto sexista estereotípico de la mujer sexualmente asertiva. En realidad, no está liberada.

Aunque Nola no es sexualmente pasiva, su principal preocupación es complacer a cada una de sus parejas y, a pesar de que se nos hace creer que disfruta del sexo, su plenitud sexual nunca es el objetivo principal. Solo experimenta placer en la medida en que es capaz de proporcionarlo. Y, a pesar de que sus parejas disfrutan de las relaciones sexuales con ella, no les gusta que quiera mantener relaciones sexuales frecuentes con otros. Consideran que su deseo sexual no es normal. Una de sus parejas, Mars, dice que todos los hombres quieren fieras en la cama, pero que no se casan con ellas. Este comentario ilustra los estereotipos sexistas acerca de la sexualidad femenina que conforman la percepción que Mars tiene de Nola. Cuando Jaime, otra pareja, sugiere que Nola está enferma, en otra evocación sexista más que la etiqueta como loca, depravada o anormal, Nola no responde afirmando que está liberada sexualmente. Por el contrario, interioriza la crítica y busca ayuda psiquiátrica. Durante toda la película, se muestra extraordinariamente dependiente de cómo los hombres perciben su realidad. Carece de autoconocimiento y de la capacidad de autocrítica, por lo que solo explora su sexualidad cuando un hombre la insta a ello. Si Nola estuviera liberada sexualmente, no necesitaría justificarse ni defenderse de las acusaciones masculinas. Solo inicia el proceso de toma de conciencia una vez que los hombres han emitido sus veredictos. Hasta ese momento, sabemos más sobre lo que los hombres de la película piensan de ella que de lo que ella piensa acerca de sí misma.

En gran medida, la película no se centra en Nola, sino en sus parejas masculinas. Cuando nos dicen lo que piensan de Nola, nos dicen más acerca de sí mismos, de sus valores, de sus deseos. Ella es el objeto que estimula el discurso y ellos son los sujetos. Los narradores son hombres y el argumento es una historia patriarcal con sesgo masculino y centrada en los hombres. Como tal, ni es progresista ni se aleja de la representación tradicional de la sexualidad femenina en el cine. *Nola Darling* puede ocupar su lugar junto a una cantidad creciente de películas contemporáneas que afirman narrar historias de mujeres cuando, en realidad, dan prioridad a las historias masculinas, películas que estimulan al público con versiones de la sexualidad femenina que, en realidad, no son ni nuevas ni distintas (*Paris, Texas*, por ejemplo). Otra película reciente muy aclamada, *Mona Lisa*, cosifica a la feminidad negra y a la sexualidad femenina negra de un modo similar.

En general, la voz que se oye en *She's Gotta Have It* es la de los hombres. Mientras que Nola es unidimensional tanto en perspectiva como en enfoque y está más preocupada por sus relaciones sexuales que por cualquier otro aspecto de su vida, los personajes masculinos son multidimensionales. Tienen personalidad. Nola carece de ella. Es superficial, está vacía, hueca. Su única característica reseñable es que le gusta follar. En el imaginario pornográfico masculino, se la podría calificar de «puro coño», es decir, que su capacidad sexual es el aspecto clave y definitorio de su personalidad.

Estos hombres sexualmente activos y sexualmente hambrientos no son «puro pene», porque esa categoría no existe. Cada uno de ellos está definido por características y atributos únicos: Mars por su sentido del humor; Greer por su obsesión con el culturismo y Jaime por su preocupación por el romance y las relaciones serias. A diferencia de Nola, no solo piensan en el sexo, no tienen el cerebro en el pene. Tienen opiniones acerca de multitud de te-

mas: política, deporte, estilos de vida, género, etc. El director Spike
Lee cuestiona y critica los conceptos de sexualidad negra masculina al tiempo que presenta una perspectiva muy típica de la sexualidad negra femenina. Su imaginativa exploración de la psique
masculina negra es mucho más profunda, mucho más amplia y, en
definitiva, mucho más interesante, que su exploración de la feminidad negra.

Cuando Nola afirma que en su vida no ha habido «perros»
(hombres que solo querían llevarla a la cama), aparecen sobre la
pantalla varios hombres negros en fila india pronunciando las palabras que usan para seducir a las mujeres, para llevarlas a la cama.
Ese breve fragmento denuncia la cosificación sexista de las mujeres, además de la falsedad y la superficialidad de los hombres.
Esta escena concreta, más que ninguna otra de la película, es un
ejemplo magnífico de cómo se puede usar el cine de manera efectiva para concienciar acerca de cuestiones políticas, en este caso la
cosificación sexista de las mujeres por parte de los hombres. La
película transmite esta idea de un modo muy potente sin necesidad de que ningún personaje sermonee acerca de lo superficial
que es lo que piensan estos hombres negros acerca de las mujeres
y de la sexualidad. El director Spike Lee reconoce que su intención era abordar de un modo crítico la conducta de los hombres
negros cuando afirma: «Sé que los hombres negros hacemos muchas cosas que están mal y he intentado mostrar algunas de ellas».

Aunque su innovadora presentación de los hombres negros en
esta escena filmada de modo que parece un documental (los presenta uno a uno en fila india frente a la cámara, como si los entrevis-
tara personalmente) denuncia y critica implícitamente el sexismo
de los hombres negros, otras escenas lo refuerzan y lo perpetúan.
La escena de la violación que ocurre después anula clamorosamen-
te el poder deconstructivo de esta escena.

Con frecuencia, al hablar acerca de esta película, me encontré
con que muchas personas no se habían fijado en que hubiera una
violación, mientras que otras cuestionaban que lo que sucedía se

pudiera describir como tal en realidad. Las personas que entendemos la violación como un contacto sexual forzado, en el que una
persona obliga a otra a participar sin su consentimiento, vimos una
violación en *She's Gotta Have It*. La primera vez que vi la película,
junto a las mujeres negras que he mencionado antes, la escena de la
violación nos sorprendió y nos afectó, pero no gritamos para protestar ni abandonamos el cine. Como grupo, todas nos hundimos
en las butacas, como si nos escondiéramos de algo. Lo que nos sorprendió y nos afectó de la escena de violación no fue lo imaginativo
de la representación, sino el modo y el estilo en que se representaba.
En este caso, la violación como acto de violencia masculina negra
contra una mujer negra se presentaba como si fuera un encuentro
sexual placentero más. La película da a entender que es difícil usar
el término «violación» cuando se describe una relación sexual for-
zada con una mujer sexualmente activa (en este caso, lo llaman «casi
violación»). Al fin y al cabo, tal y como muchas personas negras
(hombres y mujeres) me dijeron cuando hablamos de ello, «es ella
quien lo llama, ella quería sexo, lo quería». Este pensamiento parte
de la premisa sexista de que la mujer como sujeto que desea, como
iniciadora activa, como seductora sexual, es la responsable de la
calidad, la naturaleza y el contenido de la respuesta del hombre.

No resulta sorprendente que Nola se sienta responsable, a pesar de que durante toda la película se cuestiona su capacidad para
juzgar correctamente las situaciones. Aunque sigue firmemente
anclada en su personaje cuando etiqueta la violación como «casi
violación», lo cierto es que la violan. Se nos hace ver que el acto le
proporciona placer, pero eso no altera la realidad de que la obli-
gan a actuar sexualmente sin su consentimiento. Mostrar a una
mujer que disfruta de su violación es totalmente compatible con
las fantasías pornográficas sexistas acerca de la violación. Como la
mentalidad sexista hace responsable a la mujer y afirma que, en
realidad, ella ostenta el control, esta fantasía permite que ella (que
en realidad es una víctima) transforme el acto de violencia en una
experiencia placentera.

Por eso, la expresión en el rostro de Darling durante la violación comienza como una mueca de dolor y termina como una mirada de placer, de satisfacción. Esto es, con toda seguridad, una fantasía sexista de la violación, una que nosotros, como espectadores pasivos y silenciosos, condonamos con nuestra complicidad. Como mínimo, las protestas del público habrían alterado la aceptación pasiva de esta manera de representar la violación. En el cine, los espectadores, alineados con la realidad del patriarcado y con el sexismo de nuestra cultura y complacidos por la violación, vitorearon y manifestaron su aprobación ante la conducta de Jaime.

Cuando Jaime viola a Nola y le exige con agresividad que responda a la pregunta «¿De quién es este coño?», llega el momento de la verdad, el momento en el que ella se puede declarar independiente y liberada sexualmente, el momento en el que se puede resistir y afirmar con orgullo su autonomía sexual (ya que la película ha destacado su empeño en ser sexualmente activa, en tener muchas parejas, en no pertenecer a nadie). Irónicamente, no se resiste a la violencia física, no afirma la primacía de los derechos sobre su propio cuerpo. Se muestra pasiva. Es irónico, porque hasta ese momento nos hemos dejado seducir por la imagen de una mujer poderosa, de una mujer que se atreve a ser sexualmente asertiva, exigente, activa. Nos han seducido y nos traicionan. Cuando Nola responde a la pregunta diciendo: «Tuyo», es muy difícil que cualquiera que se haya creído la imagen de mujer sexualmente liberada no se sienta defraudado y decepcionado tanto por el personaje como por la película. De repente, ya no estamos ante un desafío radical a la pasividad sexual femenina ni ante una celebración de la afirmación sexual femenina, sino ante una reconstrucción del mismo contenido sexista de siempre, presentado de una forma nueva y más interesante. Mientras que algunas de nosotras nos sentimos asqueadas y perturbadas, si bien pasivas, los espectadores sexistas que hasta entonces se habían sentido vilipendiados vitorearon y expresaron su satisfacción porque hubieran puesto en su sitio a esa arrogante mujer negra. Se habían restaurado la dominación masculina y el orden patriarcal.

Después de la violación, Nola deja de ser sexualmente activa y decide entablar una relación monógama con Jaime, la pareja que la ha forzado. Ideológicamente, esta situación imprime en la conciencia de los hombres negros, de todos los hombres, la idea sexista de que la violación es un medio efectivo de control social patriarcal que restaura y mantiene el poder de los hombres sobre las mujeres. Al mismo tiempo, sugiere a las mujeres negras, a todas las mujeres, que ser sexualmente asertiva conduce al rechazo y al castigo. En una cultura en la que una mujer es violada cada dieciocho segundos, en la que aún existe un gran desconocimiento acerca de la violación, en la que el patriarcado y las prácticas sexistas promueven y disculpan la violación de las mujeres por parte de hombres como medio para mantener la dominación masculina, esta escena resulta perturbadora no solo porque refuerza estereotipos peligrosos (uno de los principales es el de que las mujeres disfrutan de la violación), sino porque sugiere que la violación no acarrea consecuencias severas y graves para las víctimas. Sin psicoterapia y sin apoyo, al final de la película Nola ha recuperado su personalidad tranquila y segura de sí misma. Después del silencio que ha mantenido acerca de su sexualidad durante toda la película, habla por fin. Es ella la que llama a la violación una «casi violación», como si en realidad no fuera para tanto.

Sin embargo, la violación cambia la dirección de la película, de la exploración interior de Nola Darling. Como expresión de su recién adquirida asertividad, denuncia con tranquilidad la «casi violación», explica que la relación con Jaime no ha funcionado e insiste en su derecho a definirse de forma autónoma. Expresadas sin la bravuconería y la chispa que ha caracterizado a sus acciones anteriores, estas afirmaciones no disipan la sensación imperante de que hemos presenciado el desempoderamiento de una mujer en lugar del empoderamiento de una mujer. Y esto se confirma de nuevo cuando vemos que la decisión de Nola de definirse a sí misma significa que decide estar sola, sin pareja sexual.

En un contraste perfecto con *El color púrpura*, donde las relaciones entre mujeres se presentan como una fuente de afirmación erótica mutua y no explotadora, la sexualidad lesbiana en *Nola Darling* se presenta de forma negativa. No representa una alternativa a la práctica heterosexual destructiva. La mujer lesbiana es un personaje depredador, tanto como cualquiera de los hombres. Cabe señalar que Nola no tiene dificultades para rechazar los avances sexuales de otra mujer, en afirmar los derechos sobre su cuerpo, en afirmar sus preferencias. Se identifica por completo con los hombres y no valora a sus amistades femeninas. Aunque son personajes que no se desarrollan lo suficiente en la película, sus dos amigas son atractivas e interesantes. La aparente dedicación y disciplina que la bajista demuestra en relación con su música ofrece un gran contraste con la actitud abúlica de Nola hacia su arte; la bajista parece encontrarse cómoda con su autonomía de un modo que Nola no parece capaz de conseguir.

La autonomía no se presenta como una opción capacitadora que mejore la vida de Nola. Su decisión de definirse a sí misma la deja tan hueca y vacía como antes, pero sin la perspicacia que le otorgaba su papel anterior como seductora. Al final de la película la vemos sola, envuelta en sus sábanas, una imagen familiar que no sugiere transformación. ¿Debemos imaginar que ha dejado de anhelar el sexo que antes exigía? ¿Debemos pensar que lo que anhelaba es, en realidad, algo multifacético, que quizá no fuera sexo, sino una identidad? Ha tenido sexo durante toda la película. Lo que no ha tenido es una sensación de identidad que le permita ser plenamente autónoma y sexualmente asertiva, independiente y liberada. Sin una sensación sólida de identidad, sus intentos de ser un sujeto que desea en lugar de un objeto están destinados al fracaso. Nola no puede entrar en la lucha por el poder sexual entre hombres y mujeres como objeto y convertirse en sujeto. El deseo no basta para convertirla en sujeto, para liberarla (la película insiste en ello, pero esto no es una revelación). Una imagen nueva, la imagen que aún no hemos visto en la pantalla es la de la mujer negra que desea y que se impone, que triunfa, que no es desexualizada, que no está sola, que está «completa» en todos los sentidos de la palabra. En su introducción a *Women and Their Sexuality in the New Film*, Joan Mellen insiste en que el intento reciente de representar imágenes radicales y transformadoras de la sexualidad femenina ha sido una decepción y en la mayoría de los casos un fracaso:

Aunque el lenguaje de la mujer independiente se admite con reticencia, la sustancia permanece inalterada. Si las falsas promesas proporcionan una pseudo-anticipación del desafío a los valores y a las imágenes de antaño, lo que encontramos en realidad es una renovación de la postura instaurada, ahora reforzada por la referencia nominal a la «conciencia». Este juego de magia es el método de la cooptación. El cine es el escenario donde se ha redefinido el proceso. Por lo tanto, cuando se asume el riesgo de presentar en la pantalla la imagen de mujeres liberadas y autosuficientes, se hace de maneras desagradables que refuerzan la imagen de siempre.

Aunque es posible que la intención del director Spike Lee fuera presentar una imagen nueva y radical de la sexualidad femenina negra, en general *She's Gotta Have It* refuerza y perpetúa las normas antiguas. Desde un punto de vista más positivo, la película nos muestra la naturaleza de las luchas de poder entre las mujeres y los hombres negros, las contradicciones y la locura, y eso sí que es una dirección nueva e importante. Sin embargo, la ausencia de una reconciliación liberadora potente debilita el potencial radical de la película. Aunque las escenas de desnudos y las escenas sexuales son importantes en la representación de la sexualidad negra en la pantalla, porque no son ni grotescas ni pornográficas, seguimos sin ver imágenes de relaciones sexuales mutuamente satisfactorias entre mujeres y hombres negros en el contexto de la no dominación. En realidad no importa que la mujer domine y el hombre sea dominado, porque se trata de la situación opresiva de siempre. En última instancia, es un relato patriarcal, en el que la mujer no emerge triunfante, realizada. Aunque puedo aplaudir el débil intento de Nola por narrar una historia distinta al final de la película, no es potente, no es suficiente, no es satisfactorio.

20

Escritoras negras: crear más espacio

Muchas personas creen que las escritoras negras estamos en todas partes: en la portada de *Newsweek* o del *New York Times Magazine*, en programas de televisión, en circuitos de conferencias... Justo el otro día estaba en una librería y la dependienta que me cobró la novela *Praisesong For The Widow* me dijo que, si tenía de intención de escribir una novela, este era el momento, que ahora «buscaban» a las escritoras negras. Los que supuestamente nos buscan son los editores, porque nuestro trabajo se ha convertido en un bien de consumo más. Que los dirigentes invisibles que controlan el mundo editorial se acaben de dar cuenta de que hay un mercado para la ficción escrita por escritoras negras no significa necesariamente que estén buscando activamente más material escrito por mujeres negras, que las mujeres negras escriban más que antes o que sea en absoluto más fácil para una mujer negra desconocida encontrar maneras de publicar su obra. Es mucho más probable que las escritoras negras que ya llevaban tiempo escribiendo sin que nadie se diera cuenta, que ya habían encontrado el modo de poner un pie en la puerta o que habían conseguido abrirla un poco más hayan conseguido entrar al fin y encuentren ahora editores para su trabajo. La publicación de sus obras nos recuerda, a mí y a muchas otras escritoras y lectoras negras, que nuestras voces pueden ser escuchadas, que si creamos, hay «esperanzas» de que nuestra obra se publique algún día. Siempre me alegra saber que otra escritora negra ha publicado (ya sea ficción u otro género), sobre todo cuando se trata de escritoras nuevas y desconocidas. Cuantas más de nosotras entremos en el mundo editorial, más probable será que sigamos escribiendo. Sin embargo, no entramos en el mundo editorial en grandes cantidades. Cada vez que alguien comenta la «tremenda» atención que obtienen ahora las escritoras negras, lo fácil que nos resulta encontrar editores, cuántas de nosotras lo hemos conseguido... me detengo y cuento, hago listas, me siento en grupos de mujeres negras e intento encontrar nombres nuevos. Entonces, me doy cuenta de que no hay muchas escritoras negras de ficción visibles. Todo el que dé clases sobre la ficción escrita por mujeres negras sabe lo difícil que es encontrar obras de escritoras negras (se agotan rápidamente, no se reimprimen o, si se reimprimen, es en ediciones tan caras que los alumnos y los profesores a media jornada, como yo, apenas podemos permitirnos comprarlas para nuestras bibliotecas personales y, ciertamente, no podemos enseñarlas en clases donde hay que comprar muchos libros). La reimpresión de *Maud Martha* de Gwendolyn Brooks (publicado por primera vez en 1953) es un ejemplo de ello. De todos modos, es mejor tener reimpresiones caras que carecer de reimpresiones de ningún tipo. Libros como *La calle*, de Ann Petry, *Plum Bun*, de Jessie Redmon Fauset, *Iola Leroy*, de Frances Ellen Watkins Harper, o *The Survivors* y *The Lakestown Rebellion*, de Kristin Hunter, no siempre están disponibles. Sin embargo, todas estas escritoras negras fueron o son muy conocidas y sus obras se leen mucho.

Supongo que existen cuotas de publicación que determinan la cantidad de escritoras negras que publicarán libros de ficción cada año. Estas cuotas no se negocian ni se deciden de forma consciente, sino que son el resultado del racismo, del sexismo y del clasismo institucionalizados. Estos sistemas de dominación operan de tal modo que garantizan que solo se publiquen un puñado de libros de ficción escritos por mujeres negras en un momento dado. Esto tiene muchas consecuencias negativas para las escritoras negras, tanto si publican como si aún no han visto publicada ninguna de sus obras. Las escritoras negras que han publicado, incluso las famosas, son muy conscientes de que su éxito no garantiza que sus libros sigan en las estanterías de las librerías dentro de unos años. Saben que el espíritu de la última moda que impulsa gran parte del interés actual por la obra de escritoras negras se puede desvanecer. Es probable que estas escritoras sepan que han de aprovechar el momento y, al saberlo, tienen la sensación de que no siempre pueden esperar a la inspiración, que no pueden demorarse demasiado entre la publicación de un libro y la escritura del siguiente. Con frecuencia, tienen que repartirse en múltiples esferas y enseñan, escriben y dan conferencias para ganarse la vida, aunque también para concienciar de la existencia y de la importancia de su obra. Estas presiones, ya sean impuestas o elegidas, afectan necesariamente a la obra de la escritora.

Las escritoras negras que no publican, que aún están nutriendo y desarrollando sus habilidades, suelen tener dificultades para mantener la convicción de que lo que han de decir es importante, sobre todo si están en un entorno en el que su compromiso con la escritura no se alienta ni se valida. También pueden tener dificultades para sobrevivir económicamente mientras escriben y con las exigencias que eso plantea. La dificultad de este proceso para las mujeres negras apenas ha cambiado a lo largo de los años. Por cada escritora negra que consigue publicar su obra, hay cientos, si no miles, que dejan de escribir porque no pueden soportar la presión, porque no pueden perseverar en el esfuerzo sin afirmación o porque temen que arriesgarlo todo en aras del trabajo creativo sea una ingenuidad, dado que tan pocas tienen éxito al final.

Con frecuencia, las escritoras noveles descubren que las clases de escritura creativa en la universidad les ofrecen una atmósfera positiva donde su obra puede ser leída, criticada y afirmada. Las mujeres negras que asisten a la universidad podrían encontrar, y encuentran, en estas clases un lugar en el que reforzar sus habilidades de escritura creativa. Sin embargo, las alumnas negras casi nunca se matriculan en estas asignaturas en campus donde los alumnos son mayoritariamente blancos. En algunos donde son predominantemente negros, el interés por la escritura creativa es escaso, si no nulo. Las mujeres negras jóvenes reconocen la precariedad de nuestro destino económico colectivo (más desempleo, más pobreza, etc.) y tienden a buscar asignaturas que refuercen su capacidad para tener éxito profesional. Con frecuencia, la prometedora escritora negra joven que ha de trabajar para mantenerse o para ayudar a mantener a su familia no puede encontrar ni el tiempo ni la energía para concentrarse y desarrollar su escritura. Muchas veces, las mujeres profesionales (maestras, médicas, abogadas, etc.) que también son escritoras se encuentran con que las exigencias del trabajo remunerado casi no les dejan espacio para cultivar el trabajo creativo.

Pocas mujeres negras han imaginado que se puedan ganar la vida escribiendo. Tenía trece años cuando decidí que quería ser escritora. En aquella época, escribía sobre todo poesía y sabía que no me podría ganar la vida escribiendo. Decidí estudiar literatura porque pensé que me podría llevar a una profesión compatible con la escritura. Durante la época en que me dediqué a escribir sobre todo poesía, desarrollé una gran fascinación por la vida laboral de poetas que escribían profusamente a pesar de tener trabajo. Muchos de ellos eran hombres, como Langston Hughes, Wallace Stevens o William Carlos Williams. Cuando leía acerca de sus vidas, no pensaba en el apoyo que las mujeres suponían en la vida de los escritores heterosexuales, que probablemente no tenían que dedicarse a las tareas domésticas ni criar hijos mientras desempeñaban trabajos profesionales o escribían (lo más probable es que sus mujeres se ocuparan de esas cosas). Son muy pocas las escritoras de la raza que sea que se pueden dedicar exclusivamente a escribir (sin tener que ocuparse al mismo tiempo de las tareas domésticas ni de cuidar a otros: hijos, padres, parejas...). Sé de muy pocas escritoras negras que se hayan podido concentrar únicamente en su desarrollo como escritoras sin tener que trabajar en otras cosas a la vez.

Si echo la mirada atrás, me doy cuenta de que siempre he intentado compaginar la asistencia a la universidad con el trabajo a media jornada y la escritura mientras, además, me ocupaba de las tareas domésticas. Me ha quedado claro que la época en que tuve más libertad para desarrollarme como escritora o poeta fue cuando vivía en casa, con mis padres, que me apoyaban económicamente. Además, mi madre se encargaba de la mayoría de las tareas domésticas y de cocinar. Esa fue la época de mi vida en que tuve tiempo para leer, para estudiar y para escribir. Tanto mis padres como mis hermanas y mi hermano afirmaban continuamente mi creatividad y me instaban a desarrollar mi talento (una vez terminaba las escasas tareas que tenía asignadas). Tanto ellos como otras personas de mi comunidad decían con frecuencia que el talento era un regalo divino y que no era algo que nos pudiéramos tomar a la ligera, sino que teníamos que nutrirlo y desarrollarlo si no queríamos que nos lo arrebataran. Aunque ya no entiendo este mensaje literalmente (que me puedan arrebatar la capacidad de escribir), sí que me doy cuenta de que cuanto más escribo, más fácil me resulta y más disfruto mientras lo hago. Cuanto menos escribo, más me cuesta escribir y más me parece una tarea tediosa que intento evitar. Creo que todo aspirante a escritor que evita escribir durante el tiempo suficiente acaba «perdiendo» el deseo, la capacidad, el poder de crear.

Tenemos que escribir y tenemos que tener tiempo para escribir. Tener tiempo para escribir, tiempo para esperar entre los silencios, tiempo para acudir al bolígrafo y al papel o a la máquina de escribir cuando por fin llega la inspiración, afecta al tipo de trabajo que escribimos. Cuando leo ficción de escritoras negras contemporáneas, veo grandes similitudes en la elección de temática, ubicación geográfica, uso del lenguaje, formación de personajes y estilo. Puede haber muchos motivos que expliquen esta similitud. Por un lado, está la realidad de que las mujeres negras compartimos un estatus social modelado por el impacto del sexismo y del racismo sobre nuestras vidas y por las experiencias culturales y étnicas comunes. Por otro lado, existe la posibilidad de que muchas de nosotras nos inspiremos en la ficción de las escritoras que han logrado publicar sus obras y que se ganan la vida escribiendo. También existe la posibilidad de que nos resulte más fácil escribir cierto tipo de escritura (la historia narrativa lineal), porque es más aceptable para el público lector que las obras experimentales, sobre todo las que no se centran en cuestiones relacionadas con la experiencia negra o que no presentan la historia de un modo convencional. Estas limitaciones son aplicables a muchos otros grupos de escritores en nuestra sociedad. Es importante que exista diversidad tanto en las obras de ficción que escriben las autoras negras como en la literatura de mujeres negras que recibe atención y se publica. No debería haber una imagen estereotipada de la escritora negra ni ideas preconcebidas acerca del tipo de ficción que produce.

No debemos asumir que el éxito de escritoras negras contemporáneas, como Toni Morrison, Alice Walker, Paule Marshall, Toni Cade Bambara, Ntozake Shange y otras indique que ha llegado un nuevo día para una mayoría o incluso una minoría sustancial de escritoras negras. Sus éxitos individuales y su desarrollo creativo continuado son elementos cruciales de lo que debería ser un movimiento artístico global para alentar y apoyar la escritura de mujeres negras. El movimiento podría adoptar diversas formas. En un nivel muy básico, podría empezar con que las comunidades insistieran en la importancia de que los niños negros adquieran las habilidades de lectoescritura y que, mientras las aprenden, desarrollen una actitud positiva hacia la escritura. Muchos de nosotros aprendimos a leer y a escribir, pero no nos gustaba escribir, o incluso lo detestábamos. Durante mis seis años como profesora a media jornada en varias universidades, he visto el terror y la angustia que muchos alumnos sienten a la hora de escribir. Muchos reconocen que su miedo y temor a la escritura comenzó durante la educación primaria, adquirió fuerza durante la secundaria y alcanzó un pico paralizante en la universidad. Las escuelas y las comunidades deben llevar a cabo un esfuerzo intenso para suscitar y mantener el interés por escribir. Los padres, los maestros y los amigos deberían alentar a los escritores jóvenes a participar en concursos de escritura. Las mujeres negras y otras personas interesadas en el desarrollo futuro de escritores negros deberían organizar más concursos de escritura, aunque fuera con premios de solo veinticinco dólares, para estimular el interés por escribir. Debería haber programas de becas para escritoras negras que han publicado recientemente pero que aún no han tenido éxito, de modo que podamos dedicar un verano o un año a centrarnos únicamente en nuestra obra. Aunque hay programas que financian a las escritoras (como el National Endowment for the Humanities), son muy pocas las afortunadas escritoras negras que reciben una de estas becas. Con frecuencia, las mismas escritoras reciben varias becas de distintas organizaciones. Aunque esto es beneficioso para la persona concreta, no aumenta la cantidad de escritoras negras que reciben ayuda. Habría que conceder dinero a varias universidades para que becaran a escritoras negras como parte de sus programas de escritura creativa.

Parece que es más fácil que las escritoras negras reciban ayuda económica de algún tipo o accedan a trabajos como profesoras o ponentes cuando ya han hecho todo el trabajo duro ellas solas y han logrado el éxito. Sin embargo, muy pocas escritoras negras tienen éxito así. Tardé siete años en terminar de escribir *¿Acaso no soy yo una mujer? Mujeres negras y feminismo*, en parte porque antes de escribir llevé a cabo una investigación muy amplia, pero también porque fracasé en todos mis intentos de conseguir ayuda económica. Escribía después de mi jornada laboral de ocho horas diarias en la compañía telefónica u otros empleos. Cuando terminé el libro, casi tres años antes de su publicación, lo envié a varias editoriales y todas

lo rechazaron. Y, aunque siempre pedía a los editores que me explicaran por qué el libro no era aceptable, por qué no lo aceptaban, jamás me respondieron. Sin el apoyo de mi pareja, que me ayudó tanto
emocional como económicamente (me afirmó como escritora), me
hubiera sido imposible continuar. Oigo la misma historia de otras
mujeres negras que saben de primera mano, como yo, lo devastador
que puede llegar a ser trabajar sola. Me he puesto en contacto en varias ocasiones con otras escritoras negras, en busca de aceptación,
consejos y críticas, pero casi nunca obtuve respuesta. Alice Walker
fue una de las que me respondió que estaba muy ocupada, pero que
intentaría sacar tiempo para leer mi manuscrito. No se lo envié, porque me dio la sensación de que me estaba aprovechando de ella y de
que, quizá, la distraería de su trabajo. También creo que el resto de
las escritoras negras a las que escribí recibían peticiones constantes
de apoyo y de consejo por parte de escritoras más jóvenes y que llega
un momento en el que una ha de decir que no si no puede más.

Las mujeres negras no tienen por qué ser el único grupo que
apoye y afirme a las jóvenes negras que aspiran a convertirse en escritoras. Los maestros, los amigos y los compañeros de trabajo pueden proporcionar el aliento y la afirmación que impulsa y promueve
el trabajo. Cuando conocí a Gloria Naylor, una escritora negra que
acababa de publicar la novela *The Women of Brewster Place*, le pregunté cómo había conseguido encontrar editor. Gloria estudiaba
un máster centrado en la escritura creativa en Yale. Encontró apoyo
y reconocimiento para su obra en este entorno académico. Una amiga la ayudó a encontrar un editor que leyera su novela y valorase la
posibilidad de publicarla. Contar con personas que nos reconozcan
durante el proceso de escritura es tan vital para la aspirante a escritora como encontrar a alguien que quiera publicar nuestro trabajo.

Recuerdo que, cuando aún estudiaba la licenciatura y asistía a
clases de escritura creativa, un joven poeta negro me aconsejó que
no me preocupara por publicar y que me centrara en escribir: ya
tendría tiempo de preocuparme por encontrar quién publicara la
obra una vez la hubiera terminado. Este consejo me ha sido muy

útil a lo largo de los años y me ha recordado que la principal preocupación del aspirante a escritor ha de ser escribir. Cuando doy
clases de escritura creativa a alumnas y alumnos que aspiran a convertirse en escritores, muchas veces me doy cuenta de que están
tan desesperados por lograr la afirmación derivada de ver publicada la obra que no demuestran el menor interés por reescribir o por
dejar una obra a un lado durante un tiempo para regresar a ella
más adelante. Después de que rechazaran *¿Acaso no soy yo una
mujer?* la dejé casi nueve meses en un cajón antes de volver a sacar-
la de donde la había escondido y volver a reescribirla casi por completo. Al igual que Gloria Naylor, me enteré a través de una amiga
de que South End Press buscaba libros sobre feminismo y raza; lo
había visto en un anuncio en un periódico feminista del Área de la
Bahía de San Francisco. En retrospectiva, y a pesar del dolor que
sentía al ver que el manuscrito era rechazado una y otra vez, ahora
puedo ver que entonces no estaba preparada para la publicación y
creo que tuve suerte de que nadie lo aceptara. Ahora, que he terminado dos libros centrados en cuestiones feministas, un manuscrito de poesía, una tesis y dos novelas manuscritas, sigo enfren-
tándome a diario a la dificultad de mantenerme económicamente
mientras trabajo para crecer y desarrollarme como escritora.

Cuando hablé de este ensayo con Chinosole, una amiga, colega académica y escritora negra, comentó que las mujeres negras
llegamos a producir una cantidad asombrosa de escritos a pesar
de la enorme preocupación que nos generan las presiones económicas y laborales. Espero que el interés actual por la obra de unas
cuantas escritoras negras lleve a que se reconozca la necesidad de
promover esa escritura, no solo la que producen escritoras negras
ya famosas, sino también la de escritoras desconocidas, que tienen dificultades, que aspiran a ser publicadas y que necesitan saber que su trabajo creativo es importante, que merece su atención
concentrada y que no han de desistir en su empeño.

CAPÍTULO
21

¿Acaso no soy yo una mujer?
Echar la vista atrás

Escribí este ensayo poco después de la publicación de *¿Acaso no soy yo una mujer? Mujeres negras y feminismo*. Ahora ni siquiera recuerdo en qué contexto lo escribí. Al releerlo, me sorprendió ver la cantidad de frases que empiezan con la palabra «yo» o que están escritas en primera persona. El texto me resultaba crudo e incómodo. Pensé en no incluirlo en el libro o en escribir una versión más actualizada, pero luego decidí dejar hablar a esta voz aunque es muy posible que en este momento no hiciera las mismas afirmaciones ni las expresara de la misma manera.

No recuerdo la primera vez que oí la palabra «feminista» o entendí lo que significaba. Lo que sí sé es que aún era una niña pequeña cuando me empecé a plantear preguntas acerca de los roles de género, cuando empecé a ver y a sentir que la experiencia de ser «hecha» mujer era distinta a la de ser «hecho» hombre. Quizá era más consciente de ello porque mi hermano era mi compañero constante. Uso el verbo «hacer» porque, en mi casa, era obvio que los roles de género eran una construcción social y que todos estaban de acuerdo en que los niños pequeños éramos muy parecidos y solo nos diferenciábamos por nuestra fisiología; sin embargo, todos disfrutaban del proceso de transformarnos en niñas y en niños, en hombrecitos y en mujercitas, con diferencias construidas socialmente. Cuando era una niña pequeña, aún sin expectativas asociadas a los roles de género, podía acompañar a mi padre a Virginia Street. En aquella época, Virginia Street era un mundo masculino negro poblado de barberías, billares, licorerías y casas de empeño. Mi padre, y a veces mis tíos, me llevaban allí y compartían conmigo la intimidad de este mundo de relaciones y de camaradería masculina negra. Cuando me empecé a hacer mayor, mi madre decidió que esas salidas tenían que acabar. Virginia Street no era sitio para una niña. Me han explicado que lloré amargamente cuando supe que ya no podía seguir yendo.

Llegada a la adolescencia, ya tenía la lección muy bien aprendida. El mundo de Virginia Street me daba miedo. Ya no sentía esa camaradería dulce e íntima con hombres negros desconocidos y ni siquiera con los rostros de siempre. Ahora eran los enemigos de la virginidad. Tenían el poder de transformar la realidad de la mujer, de transformarla de mujer honesta en una perdida, de convertirla en una puta, en una zorra. Las «buenas» mujeres también sufrían y siempre estaban de algún modo a merced de los hombres, que nos podían considerar inadecuadas, no merecedoras de amor, de amabilidad o de ternura, que nos podían destruir si así lo decidían. Fue en el mundo de esa calle y en nuestra comunidad negra segregada donde vi por primera vez a hombres que reprimían activamente el crecimiento de las mujeres y fue también en ese mundo donde vi a las mujeres resistirse, asumir riesgos, esforzarse. Fue en ese mundo donde aprendí acerca de la violencia de los hombres contra las mujeres, de las mujeres negras que morían durante el parto, del acoso sexual que las mujeres negras sufrían en el trabajo, de la necesidad de mantenernos alejadas de los hombres blancos porque nos podían violar con total impunidad. Fue en ese mundo donde le dije a mi madre: «Creo que no me casaré nunca, me parece que las mujeres pierden algo cuando se casan». Fue en ese mundo donde mi padre, con la aceptación de mi madre, intentó negarme el derecho a asistir a la Universidad de Stanford, porque estaba demasiado lejos para que una chica de pueblo pudiera ir allí sola. Al principio acepté la decisión, pero luego me rebelé.

Estas experiencias forjaron y templaron mi espíritu feminista y respondí apasionadamente al fervor por el movimiento feminista en el campus. Me matriculé en asignaturas, asistí a reuniones, a fiestas íntegramente femeninas... Percibí la ausencia de material o de cualquier tipo de comentario acerca de las mujeres negras durante una de mis primeras asignaturas de estudios de la mujer, impartida por Tillie Olsen. Empecé a sentirme aislada y alienada del enorme grupo de mujeres blancas que celebraban el poder de la «sororidad». No entendía por qué no percibían las «ausencias», por qué no les importaban. Cuando hablé de ello con la profesora, demostró arrepentimiento y se puso a llorar. No me dio pena. No quería compasión, quería acción. Estaba sola en esa aula llena de mujeres blancas que no entendían en absoluto cómo me sentía y tampoco les importaba. Lo único que entendían era que les estaba aguando la fiesta, la «sororidad», la «unión». Al contrario de lo que piensan muchas personas, las críticas a la ausencia de material acerca de mujeres negras no surge porque las mujeres negras queramos denunciar el racismo de las mujeres blancas, criticarlas o hacer que se sientan mal, sino porque queremos asistir a esas clases con la esperanza de aprender, de reforzar la conciencia de nuestra historia, de nuestra lucha. Son los mismos motivos por los que muchas alumnas blancas se matriculan en asignaturas de estudios de la mujer; lo que sucede es que ellas no sienten la decepción de las ausencias, de ver que no se habla de su realidad. No salen del aula a un vacío en el que ellas siguen siendo invisibles, su historia es desconocida y su realidad, negada.

Asistir a esas clases me llevó a un punto muy real de desesperación y de urgencia; necesitaba conocer la realidad de las mujeres negras. Necesitaba incluso entender la sensación de diferencia y de separación respecto a mis compañeras blancas. Sabía instintivamente, por mi experiencia cotidiana, que ser una mujer negra en esta cultura significaba tener una realidad social distinta a la de los hombres blancos, las mujeres blancas e incluso los hombres negros, pero no sabía cómo explicar esa diferencia. No sabía lo suficiente acerca de la historia de las mujeres negras. Cuando empecé la extensa investigación en textos de historia, de sociología y de psicología en busca de material, me sorprendió mucho, e incluso me impactó, que las mujeres negras casi nunca fuéramos una categoría en el índice de nadie y que, cuando escribían acerca de nosotras, casi nunca mereciéramos más de unas cuantas frases o párrafos. (Entonces desconocía la gran cantidad de material que se podía encontrar escrito por y sobre mujeres negras en forma de tesis, sobre todo obra de alumnas de universidades predominantemente negras.) Aunque busqué en fuentes primarias y secundarias, no pude encontrar material que relacionara el racismo y el sexismo ni estudios sobre la población negra que tuvieran en cuenta plenamente las diferencias de género.

En retrospectiva, veo que gran parte de mi decepción, de mi sensación de urgencia, tenía que ver con el temor a que la ausencia de material acerca de mujeres negras tuviera que ver con la ausencia de un modelo de liberación que nos liberara de la tiranía del racismo y del sexismo. Ya había empezado a cuestionar y a examinar las maneras en que el sexismo y el racismo se entreveraban y garantizaban la opresión y la explotación de las mujeres negras, pero quería aprender de otras fuentes. Durante este periodo de desesperación y de urgencia, me quejaba continuamente de la falta de material a mi pareja, el hombre negro con quien convivía. Cuando no encontraba fuentes, cuando manifestaba mi amargura y mi ira crecientes, él me animaba a que escribiera el libro que estaba buscando. Menciono muchas veces esta sugerencia, por un lado para desmontar la idea de que «todos» los hombres negros se oponen y reprimen el interés de las mujeres negras por la reflexión crítica acerca del género y de la resistencia al sexismo, pero también para señalar la realidad de que, en aquella época, ni se me pasaba por la cabeza verme como una escritora capaz de producir un libro semejante. Tenía diecinueve años, procedía de una pequeña ciudad de Kentucky y no creía que tuviera el poder de definir mi realidad social, de dar voz en forma escrita a mis pensamientos sobre la experiencia del sexismo que tenemos las mujeres negras. El racismo y el sexismo conformaban estas percepciones.

Mi anhelo de encontrar fuentes que explicaran la experiencia de las mujeres negras (y especialmente mi creencia de que libros escritos por personas blancas contendrían esa información) es, precisamente, un reflejo de la socialización de los grupos oprimidos y explotados en una cultura de dominación. Aprendemos que carecemos del poder de definir nuestra realidad o de transformar las estructuras opresoras. Aprendemos a recurrir a las mismas personas que ostentan el poder en los sistemas de dominación que nos hieren y nos hacen daño para que nos expliquen quiénes somos y para que nos liberen con el conocimiento, pero nunca lo conseguimos. Si queremos saber más acerca de nuestra experiencia y no queremos ver esa experiencia desde el punto de vista modelado por la dominación, hacer el trabajo nos corresponde a nosotros.

¿Acaso no soy yo una mujer? Mujeres negras y feminismo no surgió del deseo de explicar las mujeres negras a las mujeres blancas ni de capitalizar el interés por las cuestiones raciales. En aquella época, la raza no era un tema popular entre las feministas. El libro surgió de mi deseo de recuperarme a mí misma, de educar mi conciencia crítica, de encontrar un modo de entender la experiencia femenina negra que nos liberara de la mentalidad colonialista que promueve un contexto racista y sexista. Partía de mi anhelo de poner fin a formas de sufrimiento innecesarias en la vida de las mujeres negras, en la vida de las personas negras. Dada esta historia, sentía que mi esfuerzo por escribir un libro así era un gesto político, un acto arriesgado y osado. La investigación y la escritura abrieron un espacio para una educación intensiva de la conciencia crítica. Entender cómo el sexismo había modelado la experiencia y el estatus social de las mujeres fue abrumador y el mundo empezó a ser un lugar distinto para mí.

En sus primeras fases, el libro siguió el modelo de los textos de sociología y en su mayoría era rígido, artificial y farragoso. El primer borrador del libro puso de manifiesto muchos puntos débiles en mi conciencia como sujeto que escribe. El problema principal era que intentaba hablar a todos los públicos posibles, complacer, aplacar. Además, al mismo tiempo que escribía estudiaba y trabaja a jornada completa, lo que complicaba el proceso. Después de haber escrito borradores iniciales, empecé a trabajar como teleoperadora en una oficina que era predominantemente negra y femenina. Las dimensiones negativas de la experiencia femenina negra, sobre todo de la experiencia conformada por el sexismo en nuestras vidas, eran un tema de conversación constante. Allí se vio reforzada mi convicción de que las mujeres negras, y otras, tenían que entender hasta qué punto el sexismo, además del racismo, era una fuerza opresiva en sus vidas. Ese fue un año importante para el desarrollo del libro, porque las mujeres negras con las que trabajaba a diario sentían que era necesario que alguien intentara explicar los aspectos negativos de nuestra realidad social. Proporcionaron apoyo y afirmación para el proyecto, el tipo de apoyo que no había podido encontrar en el entorno universitario. No les preocupaban ni mis credenciales, ni mis habilidades como escritora ni mis títulos universitarios. Como yo, lo único que querían era que alguien hablara de nuestras vidas de un modo que promoviera el cambio o ahondara en el conocimiento.

Cuando llevaba un año trabajando en la empresa telefónica, empecé el posgrado en Literatura Inglesa, un ambiente hostil para todo alumno que no se quisiera centrar únicamente en la literatura. Allí me costó seguir trabajando al tiempo que reescribía y repensaba el manuscrito. Cuando hablaba acerca del proyecto, nadie me apoyaba. Muchas personas blancas, e incluso algunos hombres negros, querían saber por qué era importante hablar de las mujeres negras, pero mis explicaciones casi nunca resultaban lo suficientemente persuasivas. A pesar de que la mayoría de ellos nunca le habían dedicado ni un solo pensamiento al tema, estaban seguros de que sabían más que yo. Como tenía muchas ganas de recibir comentarios y opiniones acerca de las ideas del libro, seguí hablando de ellas a pesar de la gran cantidad de reacciones negativas. No se me ocurrió buscar un entorno más «feminista» en el que trabajar. No creía que hubiera nada de malo en intentar integrar el feminismo y mi trabajo sobre las mujeres negras y el sexismo en el entorno en el que vivía.

Ahora creo que fue muy importante que no escribiera en un entorno feminista definido y separado con claridad, porque la mayoría de las mujeres, y ciertamente la mayoría de las mujeres negras, no viven en entornos así y han de adquirir las habilidades y las estrategias necesarias para sobrevivir de un modo saludable y progresista estén donde estén. En muchos aspectos, pienso que el feminismo como movimiento político se ha visto debilitado por nuestra incapacidad de integrar el pensamiento y la acción feministas en todos los espacios sociales. Hace poco he terminado de escribir un libro en el contexto académico, donde trabajo como profesora en estudios de la mujer y donde las publicaciones se consideran importantes (aunque no en términos de cómo promueven el cambio social) y puedo ver con más claridad que el modo en que escribí *¿Acaso no soy yo una mujer?* estuvo determinado por mis circunstancias (llegar a casa e intentar escribir y pensar después de una jornada laboral de ocho horas). Esta experiencia me permitió saber qué es ser una crítica social o, en palabras de Toni Cade Bambara, una «trabajadora cultural» en el mundo cotidiano. Las mujeres negras con las que trabajaba en la empresa telefónica querían que escribiera un libro que mejorara nuestras vidas, que ayudara a la gente a entender las dificultades de ser negra y mujer. Escribir en un contexto donde mis ideas no se veían como algo ajeno a las personas reales y a la vida real fue una experiencia distinta.

Creo que todas nosotras, como mujeres negras que trabajábamos en puestos no directivos en la empresa telefónica, sentíamos que estábamos permanentemente a merced de estructuras de dominación. Éramos muy conscientes de nuestra explotación económica. En parte, fue el dolor de esa experiencia lo que me llevó a la escuela de posgrado. Sin embargo, es muy posible que nunca hubiera escrito el libro de no haber sido por esa experiencia. Entonces, sentía que escribía desde el corazón *¿Acaso no soy yo una mujer?*, que era un libro del corazón, que expresaba un anhelo profundo y apasionado de cambio en el estatus social de las mujeres negras, de ver el fin de la dominación y la explotación sexistas. Sentía que las mujeres negras con las que trabajaba entendían este anhelo, que lo compartían conmigo. Lo digo, porque creo que el interés que despierta recientemente la literatura escrita por mujeres negras puede ocultar la realidad de que siempre ha sido difícil que las mujeres negras, y sobre todo las mujeres negras que trabajan, produzcan obras en esta cultura y sobre todo si escriben textos políticos radicales.

Durante el tiempo que dediqué a escribir *¿Acaso no soy yo una mujer?*, durante los años de reescribir y de repensar, sentí un profundo desaliento por mi destino individual como mujer negra en Estados Unidos y un desaliento aún mayor por nuestro destino colectivo. Mientras escribía, sentía con frecuencia una desesperación tan intensa y abrumadora que me llevó a cuestionar seriamente cómo podíamos soportar vivir en esta sociedad, cómo podíamos seguir vivas. La multitud de fuerzas que conspiraban para promover el mito de la supermujer negra fuerte me producían un profundo desaliento y creía que promover el reconocimiento de la explotación y la opresión de las mujeres negras sería imposible. No es que las mujeres negras no sean o no hayan sido fuertes; sencillamente, es que eso solo es una parte de nuestra historia, una dimensión, de la misma manera que el sufrimiento es otra dimensión, una dimensión que con frecuencia se ha pasado por alto, ha pasado desapercibida. He estado en grupos feministas en los que tanto mujeres blancas como mujeres negras dedicaban una energía enorme a hablar acerca de la fuerza de las mujeres negras y que se negaban a reconocer sus limitaciones. Hace poco, invité a una erudita blanca que había publicado un libro acerca de las mujeres negras a que hablara en mi asignatura Mujeres y raza. Las alumnas se dieron cuenta de que una de las imágenes constantes en su obra era la de la mujer negra «fuerte» y tuvieron miedo de plantear la primera pregunta que les había venido a la cabeza: si las mujeres negras somos tan fuertes, ¿por qué la voz que articula nuestra historia es una voz femenina blanca en lugar de la de esas mujeres negras y fuertes que han proporcionado el material para el trabajo, que han concedido entrevistas y que han narrado sus historias?

Cuando terminé ¿*Acaso no soy yo una mujer?* después de mucho reescribir y mucho repensar, ya habían pasado más de seis años. Envié el libro a varias editoriales, que lo rechazaron. Desanimada, guardé el manuscrito. Entonces, la «raza» se convirtió en un tema importante en los círculos feministas. Era importante porque las mujeres blancas habían decidido que estaban preparadas para oír hablar de raza. Cuando las mujeres negras habíamos hablado de la raza a nuestra manera, no lo consideraron relevante. Lo importante fue que este cambio en la perspectiva feminista generó un contexto en el que podía encontrar un editor para ¿*Acaso no soy yo una mujer?* Una tarde di una charla en una librería para mujeres en San Francisco, durante la que hablé de mi obra. Se generó un debate encendido cuando expresé ira por el modo en que la supremacía blanca en el movimiento feminista había provocado que las mujeres blancas, y no las mujeres negras u otras mujeres de color, determinaran por nosotras cuándo la raza podía ser objeto de debate feminista. Durante esa charla, tres mujeres blancas me dijeron que habían visto un anuncio en un periódico feminista del Área de la Bahía en el que un editor buscaba obras sobre raza y feminismo. Envié el libro a South End y quisieron publicarlo, porque eran un colectivo.

En su última versión, el libro se había convertido en una polémica seria acerca de las mujeres negras y el feminismo. Cuando la editora blanca de South End que trabajaba con el manuscrito habló del libro por primera vez conmigo, me dijo que algunos miembros del colectivo sentían que el libro transmitía mucha ira y que les preocupaba que no trasladara una actitud positiva. Le respondí que, aunque había escrito de la forma directa y franca que constituía el discurso habitual en mi familia negra sureña, no estaba enfadada. La diferencia en cómo percibíamos las implicaciones de mi discurso, de mi tono, eran un significante importante de cómo la raza y la clase modelan nuestra manera de hablar y de leer. Muchas personas negras que hablamos de un modo directo hemos tenido experiencias en las que oyentes blancos interpretan la pasión, la intensidad y la convicción de nuestro discurso como ira. Creo que esto es especialmente cierto en una cultura en la que la gente no habla de un modo directo. Y cuando uno habla de forma directa y, además, es crítico, es muy probable que se interprete como una expresión de hostilidad. Esto tiene que ver con la actitud hacia la crítica que impera en nuestra sociedad. Por desgracia, la mayoría de las personas creen que la crítica es negativa y que tiene el objetivo de despreciar lo que sea que se esté criticando. En *¿Acaso no soy yo una mujer?* afirmaba con contundencia que las mujeres negras tenemos mucho que ganar de la participación en el movimiento feminista, aunque era igualmente contundente cuando criticaba las tendencias dominantes en el movimiento y que, en mi opinión, erosionaban su importancia. No concebí el libro como «la» obra feminista o «el» punto de vista de las mujeres negras sobre el feminismo. Fue, y sigue siendo, una obra polémica.

Cuando la editora sugirió que hiciera cambios, que fuera más positiva, me negué en redondo. Ya había dado más de mi vida a la escritura del libro de lo que tendría que haber sido necesario; no podía escribir más. No quería escribir acerca del movimiento feminista en términos que cambiaran mi perspectiva, aunque la editorial opinara que el libro era «demasiado negativo». Solo accedí a hacer cambios en un tema, el de mis comentarios críticos acerca de los intentos del activismo feminista de equiparar el lesbianismo y el feminismo. Expliqué a la editorial que criticar la relación entre el lesbianismo y la política feminista no necesariamente implicaba odio ni apoyo a la homofobia, pero acepté que, como vivíamos en una sociedad homófoba, hacer comentarios exclusivamente negativos podía reforzar la homofobia. Como no estaba dispuesta a trabajar en un manuscrito nuevo, sugerí que se limitaran a eliminar todos los comentarios críticos, y eso hicieron. Echando la mirada atrás, veo que esa no fue la mejor solución, porque muchos lectores asumieron que quería negar la presencia de lesbianas en el movimiento feminista o que era tan homófoba que ni siquiera podía escribir la palabra «lesbiana». Como el tono general del libro ya era crítico, quizá hubiera sido mejor aclarar que los comentarios críticos acerca del lesbianismo y el movimiento feminista no tenían la intención de promover ni alentar la homofobia.

Aunque las mujeres feministas (muchas de las cuales son blancas) dicen con frecuencia que quieren oír hablar a mujeres que hasta ahora no han tenido voz, no siempre quieren oír lo que tenemos que decir. Con frecuencia, cuando hablamos, no solo expresamos nuestras ideas de un modo distinto, sino que son ideas distintas y esa diferencia no siempre es afirmada. Antes de hablar de feminismo, las que tenemos orígenes étnicos y raciales distintos debemos trabajar para superar el racismo, el sexismo y la explotación de clase, las fuerzas que nos han socializado para que creamos que nuestras palabras no son importantes. Me costó mucho aferrarme a la visión de que escribir acerca de las mujeres negras era importante cuando tantas personas me decían que no era así, cuando muchos de los libros que leía sugerían que no éramos un tema importante. Para mí, escribir mi primer libro fue un acto de recuperación personal, un gesto de resistencia. Más que cualquier otra cosa, quería que *¿Acaso no soy yo una mujer?* hablara de la realidad de que el sexismo era, y es, una fuerza opresora y explotadora en la vida de las mujeres negras. Eso era lo que, en mi opinión, prometía el libro. Y esa promesa se ha cumplido.

Escribir mi autobiografía

Para mí, narrar la historia de mi infancia estaba íntimamente relacionado con la necesidad de matar al yo que fui sin tener que morir en realidad. Quería matar a esa identidad con la escritura. Cuando esa identidad desapareciera, cuando saliera de mi vida para siempre, me resultaría más fácil convertirme en mi yo verdadero. Tenía claro que quería librarme de la Gloria Jean de mi infancia atormentada y angustiada, la niña que siempre estaba equivocada, la niña a la que siempre castigaban, la que siempre era sometida a una humillación u otra, la que siempre lloraba, la que iba a acabar en una institución mental porque estaba loca, o al menos eso era lo que le decían. Esa niña que se puso una plancha caliente en el brazo mientras suplicaba que la dejaran en paz, la niña que llevaba la cicatriz como una insignia de su locura. Incluso ahora oigo aún la voz de mis hermanas pidiéndole a mi madre que me hiciera parar de llorar. Al escribir la autobiografía, no solo me libraría de esa Gloria, sino del pasado que me tenía atrapada, que me impedía estar en el presente. No quería olvidar el pasado, sino escapar de la presa que tenía sobre mí. La muerte escrita iba a ser liberadora.

Hasta que me senté a intentar escribir mi autobiografía, creí que explicar mi historia sería una tarea sencilla. Sin embargo, lo intenté año tras año y, en cada ocasión, no pude escribir más que unas cuantas páginas. Interpreté mi incapacidad para escribir mi historia como una indicación de que no estaba preparada para dejar ir el pasado, de que no estaba preparada para estar plenamente en el presente. Psicológicamente, consideré la posibilidad de haber quedado tan apegada a las heridas y a las penas de la infancia, de que me estuviera aferrando a ellas de tal modo que bloqueaban mis intentos de realizarme, de estar completa, de curarme. La novela *The Salt Eaters* de Toni Cade Bambara, que narra la historia del intento de suicidio de Velma, su crisis nerviosa, transmite uno de sus mensajes clave cuando el terapeuta le pregunta: «Cariño, ¿estás segura de que te quieres poner bien?».

Era evidente que algo me impedía explicar mi historia. Quizá fuera el recuerdo de las regañinas y de los castigos cuando mi madre me oía decir algo a un amigo o a un desconocido que ella consideraba que no debía ser dicho. El secretismo y el silencio eran dos elementos básicos. El secretismo acerca de la familia, de lo que sucedía en el hogar, era un vínculo que nos unía, que formaba parte de lo que nos convertía en una familia. Temíamos romper ese vínculo. Y, sin embargo, me sentía incapaz de crecer en la atmósfera de secretismo que permeaba nuestras vidas y la de otras familias cercanas. Es extraño, pero siempre cuestioné el secretismo, siempre se me escapaba algo cuando no debía, sin embargo, como escritora solitaria sentada frente al papel en blanco, estaba atada, atrapada en el miedo de que al explicar se rompiera el vínculo, se perdiera. No quería ser la traidora, la que divulgara los secretos de la familia. Y, al mismo tiempo, quería ser escritora. Me decía a mí misma que podía escribir una obra meramente imaginativa, una obra que no apuntara a realidades personales, privadas. Y lo intenté. Pero siempre había esos indicios intrusivos, esos elementos de la vida real que aparecían, por mucho que los disfrazara. Para mí, afirmar la libertad de crecer como escritora de ficción tenía que ver con tener el valor de abrirse, de contar por escrito la verdad de mi vida tal y como yo la había experimentado.

Hablar de mi vida, eso sí que podía hacerlo. Escribir acerca de ella, dejar un rastro... eso me asustaba.

Cuanto más tardaba en iniciar el proceso de escribir mi autobiografía, más alejada de esos recuerdos me sentía. Parecía que, año a año, los recuerdos perdían nitidez. No quería perder la claridad, la memoria, y sentí la necesidad urgente de empezar y terminar la obra. Tampoco entonces pude empezar, a pesar de que había comenzado a enfrentarme a algunos de los motivos del bloqueo, de la misma manera que estoy bloqueada ahora, mientras escribo este artículo, porque temo expresar por escrito la experiencia que fue el catalizador que apartó el bloqueo anterior.

Había conocido a un joven negro. Teníamos una aventura. Que fuera negro es importante. De algún modo misterioso, era un enlace con ese pasado que tenía dificultades para afrontar, para nombrar por escrito. Con él, recordaba incidentes, momentos del pasado que había reprimido por completo. Era como si la pasión del contacto tuviera algo hipnótico que me permitía bajar las barreras y, así, entrar plenamente, volver a entrar en las experiencias pasadas. Parecía que uno de los elementos clave era su olor, el aroma combinado del tabaco, a veces también del alcohol, y de sus olores corporales. Con frecuencia pienso en la expresión «memoria olfativa», porque esos aromas eran los que me llevaban al pasado. Hubo ocasiones específicas en las que era muy evidente que la experiencia de estar con él era el catalizador del recuerdo.

Me vienen a la mente dos incidentes concretos. Una tarde quedamos en su casa. Bebíamos coñac y bailábamos la música de la radio. Él fumaba cigarrillos (yo no solo no fumo, sino que normalmente hago el esfuerzo de evitar el humo). Mientras nos abrazábamos, bailando, los aromas mezclados del alcohol, el sudor y los cigarrillos me llevaron a decir, sin pensar, «tío Pete». No es que me hubiera olvidado de mi tío Pete. Era más que había olvidado la experiencia infantil de estar con él. Bebía mucho, fumaba cigarrillos y siempre, en las pocas ocasiones en que los niños lo veíamos, nos abrazaba con fuerza. Y fue eso lo que recordé, el recuerdo de esos abrazos, lo mucho que los detestaba y lo mucho que quería resistirme a ellos.

Otro día fuimos a uno de nuestros parques preferidos para dar de comer a los patos y aparcamos el coche frente a unos arbustos altos. Mientras estábamos sentados allí, de repente oímos el sonido de un tren que se aproximaba, un sonido que me sobresaltó tanto que evocó otro recuerdo reprimido desde hacía tiempo: el de cruzar las vías del tren en el coche de mi padre. Recordé un incidente en el que el coche se detuvo sobre las vías y mi padre nos dejó ahí, sentados, mientras levantaba el capó del coche y lo reparaba. De hecho, no estoy segura de que este incidente sucediera en realidad. De niña, me aterraba que sucediera algo así, quizá hasta tal punto que lo veía en la mente como si hubiera sucedido de verdad. Estas son solo dos de las veces en que conocerlo ejerció como un catalizador que derribó mis barreras y me permitió, al fin, escribir la autobiografía de mi infancia que tanto anhelaba.

Cada día me sentaba frente a la máquina de escribir y escribía acerca de distintos recuerdos en escenas breves. Brotaban de repente, como si de una tormenta repentina se tratara. Surgían en un estilo surrealista, onírico, que me llevó a que dejara de pensar en ellas como estrictamente autobiográficas, porque parecía que el mito, el sueño y la realidad se habían fundido. Hablé con mis hermanos acerca de muchos de estos incidentes, para ver si ellos los recordaban también. Con frecuencia, todos recordábamos el mismo incidente en líneas generales, pero los detalles eran distintos para cada uno de nosotros. Esto me recordaba constantemente las limitaciones de la autobiografía, hasta qué punto la autobiografía es una narración muy personal, una narración de eventos únicos no tal y como sucedieron, sino como los recordamos y los inventamos. Uno de los recuerdos que hubiera jurado que era «verdad, toda la verdad y nada más que la verdad» tenía que ver con un carrito que mi hermano y yo compartimos de niños. Recordaba que solo jugábamos con él en casa de mi abuelo, que lo compartíamos y que yo me subía y mi hermano me empujaba. Sin embargo, el recuerdo tenía un aspecto desconcertante, recordé que siempre llegaba a casa con morados y arañazos después de haber jugado con el carrito. Cuando llamé a mi madre, me dijo que nunca había habido ningún carrito, que lo que compartíamos era una carretilla roja y que siempre había estado en casa de mi abuelo porque en esa zona de la ciudad había aceras. Nosotros vivíamos en las colinas, donde no había aceras. De nuevo, me vi obligada a enfrentarme a la ficción que forma parte de todas las narraciones, de todos los recuerdos. Empecé a pensar en el trabajo que estaba haciendo como una obra de ficción y autobiográfica a la vez. Me parecía que encajaba en la categoría de escritura que Audre Lorde, en su obra autobiográfica *Zami*, llama biomitografía. Mientras escribía, sentía que ya no me preocupaba tanto la exactitud del detalle como evocar por escrito el estado mental, el espíritu de un momento concreto.

El deseo de contar la propia historia y el proceso de esa narración es, simbólicamente, una manifestación del anhelo de recuperar el pasado y de experimentar una sensación tanto de reunión como de liberación. El anhelo de liberación me había motivado a escribir, pero al mismo tiempo experimentaba la dicha de la reunión que me permitía ver que el acto de escribir la autobiografía es una manera de reencontrar aspectos de la identidad y de la experiencia que, quizá, ya no formen parte de nuestra vida, pero que son un recuerdo vivo que modela y conforma el presente. Para mí, la escritura autobiográfica era una manera de evocar la experiencia concreta de crecer en comunidades segregadas siendo sureña y negra. Era una manera de capturar de nuevo la riqueza de la cultura negra sureña. La necesidad de recordar y de conservar el legado de esa experiencia y lo que esta me enseñó ha sido cada vez más importante para mí desde que vivo en comunidades predominantemente blancas y enseño en facultades predominantemente blancas. La experiencia popular sureña negra que constituyó la base de la vida durante mi infancia ya no existe en los mismos lugares donde antaño no conocíamos otra cosa. El capitalismo, el ascenso social y la asimilación de otros valores han llevado a la desintegración rápida de la experiencia popular negra o, en algunos casos, a la erosión gradual de esa experiencia.

En el mundo de mi infancia, nos aferrábamos al legado de una cultura negra diferenciada escuchando las historias que nos contaban los mayores. La autobiografía se experimentaba de un modo más activo, en forma del arte de narrar la propia historia. Recuerdo estar sentada en casa de Baba (mi abuela materna) en el número 1200 de Broad Street, escuchando a gente venir a contar sus experiencias. En aquellos días, siempre que traía a una amiga a jugar casa de mi abuela, Baba le pedía que explicara brevemente su biografía antes de que pudiéramos empezar a jugar. Además de saber quién era su gente, quería saber cuáles eran sus valores. A veces, responder a esas preguntas o ver cómo una amiga era sometida al interrogatorio resultaba emocionante y aterrador, pero así era como aprendíamos la historia de nuestra familia y la de los demás. La ausencia de una tradición similar en mi vida adulta hace que la narrativa escrita de mis experiencias de infancia sea aún más importante. A medida que pasen los años y que estos recuerdos gloriosos se vuelvan más vagos, la claridad que contienen las palabras escritas permanecerá inmutable.

Conceptualmente, la autobiografía estaba enmarcada como una especie de arcón del ajuar. Recordé el arcón del ajuar de mi madre, con su maravilloso aroma a cedro, y pensé en cómo reunía los artículos más valiosos para ella y los guardaba allí, para protegerlos. Hay recuerdos que, para mí, son un tesoro similar. Quería guardarlos en algún lugar para protegerlos. Y una narración autobiográfica me pareció un lugar adecuado. Cada incidente, cada encuentro, cada experiencia... tenía su propia historia, unas veces narrada en primera persona y otras en tercera persona. Con frecuencia, sentía que entraba en trance frente a la máquina de escribir, que la forma de un recuerdo concreto no estaba decidida por mi mente consciente, sino por todo lo oscuro y profundo que albergaba en mi interior, inconsciente pero presente. Hacerlo presente, sacarlo a la superficie, por decirlo de algún modo, resultaba liberador.

Desde la perspectiva de intentar comprender mi psique, también me resultó interesante leer la historia completa una vez la hube terminado. No se me había ocurrido que reunir el pasado, los recuerdos, en una narrativa completa permitiera verlos desde una perspectiva distinta, no como eventos aislados, sino como parte de un continuo. Al leer el manuscrito completo, sentí que me ofrecía una visión general no tanto de mi infancia, sino de las experiencias que habían quedado profundamente grabadas en mi conciencia. Además, lo que estaba ausente, lo que había quedado fuera, lo que no estaba incluido, también era importante. Cuando terminé de leer, me sorprendí al darme cuenta de que muy pocos de los incidentes que había recordado tenían que ver con mis cinco hermanas. La mayoría de los incidentes con mis hermanos tenían que ver conmigo y con mi hermano. Durante mi infancia me sentí alejada de mis hermanas, alienada de ellas. Y eso se refleja en la narrativa. Otro aspecto del manuscrito completo que me resultó interesante es cómo los incidentes que describen a hombres adultos sugieren que sentía un intenso temor hacia ellos, a excepción de mi abuelo y de unos cuantos ancianos más. Escribir la narrativa autobiográfica me permitió ver mi propio pasado desde una perspectiva distinta y usar ese conocimiento como herramienta práctica para el crecimiento personal y para el cambio.

Al final, no sentí que hubiera matado a la Gloria de mi infancia. Por el contrario, sentí que la había rescatado. Ya no era el enemigo interior, la niña a la que había que aniquilar para que la mujer pudiera surgir en su lugar. Al escribir sobre ella, reclamé esa parte de mí misma que había rechazado hacía tanto tiempo, a la que había descuidado, de la misma manera que tantas veces se había sentido sola y desatendida durante su infancia. Recordar formó parte de un ciclo de reunión, de una integración de fragmentos, «de los trocitos de mi corazón», que la narrativa recompuso en un todo completo.

23

A Gloria, ¿quién es ella?
Por qué uso pseudónimo

Es el final de mi primer curso dando clases a jornada completa. En una cena de despedida, para celebrarlo, para despedirnos durante unos meses, propongo un brindis: «A Gloria, ¿quién es ella?». Entre las risas de mis amigos puedo plantear la cuestión de la identidad, del nombre. Como escribo bajo pseudónimo, me enfrento con frecuencia a lectores que me piden una explicación. En esa cena de despedida, la cuestión del nombre adquiere relevancia porque uno de los asistentes me conoce por mi pseudónimo, bell hooks. Al principio lo usaba solo para escribir, pero luego empecé a usarlo cuando daba charlas, para evitar confusiones.

El nombre de bell hooks procede de mi familia. Es el nombre de mi bisabuela materna. Al principio, elegí el nombre porque iba a publicar un pequeño libro de poemas en una comunidad donde había otra persona con mi mismo nombre de pila. Fue una decisión eminentemente práctica, aunque también me resultó fácil, porque no sentía demasiado apego por el nombre de «Gloria». Siempre me había parecido que ese nombre no era yo, que evocaba algo que yo no era. A medida que fui creciendo, empecé a asociar el nombre con frivolidad y con ligereza (como en el estereotipo de la rubia tonta, que con frecuencia se llama Gloria). Aunque a veces soy ligera y bastante frívola, temía que el nombre se apoderara de mí y se convirtiera en mi identidad antes de que yo pudiera construirla tal y como yo quería que fuera. Agradecí la oportunidad de poder elegir y usar otro nombre.

Elegí el nombre de bell hooks porque era un nombre de la familia y porque tenía un sonido potente. Durante toda mi infancia, oí cómo se usaba este nombre para evocar el recuerdo de una mujer fuerte, de una mujer que decía lo que pensaba. Entonces, en el mundo segregado de nuestra comunidad negra, una mujer fuerte era una mujer capaz de abrirse camino en este mundo, una mujer que poseía rasgos que con frecuencia se asociaban solo a los hombres (habría matado por la familia y por el honor), que haría lo que fuera para sobrevivir y que era fiel a su palabra. Reclamar su nombre para mí fue una manera de vincular mi voz a un legado ancestral de mujeres que hablaban, a un legado de poder femenino. La primera vez que usé este nombre, con el libro de poesía, nadie cuestionó que usara un pseudónimo, quizá porque el reino de la escritura de ficción se considera más privado que social.

Cuando empecé a escribir ¿*Acaso no soy yo una mujer? Mujeres negras y feminismo*, el pseudónimo pasó a desempeñar una función muy distinta en mi vida como escritora. Gloria, tal y como yo la pensaba, tal y como yo me convertía en ella, no era una mujer especialmente preocupada por las cuestiones políticas. En aquella época me interesaba más la vida contemplativa, la lucha interior para lograr la realización personal, la iluminación espiritual. Cuando empecé a pensar en cuestiones políticas, en la política feminista, tuve dificultades para reconciliar esta pasión recién encontrada con la pauta de mi vida. Entonces me veía como una poeta que, aunque abordaba cuestiones políticas en mi obra, no buscaba una voz pública. Cuando escribí el primer borrador de ¿*Acaso no soy yo una mujer?* tenía diecinueve años y produje un manuscrito extraordinariamente largo, de más de quinientas páginas. Al leerlo, no oí en lo que había escrito una voz que pudiera reclamar como mía. Por el contrario, las voces del texto variaban en función del grupo del que estuviera hablando: mujeres blancas, hombres negros, mujeres negras, hombres blancos. Había tantas voces porque temía alzar mi propia voz en solitario. Temía decir algo equivocado. El miedo a decir o a hacer algo que los demás puedan considerar «malo» acostumbra a inhibir a las personas que pertenecen a grupos explotados u oprimidos. Este factor de inhibición reprime y ahoga la creatividad, tanto en términos de pensamiento crítico como de expresión artística. Templamos y contenemos gran parte de lo que decimos por miedo a decir algo «malo», y lo que denota que está mal dicho es la probabilidad de ser castigado por ello. Durante mi infancia, me castigaron muchas veces por decir lo que se suponía que no debía decir, por pensar de maneras que los adultos que me rodeaban consideraban inadecuadas. Esta socialización temprana ejerció un impacto tremendo sobre mi capacidad de expresión personal.

Muchas personas de grupos oprimidos aprenden a reprimir ideas, sobre todo las que se consideran oposicionistas, como estrategia de supervivencia. Desde la esclavitud en adelante, las personas negras en Estados Unidos hemos aprendido a tener cuidado con lo que decimos. Decir algo equivocado podía ser causa de un castigo severo o incluso de muerte. Esta pauta de precaución a la hora de expresarse se mantuvo durante mucho tiempo después del fin de la esclavitud. Como la opresión racial seguía siendo la norma, las personas negras también seguían considerando necesario limitar la libertad de expresión, practicar la autocensura. Muchas personas negras mayores habían crecido en entornos segregados por raza y donde decir la palabra equivocada, sobre todo si se le decía a una persona blanca, podía ser causa de castigo. Con frecuencia, nuestros mayores decían que nos castigaban para enseñarnos cuál era nuestro lugar, para que no nos pasáramos de la raya, para que los blancos no nos castigaran, no nos destruyeran. Estas actitudes han ejercido un impacto muy profundo sobre cómo se cría a las niñas y los niños negros, sobre nuestra capacidad para la expresión creativa.

Cuando reflexiono sobre esto, me viene a la mente la imagen de una mujer negra a la que conocí porque ambas comprábamos

266   RESPONDONA

con frecuencia en la tienda de segunda mano del Ejército de Salvación... Con frecuencia quiere decir que estábamos allí día sí y día también. Muchas veces traía a una nieta muy pequeña, una niña de tres o cuatro años. Le decía que se quedara quieta y en silencio hasta que fuera hora de volver a casa, incluso si la abuela se pasaba horas comprando. No le permitían hablar, reír ni jugar y, ciertamente, tampoco se podía mover del sitio. Solo hablaba cuando le daban permiso para hacerlo. Me fijé en que, muy a menudo, tanto personas blancas como negras hacían comentarios favorables acerca de la obediencia y de la «buena» conducta de la niña. Me pregunté cómo le iría en la escuela, si sería incapaz de hablar, si tendría miedo a hablar. ¿Recuperaría alguna vez los espacios colosalmente creativos de su interior después de años de aprender silencio, obediencia? No es un legado del que una se pueda desprender con facilidad.

Después de años de oír que decía las cosas equivocadas, de que me castigaran por ello, tuve que luchar para encontrar mi voz, para sentir que podía hablar sin ser castigada. Al escribir *¿Acaso no soy yo una mujer?*, me sentí obligada a enfrentarme al miedo a la expresión. Me parecía un esfuerzo imposible. ¿Cómo podía Gloria encontrar su voz, hablar de un modo firme y directo, cuando estaba tan acostumbrada a encontrar maneras veladas de expresión, maneras abstractas, opacas? El pseudónimo tuvo una función muy terapéutica. Gracias al nombre de bell hooks pude reclamar una identidad que afirmaba mi derecho a hablar. La Gloria que yo había construido iba a llevar una vida monástica, una vida espiritual, la de una escritora solitaria y aislada. No iba a escribir libros feministas. Es importante recordar que, cuando empecé a escribir, tenía diecinueve años. bell hooks podía escribir libros feministas y tener voz. Y me pareció muy adecuado que se tratara de un nombre tradicional, del siglo XIX. Durante ese siglo, las tradiciones intelectuales dominadas por mujeres negras eran muy potentes. Mujeres como Anna Cooper, Frances Ellen Harper o Mary Church Terrell daban expresión a la visión radical de mujeres negras preocupadas por la política, por la lucha por la liberación. Me pareció muy conveniente y adecuado encontrar fuerza y valor en una mujer negra desconocida del siglo XIX cuyo legado de discurso fuerte y serio se había conservado en la historia oral, era recordado. Bell hooks, tal y como la conocía a través de la historia familiar compartida, tal y como la soñé y la inventé, se convirtió en un símbolo de aquello en lo que me podía convertir, de todo lo que mis padres habían esperado que la pequeña Gloria no llegara a ser jamás. Gloria tenía que ser una chica sureña dulce, silenciosa, obediente, agradable. No debía tener el ramalazo salvaje que caracterizaba a las mujeres de mi familia materna. De hecho, mi madre, Rosa Bell, parecía sentirse muy orgullosa de haber sido capaz de aprender a controlar sus impulsos salvajes y creativos, de obedecer y conformarse a la norma.

Elegir este nombre como pseudónimo fue un gesto de rebeldía. Formó parte de una estrategia de empoderamiento que me permitió renunciar a Gloria, devolvérsela a quienes la habían creado, para poder buscar mi propia voz, mi identidad. Aunque anhelaba renunciar al aspecto obediente de la persona que se suponía que Gloria tenía que ser, no quería renunciar a mi creencia en la importancia de la espiritualidad como fuerza vital. Esas creencias fueron aún otro acicate para usar un pseudónimo. Gran parte del pensamiento religioso con el que conectaba insistía en la renuncia del ego, del yo omnipresente, insistía en el desapego. Usar el pseudónimo me recordaba constantemente que mis ideas eran una expresión de quién era yo, pero no ofrecían una imagen completa. No quería identificarme excesivamente con esas ideas, apegarme tanto a ellas que acabara siendo incapaz, o me negara, a cambiar de postura, a dejarlas ir si fuera necesario, a admitir errores en mi pensamiento. Esto era especialmente importante para mí, porque el material nuevo que iba encontrando cuestionaba muchas de las ideas preconcebidas que tenía acerca de las experiencias de las mujeres negras. Ser consciente en todo momento de que con este trabajo no estaba creando una identidad nueva para mí, que solo estaba compartiendo ideas, era fundamental para mi crecimiento intelectual. En el entorno académico, he visto el apego extremo que muchos intelectuales tienen a sus ideales, de modo que actúan como si fueran posesiones, propiedades, que hay que conservar o mantener a toda costa. Entre las pensadoras feministas, he sido testigo de la reticencia a cambiar la percepción acerca de la experiencia de las mujeres blancas, del movimiento en defensa de los derechos de las mujeres en Estados Unidos. Con frecuencia, me parecía que identificarse en exceso con las ideas, que verlas no como meras expresiones de uno mismo, sino como representaciones absolutas de la identidad, bloqueaba tanto el pensamiento creativo crítico como el crecimiento intelectual. Al usar el pseudónimo, buscaba de forma consciente separar las ideas de la identidad, de modo que pudiera permanecer abierta a las confrontaciones y al cambio.

Aunque el pseudónimo no resuelve en absoluto este problema, no cabe duda de que crea cierta distancia entre la obra publicada y el autor. A un nivel de experimentación, tenía curiosidad por saber cómo el hecho de usar un pseudónimo afectaría al modo en que me veía a mí misma, al modo como veía el trabajo. Al principio no estaba muy segura de que me permitiera sentir que había cierta distancia no solo entre yo misma y el trabajo publicado, sino también con las respuestas a ese trabajo. Pensé que, quizá, esa distancia creada artificialmente no ejercería demasiado impacto. Me equivoqué. La primera vez que la obra publicada me llegó por correo, sostuve el libro frente a mí y al ver el nombre de bell hooks sentí una distancia que sabía que no habría estado ahí si el nombre en la portada hubiera sido el mío. Entonces, al fijarme en el diseño de la portada, pensé en la relación entre bell hooks y el título; bell hooks estaba escrito en minúscula, sin ninguna mayúscula. Por el contrario, todas las palabras del título empezaban por mayúscula. Para mí, la cuestión de la identidad surgía ya por la ausencia de comillas que enmarcaran la pregunta «¿Acaso no soy yo una mujer?», por la ausencia de cualquier comentario en las páginas interiores que identificaran esas palabras como propiedad de Sojourner Truth, que descartó su nombre asignado, Isabelle Bumfree, porque cuando dejó atrás la esclavitud quiso dejar también atrás todos los indicios que se la recordaran. Con el nombre de Sojourner Truth evocaba su nueva llamada a la política revolucionaria, además de su obra espiritual; era un nombre liberador. El movimiento feminista contemporáneo se ha apropiado y ha usado y explotado el nombre de Sojourner Truth y la frase «acaso no soy yo una mujer» de un modo muy parecido a como el trabajo de las mujeres negras ha sido usado y explotado por el patriarcado capitalista y supremacista blanco. Debo destacar que no pensaba que estuviera ocultando la identidad de Sojourner Truth ni usando sus palabras como si fueran mías, sino que lo que quería era afirmar la experiencia que evocan, alejar la atención de la identidad personal, del orador, y devolverla a las palabras y al significado que evocaban. Sentía que esta frase era una pregunta que las mujeres negras contemporáneas debíamos plantearnos todavía, a medida que nos enfrentábamos a una sociedad racista y sexista que intentaba negar nuestra feminidad.

El anhelo de alejar la atención de la personalidad, del yo, y centrarla en las ideas respaldó mi decisión de usar un pseudónimo. En mi opinión, el culto a la personalidad había limitado gravemente el movimiento feminista, porque parecía que, muchas veces, estábamos más preocupadas por quién hablaba o escribía que por lo que se decía. Viviendo como vivimos en una cultura que promueve el narcisismo, que lo alimenta porque desvía la atención de nuestra capacidad de formar compromisos políticos y abordar cuestiones distintas a la identidad, quería construir una obra que estableciera distancia entre la personalidad, entre la identidad del orador y aquello de lo que se hablaba. Esperaba que el texto resultara más conmovedor si se leía sin ninguna percepción ni idea preconcebida acerca de la autora. Como bell hooks era una escritora y pensadora desconocida, era imposible que los lectores se remitieran a una personalidad. El objetivo del pseudónimo no era ocultar o esconder mi identidad, sino desplazar la atención de ella, hacerla menos relevante. Los derechos de autor del libro se registraron con mi nombre verdadero, que aparecía en la página de créditos. Cuando el libro se publicó por primera vez, algunos lectores sugirieron que había usado un pseudónimo para evitar asumir la responsabilidad por esa obra descarada y terrible. A diferencia de lo que sucede en el reino de las obras de ficción, el uso de un pseudónimo para publicar obras académicas, para hacer crítica social, se consideraba inadecuado e inaceptable, era una acción sospechosa. Una editorial accedió a publicar el libro a condición de que no usara el pseudónimo. Este tipo de respuestas llevaron a que algunos críticos hicieran aún más énfasis en la identidad personal para reforzar sus ataques. Irónicamente, en muchos aspectos el uso del pseudónimo no fue una estrategia eficaz para alejar la atención de la personalidad. A medida que el libro fue ganando lectores, a medida que los lectores querían saber más acerca de la autora, a medida que empecé a hablar en público acerca de la obra, me pedían constantemente que explicara el uso del pseudónimo. Me resultaba especialmente desalentador que fuera el primer tema del que el público quería hablar cuando terminaba la ponencia. Y escribo este artículo en parte como respuesta a todas esas preguntas.

En el marco de una sociedad de consumo capitalista, el culto a la personalidad tiene el poder de subsumir ideas, de convertir a la persona, a la personalidad, en el producto, en lugar de hacerlo con la obra. Las estrategias de publicidad y de marketing refuerzan el énfasis sobre la persona como producto. Cuando a esto se le suma el anhelo de reconocimiento que tienen muchos autores, el deseo de ver validada no solo nuestra obra, sino también nuestra persona, nos volvemos susceptibles a la explotación. La faceta del ego que permite prestar una atención narcisista al yo conduce a lo que mi abuela describía como pérdida del alma. Hace poco, oí a la autora negra Ann Petry, que tiene casi ochenta años, hablar acerca de cómo el culto a la personalidad, sobre todo si afecta a la vida del autor, promueve una fragmentación del yo que amenaza a la capacidad de mantenernos enteros. Habló del enorme éxito que consiguió en la década de 1940 y explicó que la atención que el público prestaba a su vida personal empezó a alterar su identidad como pensadora y como escritora. Me resultó especialmente conmovedor oírla hablar acerca de cómo el hecho de que su identidad personal recibiera tanta atención hizo que sintiera que iba perdiendo pedacitos de sí misma. Para mí, usar un pseudónimo ha sido una manera de evitar convertirme en un «producto». Forma parte de un esfuerzo continuado para mantener mi bienestar interior al tiempo que comparto en público parte de mí, tanto a través de mi obra como hablando en público.

En realidad, el uso del pseudónimo no ha conseguido desviar la atención del público de la identidad del escritor, de la personalidad del autor, en la medida que esperaba que lo hiciera. Sin embargo, sí que hizo que fuera más consciente de la relación que existe entre autor, identidad y texto. Incluso sin información acerca de bell hooks, los lectores compartían conmigo con frecuencia la identidad que habían construido a partir del nombre y del modo en que estaba escrita la obra. Me ha resultado muy interesante llegar a lugares donde bell hooks debía dar una charla y ver que el público seguía esperando que apareciera, convencidos de que habría algo en su aspecto, algo que su nombre y su obra sugería, que les permitiría reconocerla. Lo sé, porque muchas personas han tenido la generosidad de compartir conmigo sus impresiones. Con frecuencia, las mujeres me dicen que imaginan a bell hooks como a una mujer grande y de voz potente. Y me pregunto si esas percepciones están modeladas por las imágenes estereotípicas de la feminidad negra, donde las mujeres negras asertivas que dicen lo que piensan se representan con un físico imponente. En otras ocasiones, percibo la decepción que sienten los lectores que han inventado para bell hooks una presencia que yo no encarno, lectores que se sienten defraudados o incluso traicionados por quién soy yo en realidad. La interfaz entre mi «yo» como persona real y mi «yo» como autora invisible me obliga a examinar nuestra obsesión con la personalidad, con las representaciones del yo. Hace poco, entré en una cocina llena de mujeres negras que esperaban para dar la bienvenida a bell hooks. La primera expresión fue de sorpresa. Mantuvimos una conversación muy interesante acerca de cómo me habían imaginado y hablamos de cómo llegamos a poner tanto énfasis, demasiado, en el aspecto de las personas.

Otro aspecto de usar el pseudónimo es que, con frecuencia, me permite oír opiniones acerca de mi obra procedentes de personas que al principio no saben que están hablando con la autora. A veces resulta desconcertante y, con mucha frecuencia, bastante divertido. Como una vez en que un lector negro estaba en casa de una amiga y, durante una intensa discusión acerca del feminismo, me instó a que leyera a bell hooks. O cuando me mudé recientemente y mi vecina me ayudó a subir trastos al piso y al hablar de libros feministas me dio una crítica fantástica de *¿Acaso no soy yo una mujer?*, que me animó a leer. Fue un placer compartir con ella mis pensamientos acerca del libro. Describo estos pequeños incidentes, que son muy numerosos, porque han formado parte de la experiencia, del juego constructivo que supone usar un pseudónimo. Es inevitable que estas interacciones planteen cuestiones serias acerca del nombre y de la identidad.

El hecho de nombrar es un proceso importante. Ha sido una preocupación clave de muchos integrantes de grupos oprimidos que luchan por recuperarse a sí mismos, por autodeterminarse. Ha sido importante para la población negra de Estados Unidos. Pensemos en la multitud de esclavos afroamericanos que se cambiaron el nombre después de la emancipación o en el uso de apodos en las comunidades tradicionales, donde cada apodo dice algo acerca de quien lo lleva. En muchas tradiciones populares del mundo, como los inuit o los aborígenes australianos, dar nombre es una fuente de poder, es un gesto importante en el proceso de creación. Se da importancia al acto de poner nombre como un gesto que modela e influye profundamente en la construcción social del yo. En las tradiciones populares afroamericanas en el sur de Estados Unidos, el nombre se percibe como una fuerza que tiene la capacidad de determinar si una persona se podrá realizar plenamente como individuo, si podrá hacer realidad su destino y encontrar su lugar en el mundo.

Para mí, el nombre es una fuente de poder. También es fuente de un placer inmenso. Doy nombre a todo lo que me da algo (máquinas de escribir, coches, la mayoría de las cosas que uso). Es una manera de reconocer la fuerza vital de todos los objetos. Con frecuencia, los nombres que doy a cosas y a personas tienen que ver con mi pasado. Son una manera de preservar y de honrar aspectos de ese pasado. En las tradiciones afroamericanas, hablar del reconocimiento a los antepasados ha sido una manera de hablar de cómo aprendemos de personas a las que no hemos conocido, pero que viven de nuevo en nosotros. En las tradiciones occidentales se habla de este mismo proceso, al que se denomina inconsciente colectivo, el medio por el que heredamos la sabiduría y las costumbres de nuestros antepasados. Hablé con un anciano negro acerca de los nombres y me recordó que, en nuestra tradición negra sureña, creemos que la persona no muere nunca mientras quede alguien que recuerde su nombre, alguien que lo pronuncie. Cuando se pronuncia el nombre de bell hooks, el alma de mi bisabuela se despierta.

CAPÍTULO
24

Entrevista

No sería exagerado decir que Gloria Watkins es objeto de gran controversia, crítica, elogio y curiosidad por parte de casi todos los sectores de la comunidad de Yale. Este año, la solicitud de matrícula en sus dos asignaturas ha duplicado o triplicado las expectativas y la conferencia que dio en la Facultad de Derecho en febrero atrajo a tantas personas que tuvieron que trasladarla a una sala más grande, que tampoco bastó para acomodar a todo el público. Fui alumna suya en la asignatura de Literatura Afroamericana el trimestre pasado y aprendí rápidamente que Gloria no es la típica profesora de Yale. Tal y como explica en esta entrevista, le gusta plantear desafíos, tanto a sí misma como a los demás. Es precisamente este desafío constante a las normas sociales aceptadas lo que hace de Gloria Watkins una profesora que inspira, una autora de teoría feminista radical que mueve a la reflexión y un tema de conversación preferido en las sobremesas.

A continuación encontrarán la entrevista que le hice a Gloria el 24 de marzo y en la que habló de sus libros, de su conferencia en la Facultad de Derecho (titulada «Queremos ser amadas y queremos ser libres; queremos ser libres y queremos ser amadas») y su postura en relación con «las políticas de la dominación».

YVONNE ZYLAN

YZ: Antes has comentado que recibiste muchas críticas por no haber mencionado el lesbianismo en ¿*Acaso no soy yo una mujer?*

GW: Bueno, creo que preguntar por qué no hablo del lesbianismo es una crítica legítima y lo cierto es que es una cuestión muy complicada. Barbara [Smith] y otras me han acusado de homofobia. Recuerdo que cuando conocí a Adrienne Rich me dijo que no le gustaba lo que había hecho con las lesbianas en ¿*Acaso no soy yo una mujer?* y yo le pregunté qué les había hecho. Sentían que, al silenciarlas, demostraba mi homofobia. Creo que la homofobia tiene que ver con personas que tienen miedo y que tienen prejuicios contra las personas homosexuales. Y, ciertamente, el silencio *puede* ser una expresión de ello. En cuanto a ¿*Acaso no soy yo una mujer?*, como ya sabrás si lo has leído, es un libro polémico, critico a casi todo el mundo y huelga decir que cuando las lesbianas aparecían en el libro (aparecían en el manuscrito original), lo hacían en un contexto crítico. Mi editora en la época (una mujer blanca lesbiana) creyó que tendría que haber dicho cosas más positivas acerca de las lesbianas. Básicamente, yo criticaba que se equiparara el feminismo con el lesbianismo y también planteaba la cuestión de si, hasta cierto punto, las mujeres lesbianas tienen más en juego en el movimiento feminista, en el sentido de construir una cultura, de construir lugares de reunión distintos, etc. Nuestra discusión se centraba en que ella afirmaba que si yo planteaba todas esas críticas, también debía decir cosas positivas. En aquel momento, estaba harta de escribir. Llevaba años escribiendo, así que le dije que no pensaba escribir nada más. Sin embargo, también le dije que era consciente de que vivíamos en una cultura homófoba y de que corríamos el riesgo de que al hablar de un modo crítico acerca de las personas homosexuales sin compensarlo con comentarios positivos contribuyéramos a perpetuar la homofobia. Así que eliminé absolutamente todos los comentarios en los que aparecían las palabras homosexual o lesbiana y por eso ahora Cheryl Clarke dice de mí en *Home Girls* que bell hooks es tan homófoba que ni siquiera puede usar la palabra «lesbiana». No puse el adjetivo «lesbiana» junto a sus nombres, ¿significa eso que las estoy silenciando? Le dije que no había mencionado la preferencia sexual de nadie junto a sus nombres... Estas cuestiones me resultan muy complejas. Creo que había diferencias ideológicas más profundas que quedaron ocultas tras la crítica más general de homofobia.

YZ: ¿Crees que esa crítica te influyó cuando escribiste *Feminist Theory: from margin to center?*, porque es evidente que hablas mucho más del heterosexismo y de la homofobia y de cómo afectan a...

GW: Creo que una de las cosas que tuve que asumir es que todo es un proceso. Hay que recordar que cuando empecé a escribir *¿Acaso no soy yo una mujer?* tenía diecinueve años... Escribí gran parte del libro en Palo Alto y en Wisconsin y, para cuando llegué a *Feminist Theory: from margin to center*, vivía en el área de la Bahía de San Francisco, la mayoría de mis alumnas eran lesbianas y vivía a media jornada con una pareja de lesbianas en San Francisco... Lo que quiero decir es que toda mi perspectiva había cambiado de múltiples maneras y, bueno, se había expandido durante el proceso de aprendizaje y de interacción, mientras daba clase en la Universidad Estatal de San Francisco. Creo que muchas de esas experiencias moldearon *Feminist Theory: from margin to center*. No quiero restar importancia a que me sentí muy dolida, a que me hizo mucho daño, como persona que siempre se había sentido muy antihomófoba y que en su vida cotidiana se esforzaba siempre en enfrentarse a la homofobia... Me hundí. No olvidaré nunca que el día en que entré en una librería y vi *Home Girls* y fui directamente al párrafo donde Cheryl Clarke me acusaba de ser tan homófoba me sentía especialmente desanimada. Empecé a gritar y a llorar. Me dolió muchísimo que la gente pudiera hacer esas afirmaciones tan descabelladas acerca de mí, como persona, a partir de su análisis del libro... Creo que todos deberíamos ser muy cuidadosos antes de empezar a etiquetar a la gente así, basándose en algo que el otro ha escrito, sobre todo algo como *¿Acaso no soy yo una mujer?*, cuyo pecado ha sido lo que no he dicho, en lugar de lo que sí he dicho. Ni una sola de las personas que me ha criticado se ha molestado en llamarme para preguntarme por qué no hablo del lesbianismo en el libro.

YZ: Hablemos un poco de tu conferencia en la Facultad de Derecho el mes pasado. Hubo cierta hostilidad, al final, durante la ronda de preguntas y respuestas, y parece que hay mucha hostilidad acerca de cómo abordas la enseñanza y el material que debates. Hablaste en... en *Margin to center* hablas de que, una y otra vez, cuando hay hostilidad, cuando hay ira, cuando hay lágrimas, puede ser una manera efectiva de cambiar y de ayudar a otro, o a uno mismo, a adoptar una perspectiva nueva. ¿Provocas este tipo de confrontaciones de un modo consciente?

GW: En absoluto. Lo que *sí* hay siempre por mi parte es un intento consciente de cuestionar. Quiero decir, no hay un solo día en el que no me critique a mí misma y no me autoexamine para determinar si la manera como vivo, la manera como hablo y la manera como me presento es un reflejo de mi ideología política. Creo que una de las mejores lecturas de *¿Acaso no soy yo una mujer?*, al menos para mí, fue la de una alumna blanca de Santa Cruz, una alumna de posgrado, Katie King, que me dijo que sentía que siempre le pido a todo el mundo que cambie de paradigma y que siempre que le pedimos a alguien que cambie de paradigma, responde con hostilidad. No sentí que fuera hostil durante la conferencia [en la Facultad de Derecho]. Creo que lo que hice fue afirmar el poder, no creo que lo afirmara con la intención de dominar, pero lo afirmé. Con frecuencia, me da la sensación de que gran parte de la hostilidad que la gente siente hacia mí se debe a que vivimos en un mundo en el que las mujeres no suelen afirmar su poder, y la gente se enfada cuando alguna lo hace. Siento que a las mujeres no se nos permite adoptar un estilo distinto al maternal.

Es decir, la gente elogia a los profesores varones excéntricos, o lo que sea, pero si una mujer presenta exactamente las mismas características, es objeto de escrutinio y de críticas. Creo que durante la conferencia me mostré muy abierta, muy compasiva y muy vulnerable. Durante los ruegos y preguntas no fui ninguna de esas cosas. Estaba cansada y, cuanto más cansada estaba, menos dispuesta estaba a llevar la carga de la conversación. Una de las cosas que dije fue que, en la mayoría de los casos, intento devolver la pregunta a mi interlocutor, pero, de nuevo, trabajamos en un paradigma en el que, normalmente, los oradores son muy afectuosos durante los ruegos y preguntas. Son muy receptivos, o al menos adoptan una actitud de receptividad, y yo no lo hice en absoluto. De hecho me sorprendí a mí misma, nunca había sentido una división tan fuerte, pero creo que la conferencia me resultó muy dura. Creo que no me dieron demasiado margen en términos de lo difícil que es hablar acerca de la dominación masculina en un lugar donde ciertamente no se habla de dominación a diario y la dificultad de dar una conferencia en un lugar en el que además hablas de tu vida personal... ¿Cuánta gente aquí intenta integrar la experiencia personal en su trabajo teórico y analítico? No mucha. Todo esto hizo que la conferencia me resultara muy, muy estresante. Además, me resulta interesante que, ya antes de empezar a hablar, dije en varias ocasiones que estaba cansada, pero eso no hizo que la gente cambiara ni un ápice sus expectativas. Me impresionó ver que la mayoría de los comentarios que recibí tuvieron que ver con el periodo de ruegos y preguntas, en lugar de con la conferencia en sí misma.

YZ: ¿Crees que es algo que te sucede con frecuencia? ¿Que la manera en que presentas algo desvía la atención de lo que dices?

GW: Sí, y creo que deberíamos desconfiar mucho de eso, la gente no quiere hablar de la dominación masculina... Qué cómodo resulta transformar una conversación sobre la dominación masculina en una crítica hacia mi persona. Hace poco, hablé en un festival de cine de mujeres negras y fue interesante, porque se suponía que el tema de conversación iban a ser las mujeres negras y cómo encontrar una voz femenina negra. Ni el público ni los miembros de la mesa de debate se centraron en las mujeres negras. Sin embargo, eso parece lógico en una cultura en la que las mujeres negras estamos en lo más bajo del tótem social y económico. Así que tuve que decir a los presentes que debíamos dedicar unos instantes a reflexionar sobre cómo estábamos interactuando, porque cada vez que se ponía sobre la mesa el tema de las mujeres negras, pasábamos a otra cosa. Quería que reflexionáramos sobre la dificultad que experimentamos nosotras mismas a la hora de hablar de las mujeres negras, de tomarnos en serio la experiencia de la mujer negra. Me da la sensación de que esto es algo habitual en todo lo que tiene que ver con el feminismo. La gente desvía la atención de todo tipo de maneras.

YZ: En ¿*Acaso no soy yo una mujer?* y en *Feminist Theory: from margin to center* comentas que la gente te pregunta continuamente qué es más importante para una mujer negra, si la cuestión del racismo o la cuestión del sexismo. Y creo que intentas decir que ambos están relacionados y tienen la misma importancia. Sin embargo, en algunos de tus argumentos, se percibe que las cuestiones relacionadas con el racismo tienen cierta prioridad, que es más endémico de nuestra sociedad, de las estructuras que dominan y oprimen a las personas.

GW: Bueno, una de las cosas que sin duda he intentado decir es que hemos visto muchos más cambios estructurales en la posición de las mujeres, y sobre todo de las mujeres blancas y de las mujeres privilegiadas de nuestra cultura, de los que hemos podido ver en relación con la raza. La lucha feminista no es ni de lejos tan antigua como la lucha contra el racismo en esta cultura. Creo que decir que tienen la misma importancia no significa que no haya ocasiones en las que uno es más relevante que el otro. A medida que me voy haciendo mayor, creo que la cuestión del sexismo y de la dominación de género me obsesiona mucho más y pienso que es porque, a medida que mi posición se ha ido consolidando, muchas de las cosas a las que me he tenido que enfrentar en relación con la raza se han ido volviendo menos problemáticas que las cuestiones de dominación interpersonal, etc. Y creo que tendríamos que estar dispuestos a aceptar la posibilidad de que un tema adquiera prioridad sobre el otro en distintos momentos de la vida.

YZ: En *Feminist Theory: from margin to center* hablas de las cosas que causan divisiones en términos de «sororidad» y en la falsa sensación de vínculo por la opresión compartida, pero ¿acaso no es precisamente esa opresión compartida, o la percepción de opresión compartida, lo que reúne a las mujeres alrededor del feminismo? ¿Acaso no es necesaria?

GW: No parece que lo sea, Yvonne, al menos en términos de mujeres negras y blancas, porque nuestra sensación de opresión es muy distinta. O, digamos, por ejemplo, mujeres blancas y mujeres de color. Creo que esta también es una cuestión muy compleja. Si pienso en algunas de las sesiones de la semana pasada, en las que grupos de mujeres negras nos sentamos a hablar de cómo nos va la vida, sentí que nos unía un vínculo, por la similitud de las experiencias. Sin embargo, creo que si hubiera habido alguna mujer blanca en el grupo, la sensación de comunidad habría cambiado, porque mucho de lo que hablamos tenía que ver con la opresión tanto de sexo como de raza. Por supuesto, se puede forjar un vínculo a partir de experiencias compartidas y de la experiencia compartida de la opresión, pero no es un vínculo que trascienda las líneas de raza, clase y etnia. Creo que es un vínculo que podemos forjar, pero también creo que debemos insistir en un vínculo que se base en el compromiso político con el feminismo. Y, permíteme que te diga, después de haber salido de un contexto feminista muy potente, tanto en experiencia vital como en experiencia laboral, en California, y de haber llegado aquí, donde participo en entornos no feministas, que la diferencia me resulta increíble. Por ejemplo, el otro día estaba en una mesa de debate junto a dos mujeres que no estaban comprometidas con el feminismo y eso marcó una gran diferencia en cómo nos tratamos las unas a las otras como mujeres y en el devenir del debate. Para mí, es maravilloso y fantástico poder forjar vínculos con otras mujeres, y con hombres, a partir de un compromiso compartido con el feminismo.

YZ: Parece que uno de los temas recurrentes en tus argumentos es que las mujeres blancas burguesas que participaron en la organización del feminismo contemporáneo, que asumieron el control del mismo, etc., se implicaron en el feminismo como un medio para acceder a los privilegios exclusivos de los hombres en un sistema capitalista. Dices que las mujeres que han llegado al poder no hacen nada distinto con ese poder, que hacen lo mismo que los hombres... ¿Crees que es un fallo fundamental en el feminismo contemporáneo, que este se construyó como vehículo para que las mujeres se pudieran aprovechar más del sistema capitalista?

GW: Creo que es importante que la gente lea obras como *The Radical Future of Liberal Feminism*, de Zillah Eisenstein, que intentan documentar que el feminismo es un movimiento liberal y que insisten con fuerza en la necesidad de reforma. El movimiento por los derechos civiles también insistía mucho en la reforma. Y creo que ha sido una especie de tradición que, a excepción del comunismo o de otros movimientos anticapitalistas, el objetivo principal de la mayoría de los movimientos reformistas en el marco del capitalismo ha sido la lucha por algunos de los privilegios que ostentan las personas en el poder. Por lo tanto, en este sentido no creo que el movimiento feminista contemporáneo sea único, pero, al mismo tiempo, creo también que constituyó la base de un movimiento que excluye automáticamente a gran cantidad de personas. Por ejemplo, pensemos en algunos de los gestos simbólicos que caracterizaron los inicios del movimiento: la quema de sujetadores, las protestas ante el concurso de Miss America... ¿Y si los gestos simbólicos hubieran sido mujeres protestando por las condiciones de trabajo en una fábrica? Eso hubiera ejercido sobre nuestra conciencia un impacto mucho más radical que la imagen de personas quemando sujetadores o algunos otros de los gestos simbólicos que los medios de comunicación populares han considerado indicadores de la dirección del movimiento feminista. Y por mucho que la gente diga que el feminismo no va de eso en realidad, dará lo mismo si esos se convierten en los símbolos que el público general reconoce. En cierto sentido, si la población percibe así el feminismo, deberíamos pararnos a pensar. ¿Por qué no elegimos símbolos más potentes en términos de intención política?

YZ: En *Feminist Theory: from margin to center*, criticas la afirmación de Zillah Eisenstein de que el feminismo liberal puede ser radical. ¿Tú crees que no es así, por ese tipo de...?

GW: Bueno, no creo que ningún movimiento donde la gente imagine que podemos mantener los privilegios de clase del capitalismo al tiempo que aplicamos cambios radicales pueda ser radical. Creo que el libro de Zillah contiene muchísima información útil, pero, sencillamente, no veo cómo estar de acuerdo con las ideas que plantea, porque, en teoría, si su análisis fuera correcto, ya estaríamos presenciando esos cambios radicales y lo cierto es que presenciamos justo lo contrario, una regresión. Un alejamiento de las preocupaciones feministas.

YZ: En el capítulo *Rethinking the Nature of Work*, planteas que la idea de acceder al mundo laboral para lograr la liberación no es atractiva para las mujeres pobres, las mujeres que no son blancas, las mujeres de clase baja. ¿Quiere esto decir que no es importante que las mujeres que no tienen un trabajo remunerado logren cierto nivel de independencia económica? ¿O es que el trabajo no tiene un potencial liberador dado el contexto capitalista?

GW: La idea principal que quería transmitir es que el trabajo no puede proporcionar independencia económica a las personas que trabajan a cambio de un salario muy bajo. Lo cierto es que, cuando ganas lo justo para sobrevivir, no tienes la sensación de estar trabajando por algo que te permitirá tener cierta libertad de movimiento o de opciones... de opciones materiales o de otro tipo. No tienes la sensación de que el trabajo te vaya a liberar para tener tiempo. Imagina que estás casada, que trabajas a media jornada y que te sientes oprimida en el matrimonio, pero que tu salario sumado al de tu marido te permite disfrutar de algo de tiempo libre; tiempo para ir a comprar, para pasear por el parque, para leer. ¿Qué te podría motivar a renunciar a eso, por oprimida, deprimida o reprimida que estés en ese matrimonio, a cambio de una situación en la que tendrías que trabajar muchas más horas semanales y carecerías de la menor flexibilidad económica o de tiempo? Hubo cierto engaño, porque, en realidad, gran parte del énfasis del movimiento feminista sobre el trabajo tuvo que ver con las carreras profesionales, que por naturaleza son muy distintas al tipo de trabajo de la mayoría de las personas. Si llegas al mercado laboral con un doctorado o con otras habilidades que puedas utilizar, no es lo mismo que conseguir un trabajo de cuarenta horas semanales por un salario muy bajo. En mi experiencia personal, después de haber trabajado durante años a cambio de salarios muy bajos, porque durante los últimos cinco o seis años he trabajado a media jornada, es emocionante ganar [ahora] un salario que me permite cierta flexibilidad, donde puedo enviar algo de dinero a casa, viajar, hacer algo. Creo que sí podemos experimentar como liberador este tipo de trabajo. Pero el tipo de trabajo en el que al final de mes no te queda dinero, que no permite que tu vida cambie de forma significativa... no lo podemos experimentar como liberador. (Pausa... risa.) No te olvides de incluir la risa. (Más risas.)

YZ: Hablas del efecto divisorio que el clasismo, el racismo y el sexismo ejercen sobre la solidaridad entre mujeres y, aunque no me quiero hacer pesada con este tema, ¿qué hay del heterosexismo? Parece que es una ausencia clamorosa...

GW: Bueno, ya he hablado muchísimas veces de este tema. En mi opinión, el concepto de sexismo ya incluye la crítica al heterosexismo. No creo que el heterosexismo sea una categoría distinta, porque, para mí, es obvio que el heterosexismo es una derivada del sexismo. Es una derivada de la opresión de género. Lo que quiero decir es que cuando pienso en el sexismo como una especie de categoría general del patriarcado, tiendo a pensar que hay múltiples subcategorías, como la homofobia. Si quieres vivir en un mundo en el que, como parte de tu visión sexista, los hombres y las mujeres se casen, creo que la homofobia será necesariamente uno de los modos de pensamiento que promoverás. He discutido con gente que cree firmemente que un concepto no incluye el otro. Y yo creo que no hemos insistido lo suficiente en la realidad de que el heterosexismo es una dimensión clave del sexismo.

YZ: Pero ¿no crees que en sus manifestaciones específicas, en términos de su capacidad divisoria entre las mujeres, no crees que merece una mención *explícita*...?

GW: Sí, creo que, con toda seguridad, hablar acerca de eso habría reforzado mis argumentos... Me gustan mucho los términos «identificación femenina» e «identificación masculina», pero no como indicadores de preferencia sexual, sino en términos de a quién ubicamos en el centro de nuestras acciones, de nuestra identidad o como queramos llamarlo. Recuerdo [una de mis clases en California] donde las alumnas se lamentaban de que no tuviera una identidad lesbiana y algunas de ellas decían que se sentían muy mal, porque creían que una feminista tan potente como yo tenía que ser lesbiana. Betty, la mujer lesbiana negra con la que vivía, decía: «Gloria es una mujer que se identifica como mujer y cuyos intereses afectivos se orientan hacia el hombre». Creo que la sensación general de preocupación por *todas* las mujeres, de que cuando vemos a una mujer con problemas sintamos cierta sensación de unidad... eso es lo que me viene a la mente cuando pienso en qué significa identificarse como mujer. Cuando estoy en círculos no feministas, hablando, percibo con claridad qué significa eso, en términos de mujeres cuidando de mujeres, en términos de mujeres reconociendo a mujeres. En una conferencia a la que asistí hace poco, me sorprendió mucho que las mujeres que formaban parte de la mesa de debate no se miraran entre ellas. Miraban directamente a los hombres, hablaban con los hombres, se ocupaban de los intereses de los hombres, etc. Si en esa sala todas nos hubiéramos identificado como mujeres [en el festival de cine femenino negro], no habríamos tenido dificultades para poner a las mujeres negras en el centro del discurso. La sensación de que «las feministas de verdad son lesbianas» surgió de esa sensación de lo que significa identificarse como mujer. Como probablemente ya sepas, hay muchas mujeres lesbianas que no sienten esa solidaridad política con el resto de las mujeres.

YZ: En la conferencia [en la Facultad de Derecho] hablaste de las lesbianas que se visten como hombres y que adoptan esos avíos del poder. ¿Serían ellas mujeres que se identifican como hombres?

GW: Bueno, con algunas de mis mejores amigas, cuando hablábamos de estas mujeres las llamábamos «niñas de papá», porque muchas de ellas eran mujeres que habían crecido identificándose con sus padres y odiando de verdad a sus madres. Sé de una de ellas que acostumbraba a decir que no soportaba la indefensión de su madre y que su modelo de persona con poder había sido su padre. Y esas mujeres están ahí, quizá mantengan relaciones sexuales con otras mujeres, pero muchos de sus mejores amigos son hombres, de hecho se identifican más con los hombres que con las mujeres. Y, en cierto sentido, se convierten en hombres honoríficos que, al igual que los hombres, se acuestan con mujeres pero no tienen una sensación de respeto general hacia ellas. En realidad, pueden sentir un gran desprecio hacia las mujeres que no demuestran la misma fuerza y asertividad, etc. Recuerdo un periodo de mi vida, cuando era estudiante de licenciatura en la universidad, en el que quería que la gente me tomara más en serio. Sentí una verdadera necesidad de cortarme el cabello y de llevar ropa que no sugiriera sexualidad ni sensualidad. Una de las cosas que diría es que la mayoría de la ropa masculina no evoca sexualidad ni sensualidad, sobre todo si pensamos en los colores de la ropa que llevan los hombres. Pensemos, por ejemplo, en el traje como símbolo, una prenda de ropa que simboliza el poder masculino o, incluso, en el tipo de ropa del que hablé en la conferencia, el uniforme de los hombres de la clase trabajadora. Mi padre fue empleado de mantenimiento en la oficina de correos de nuestra ciudad durante más de treinta años y siempre llevaba ropa de colores apagados. No hay la menor sugerencia de sexualidad ni de sensualidad en esa vestimenta. En cierto sentido, una de las cosas que sabemos es que corresponde a las mujeres ser sexuales y sensuales, y que corresponde a los hombres, en el marco del patriarcado y del sexismo, conquistar esa sexualidad. La ropa que vestimos es un significante de esa expectativa. Sé que cuando quería que me tomaran en serio como una mujer joven intelectual y pensante, sentí la necesidad de destruir esos signos de sensualidad y de sexualidad de mi ropa. Para mí fue fantástico (ya sabes lo muchísimo que me interesa la moda) una vez que estuve en España, en Barcelona, hace un par de veranos, y pasaron los basureros. Todos llevaban uniformes de un naranja encendido y me encantó. Recuerdo que, al crecer, los basureros siempre me desagradaron porque me parecían sucios. Uno de los muchos artículos que quiero escribir acerca de la moda tiene que ver con lo mucho que esta cultura convierte al trabajo en la identidad de la persona. Cuando vi a esos hombres me alegré, porque tenían un aspecto luminoso, feliz, eran personas a las que podías mirar. Normalmente, los basureros llevan un uniforme gris y apagado, en absoluto atractivo, porque no les separa de la tarea que llevan a cabo, no es algo que nos recuerde su humanidad y su identidad como personas.

YZ: Gran parte de tu análisis recupera la idea de que el capitalismo refuerza los sistemas de opresión (corrígeme si me equivoco), así que, ¿hay que desmontar el capitalismo o hay que desmontar uno a uno los sistemas de opresión?

GW: Bueno, sí, iba a estar en desacuerdo contigo. Creo que gran parte de mi análisis insiste en la idea de que los sistemas de dominación están entreverados, es lo que en ocasiones denomino «política de dominación». Creo que el capitalismo no es más que una manifestación de esa política de dominación. Y también creo que cualquier forma de socialismo que dé prioridad a los valores materiales por encima de los valores humanos se puede integrar también en un sistema de dominación, por lo que no creo que el capitalismo sea el único mal y haya que eliminarlo... pero, ciertamente, sí creo que es un elemento clave del sistema de dominación que hay que desmantelar.

YZ: Entonces, cuando hablas de una «política de dominación», te refieres a todos esos sistemas de opresión interrelacionados...

GW: Y también al terreno ideológico que comparten, que es una creencia en la dominación y en los conceptos de superior e inferior, que son elementos de todos esos sistemas. Para mí es como una casa, comparten los cimientos, pero los cimientos son las creencias ideológicas sobre las que se construyen los conceptos de dominación. Uno de ellos, y del que hablo con frecuencia en clase, es el dualismo metafísico occidental. Todo el concepto del bien, del mal, del demonio, del triunfo de la virtud sobre la maldad y todos esos conceptos.

YZ: ¿Y qué hay de la pregunta que te hicieron al final de la conferencia, la pregunta de Matt (Hamabata, profesor de Sociología)? ¿Por qué querrían cambiar los hombres, qué tienen ellos que ganar?

GW: Bueno, lo que me irritó de verdad de esa pregunta, de hecho pasé varios días pensando en ella, es que muchas personas expresaron esta idea tan consolidada de que los hombres no cambiarán nunca. Y pensé, ¿podemos imaginar el desaliento de los negros durante la esclavitud si hubiéramos pensado que el sistema no cambiaría nunca, que no había nada que pudiera cambiar en cuanto a los blancos, ya fuera como grupo o a título individual? Creo que una de mis frases preferidas, una frase que repito mucho y que esa noche no mencioné porque estaba demasiado cansada es que «si no lo podemos imaginar, no lo podemos hacer realidad». Creo que es necesario que creamos que los hombres pueden cambiar y creo firmemente que hay ejemplos concretos de hombres que han cambiado. No podemos invalidar esa realidad insistiendo en que ellos no tienen nada que ganar, que no hay esperanza de que cambien nunca. Creo que, en cierto sentido, es muy irónico que fuera Matthew Hamabata quien me hiciera la pregunta. Para mí, el mero hecho de que un hombre así haya podido nacer en un entorno que favorecía que se identificara con las mujeres y con la lucha de las mujeres por la liberación es un significante de la posibilidad de cambio.

YZ: Bueno, cuando hiciste la comparación con cómo ha cambiado la gente blanca, Matt continuó la pregunta diciendo que no veía que los blancos estuvieran renunciando a llevar las riendas del poder. Es cierto que ha habido cambios enormes, pero también lo es que el patriarcado capitalista supremacista blanco permanece intacto.

GW: Sí, es cierto. Pero no creo que eso signifique que debamos dejar de resistirnos al sistema ni renunciar a la esperanza de que cambie o de que lo cambiemos, si es que no cambia por iniciativa propia. Y no creo que tengamos que entender el cambio necesariamente como que las personas privilegiadas renuncien al privilegio. Quizá el cambio sea que las personas que no participan del privilegio se lo arrebaten a quienes lo ostentan. Lo vemos en luchas revolucionarias en todo el planeta. Vemos el compromiso por parte de los pueblos oprimidos, ciertamente en lugares como Nicaragua o El Salvador, para hacer que la vida de las personas privilegiadas, de los opresores, sea muy distinta, sea muy difícil. Sin embargo, en la conferencia decía que hay hombres que sufren, y creo que el cambio feminista podría ser una manera de poner fin a ese dolor. Ahora, que los hombres decidan hacerlo o no es otra cosa, creo que soy muy pesimista al respecto. De todos modos, sigo pensando en que debemos insistir en ello como en un espacio y un lugar para el cambio.

Las mujeres negras y el feminismo

Hacia finales de 1987, hablé en una cena anual para mujeres negras en la Universidad Tufts. La ponencia se titulaba «Mujeres negras en instituciones predominantemente blancas». Me emocionaba la idea de hablar ante tantas jóvenes negras, pero me sorprendió que me plantearan que el sexismo no es una cuestión política relevante para las mujeres negras, que el verdadero problema es el racismo. Aunque lo he oído muchas veces, lo cierto es que tampoco esperaba tener que demostrar una y otra vez que el sexismo asegura la explotación y la victimización de muchas mujeres negras. Encontrarme ante estas jóvenes negras a quienes el sexismo no preocupaba lo más mínimo me hizo pensar que el feminismo no había conseguido desarrollar una política que interpelara a las mujeres negras. En concreto, pensé que las mujeres negras activas en la lucha de liberación negra de la década de 1960 y principios de la de 1970, que habían hablado y escrito acerca del sexismo (¿Recuerdan la antología *The Black Woman*, compilada por Toni Cade Bambara?), defraudaron a nuestras hermanas pequeñas cuando no llevaron a cabo un esfuerzo político más sostenido para que las mujeres negras (y las personas negras) entendieran mejor el impacto que la opresión sexista ejerce sobre nuestras vidas.

Cuando empecé a compartir mis experiencias personales con el racismo y el sexismo y señalé incidentes concretos (sobre todo en relaciones con hombres negros), sentí que se había levantado un velo. De repente, el grupo reconoció lo que hasta entonces había negado: cómo el sexismo nos hace daño como mujeres negras. Antes había explicado que muchas alumnas negras en instituciones predominantemente blancas se quedan calladas en las clases y había insistido enfáticamente en que, si queremos progresar en esos espacios, tenemos que alzar la voz, no podemos permanecer en silencio. Durante la conversación que siguió, estas mujeres hablaron acerca de padres negros que les habían dicho a sus hijas que «nadie quiere a una negra gritona». El grupo manifestó emociones ambivalentes acerca de hablar, sobre todo en relación con cuestiones políticas en el contexto del aula, donde con frecuencia se sentían atacadas o no apoyadas por otras alumnas negras.

Su reticencia inicial a reconocer el sexismo me recordó conversaciones anteriores que había mantenido con otras mujeres negras acerca tanto del libro como de la película *El color púrpura*. Las conversaciones se habían centrado casi exclusivamente en debatir si la representación de la brutal dominación sexista de una mujer negra a manos de un hombre negro tenía base real alguna. Me sorprendió hasta qué punto podían llegar para afirmar que el sexismo en las comunidades negras no ha promovido el maltrato y la subyugación de mujeres negras a manos de hombres negros. Esta feroz negativa hunde sus raíces en la respuesta de la población negra ante el racismo y la supremacía blanca. Tradicionalmente, para los negros ha sido importante afirmar que la esclavitud, el *apartheid* y la discriminación continuada no han mermado la humanidad de las personas negras, que la raza no solo ha sobrevivido, sino que la supervivencia de las familias y de las comunidades negras es un testimonio vivo de nuestra victoria. Por lo tanto, reconocer que el sexismo ha erosionado a nuestras familias y a nuestras comunidades no solo exigiría reconocer que el racismo no es la única forma de dominación y de opresión que afecta a nuestro pueblo; significaría cuestionar de forma crítica la creencia de que nuestra supervivencia como pueblo depende de crear un clima cultural en el que los hombres negros pueden lograr la masculinidad en el marco de paradigmas construidos por el patriarcado blanco.

Con frecuencia, la historia de nuestra lucha como pueblo negro se equipara al esfuerzo de los varones negros a acceder al poder y al privilegio patriarcal. En palabras de una alumna universitaria negra, «si queremos redimir la raza, antes tenemos que redimir la masculinidad negra». Si esta redención significa construir una sociedad en la que los hombres negros asumen la función masculina estereotípica de proveedor y de cabeza de familia, el sexismo no se considera destructivo, sino un elemento esencial para promover y mantener la familia negra. Por desgracia, la aceptación de este modelo ha impedido que reconozcamos que la dominación sexista por parte de los hombres negros no ha mejorado ni enriquecido la vida de las familias negras. Los aspectos aparentemente positivos del patriarcado (cuidador y proveedor) han sido los más difíciles de conseguir para gran cantidad de hombres negros, mientras que los negativos (mantener el control mediante la violencia psicológica o física) se practican a diario. Hasta que la población negra redefina de un modo revolucionario y no sexista los términos de nuestra liberación, las mujeres y los hombres negros seguirán enfrentados por la cuestión de si apoyar los esfuerzos feministas para poner fin al sexismo es contrario a nuestros intereses como pueblo.

En su interesante ensayo *Considering Feminism as a Model for Social Change*, Sheila Radford-Hill hace la útil crítica de que las mujeres negras que elaboran teoría feminista, yo incluida, nos centramos más en el racismo de las mujeres blancas en el movimiento feminista y en la importancia de la diferencia racial que en cómo la lucha feminista podría reforzar y ayudar a las comunidades negras. La naturaleza de nuestra experiencia modelaba, en parte, la dirección de nuestro trabajo. No solo había muy pocas mujeres negras que escribieran teoría feminista, sino que la mayoría de nosotras no vivíamos ni trabajábamos en comunidades negras. El objetivo de *¿Acaso no soy yo una mujer?* no era centrarme en el racismo de las mujeres blancas. Su propósito principal era poner de manifiesto que el sexismo determina en gran medida el estatus social y la experiencia de las mujeres negras. No reflexionaba sobre cómo el hecho de luchar para poner fin al sexismo podría beneficiar a la población negra, pero esa es la cuestión que me ocupa ahora.

Muchas mujeres negras insisten en que no se unen al movimiento feminista porque no pueden forjar lazos con mujeres blancas racistas. Si alguien afirma que hay mujeres blancas que se resisten y cuestionan el racismo de verdad y que están sinceramente comprometidas con poner fin a la supremacía blanca, se le acusa de ser ingenuo, de no reconocer nuestra historia. La mayoría de las mujeres negras, ricas y pobres, tienen contacto con mujeres blancas, normalmente en el entorno laboral. Allí, las mujeres negras cooperan con las blancas a pesar del racismo. Y, sin embargo, las mujeres negras se muestran reticentes a mostrarse solidarias con las feministas blancas. La conciencia de las mujeres negras está modelada por el racismo interiorizado y por las preocupaciones de las mujeres blancas reaccionarias, expresadas en la cultura popular en forma de series televisivas o el mundo de la moda y la cosmética blanca, que miles de mujeres negras consumen sin rechazar la propaganda racista y la devaluación de las mujeres negras.

No se cuestiona ni se confronta el hecho de emular a las mujeres blancas o de relacionarse con ellas en estas áreas «apolíticas». Sin embargo, no sé de ninguna mujer negra defensora de la política feminista que no se vea bombardeada por el interrogatorio continuado de otras personas negras por su relación con mujeres blancas racistas (como si no tuviéramos la inteligencia política suficiente para determinar si las mujeres blancas son racistas o no o cuándo nos interesa actuar en solidaridad con ellas).

En ocasiones, la insistencia de que el feminismo es, en realidad, «una cosa de blancas que no tiene nada que ver con las mujeres negras» oculta la ira que las mujeres negras sienten hacia las mujeres blancas, una ira anclada en la relación histórica de sirviente-servida en la que las mujeres blancas usaban el poder para dominar, explotar y oprimir. Muchas mujeres negras comparten esta animosidad, que se evoca una y otra vez cuando las mujeres blancas intentan ejercer su poder sobre nosotras. Tenemos que diferenciar entre esta resistencia a ser dominadas por las mujeres blancas y la negativa de las mujeres negras a relacionarse con mujeres blancas en la lucha feminista. Muchas veces, la negativa también tiene que ver con los modelos sexistas tradicionales: las mujeres aprenden a verse como enemigas, como amenazas, como competidoras. Muchas veces, ver a las mujeres blancas como competencia a la hora de encontrar trabajo, de encontrar pareja, de encontrar validación en una cultura que solo valora a grupos selectos de mujeres ejerce de barrera e impide formar lazos incluso en contextos donde las mujeres blancas no actúan de forma dominante. En algunos entornos, trivializar el feminismo se ha convertido en una manera de cantar victoria sobre las mujeres blancas.

Las mujeres negras tenemos que separar el feminismo como agenda política de las mujeres blancas, o nunca nos podremos centrar en cómo el sexismo afecta a las comunidades negras. Aunque hay algunas mujeres negras (yo soy una de ellas) que afirman que nos empoderamos cuando usamos el término «feminismo», cuando abordamos nuestras preocupaciones como mujeres negras además de nuestra preocupación por el bienestar de la comunidad humana global, lo cierto es que hemos ejercido un impacto mínimo. Los pequeños grupos de teóricas y activistas feministas que usan el término «feminismo negro» (como el Colectivo río Combahee) no han tenido demasiado éxito a la hora de organizar grupos numerosos de mujeres negras o de estimular un interés generalizado por el movimiento feminista. Su declaración de intenciones y sus planes de acción se centran exclusivamente en que las mujeres negras reconozcan la necesidad de formas de separatismo. El argumento de que las mujeres negras, como colectivo, no defienden el feminismo porque no están dispuestas a relacionarse con mujeres blancas racistas es especialmente problemático. Las barreras principales que impiden que las mujeres negras defiendan la política feminista son el heterosexismo, el miedo a que se piense que traicionan a los hombres negros o que promueven el odio a los hombres y, por lo tanto, parezcan menos deseables como parejas a los hombres; la homofobia (con frecuencia, personas negras me dicen que todas las feministas son lesbianas) y las actitudes misóginas profundamente arraigadas entre las propias mujeres, que perpetúan el pensamiento sexista y la competición sexista.

Hace poco, hablé con varias mujeres negras y les pregunté por qué no se implicaban más en el pensamiento feminista y en el movimiento feminista. Muchas de ellas explicaron que otras mujeres negras las habían tratado con dureza, que las habían aislado socialmente o que las habían hablado de forma negativa o con desprecio en reuniones íntegramente femeninas o en conferencias sobre cuestiones de género. Algunas de las pocas que estaban comprometidas con la política feminista describieron situaciones en las que habían encontrado apoyo entre las mujeres blancas y resistencia entre sus iguales negras. Una mujer negra que debía participar en una mesa de debate llegó tarde y no pudo encontrar asiento en la sala. Cuando entró, y ya llevaba un rato de pie, la saludé con calidez desde el podio y la animé a que se sentara junto a mí, ya que en las primeras filas había asientos libres. No solo prefirió permanecer de pie, sino que durante la pausa se enfrentó a mí y me preguntó cómo me había atrevido a avergonzarla de esa manera pidiéndole que se sentara delante. Me habló con un tono muy hostil y me preocupó mucho que hubiera interpretado mi gesto como un intento de humillarla en lugar de como un gesto de reconocimiento. No es un caso aislado. Son muchas las ocasiones en que presenciamos la incapacidad de las mujeres negras para confiar las unas en las otras, en que nos relacionamos desde la desconfianza.

Hace años, asistí a una pequeña conferencia, en la que participábamos una veintena de mujeres negras. Íbamos a organizar un congreso nacional sobre el feminismo negro. Teníamos cargos, ideas políticas y preferencias sexuales diversas. Una estudiosa negra muy conocida y de una institución prestigiosa, cuyo pensamiento feminista no se consideraba suficientemente avanzado, fue tratada con hostilidad y desprecio. Fue una reunión muy inquietante. Varias de las mujeres negras presentes tenían a mujeres blancas como parejas o amantes. Sin embargo, cuando hablamos de si debíamos permitir la asistencia de mujeres blancas al congreso, se negaron en redondo y exigieron que la asistencia se limitara estrictamente a las mujeres negras, porque las mujeres blancas ya intentan controlarnos con demasiada frecuencia. No hubo espacio para un diálogo crítico constructivo. ¿Cómo podían confiar en que sus amantes blancas desaprendieran el racismo, en que no fueran dominantes, si en este contexto actuaban como si todas las mujeres blancas fueran el enemigo? El congreso no se celebró nunca. Como mínimo una mujer negra salió de esa experiencia decidida a no volver a participar jamás en una actividad organizada por feministas negras o por feministas de ninguna clase. Como grupo, no conseguimos crear un ambiente de solidaridad. Los únicos lazos que conseguimos establecer seguían las muy tradicionales líneas de las mujeres que ya eran famosas, que hablaban con la voz más alta y con más frecuencia, y que eran más políticamente correctas. No se hizo el menor intento para facilitar que mujeres negras con otros puntos de vista se pudieran reunir.

Como mujeres negras individuales comprometidas con el movimiento feminista, tenemos la responsabilidad colectiva de esforzarnos por crear un espacio donde las mujeres negras que empiezan a explorar cuestiones feministas puedan hacerlo sin miedo al tratamiento hostil, al juicio rápido, al desprecio, etc.

Creo que cada vez más mujeres negras participan en mesas de debate que tratan cuestiones de género. Y, sin embargo, he observado, al igual que otras pensadoras negras, que, con frecuencia, estas mujeres entienden el género como un tema de discurso o como un trampolín para una mayor visibilidad profesional, no como un objetivo de la acción política. Muchas veces, las mujeres negras profesionales con títulos académicos son muy conservadoras políticamente. Tienen puntos de vista muy distintos a los de sus antepasadas, que eran políticamente astutas, asertivas y radicales en su trabajo para el cambio social.

Gran parte de la praxis feminista está modelada por mujeres y hombres académicos. Como no hay muchas académicas negras comprometidas con la política radical, y en concreto con un enfoque de género, la academia carece de una base colectiva para forjar una política feminista que interpele a millones de mujeres negras. Hay mucho más trabajo sobre el género y el sexismo obra de mujeres negras académicas que hacen crítica literaria o que escriben ficción o teatro que de mujeres negras que trabajan en el campo de la historia, la sociología o las ciencias políticas. Aunque la literatura no niega el compromiso con la política radical, permite separar con mucha más facilidad el trabajo académico y las preocupaciones políticas. Al mismo tiempo, si las académicas negras no se comprometen con la ética feminista, con la concienciación feminista, acaban organizando conferencias donde las interacciones sociales reflejan normas sexistas, como por ejemplo el modo en que las mujeres negras se tratan entre ellas. Es una situación que puede resultar muy desmoralizante para las personas no iniciadas que vienen a ver y a descubrir cómo podría ser el feminismo centrado en las mujeres negras.

Con frecuencia, en estos entornos se evoca el término «feminismo» con connotaciones negativas, incluso cuando se habla del sexismo y de cuestiones de género. Oigo a académicas negras afirmando el término «mujerismo» al tiempo que rechazan el de «feminismo». No creo que la intención de Alice Walker fuera que este término desviara la atención del compromiso feminista; sin embargo, así es como se usa con frecuencia. Walker define a las

«mujeristas» como feministas negras o de color. Cuando oigo a mujeres negras usar el término «mujerista», lo hacen en oposición al de «feminista»; creen que evoca algo distinto a la política feminista modelada por las mujeres blancas. Para mí, el término «mujerista» no está lo suficientemente ligado a una tradición de compromiso político radical con la lucha y el cambio. ¿Cómo sería una política «mujerista»? Si es un término que describe a las feministas negras, ¿por qué quienes lo adoptan rechazan el otro?
Radford-Hill dice:

> No todas las feministas negras practican o creen en el feminismo negro. Muchas creen que el feminismo negro es un alejamiento vulgar del objetivo de la solidaridad femenina. Otras, como yo, creemos que el feminismo negro es un paso necesario para poner fin al racismo y al sexismo, dada la naturaleza de la opresión de género y de la magnitud de la resistencia de la sociedad a la justicia racial.

Creo que las mujeres deberíamos pensar menos en términos de feminismo como identidad y más en términos de «feminismo defensor»; dejar de poner el énfasis en cuestiones del estilo de vida personal y empezar a insistir en construir paradigmas políticos y modelos radicales de cambio social que insistan en el cambio colectivo, además de en el individual. Por eso no me considero una feminista negra. Las mujeres negras tenemos que seguir insistiendo en nuestro derecho a participar en el desarrollo de una teoría y una práctica feministas que aborden nuestras preocupaciones raciales, además de las cuestiones feministas. La academia feminista actual puede resultar útil a las mujeres negras si formula análisis críticos de las cuestiones de género relevantes para las personas negras y, sobre todo, si produce obras feministas acerca de la crianza. (La primera vez que leí a Dorothy Dinnerstein, me resultó interesante pensar en su obra en términos de las relaciones entre las madres negras y sus hijos varones.)

Las mujeres negras tenemos que construir un modelo de teorización y erudición feminista inclusivo que amplíe nuestra percepción y que mejore nuestra comprensión de la experiencia y del género negros. La tarea más básica a la que nos enfrentamos las feministas negras (independientemente del término que usemos para identificarnos) es educarnos, a nosotras y a la población negra, acerca del sexismo, acerca de cómo resistir el sexismo puede empoderar a las mujeres negras, un proceso que complica compartir la visión feminista. Radford-Hill identifica «la crisis de la feminidad negra» como un problema grave que hay que abordar desde un punto de vista político y afirma que «el punto hasta el que las feministas negras puedan articular y resolver la crisis de la feminidad negra es el punto hasta el que las mujeres negras podrán experimentar la transformación feminista».

Las mujeres negras tenemos que averiguar cómo el pensamiento y la práctica feministas nos pueden ayudar en nuestro proceso de recuperación personal y, entonces, debemos compartir ese conocimiento con nuestras hermanas. Esta es la base sobre la que debemos construir la solidaridad política. Cuando esa base exista, las mujeres negras podrán participar plenamente en un movimiento feminista que transforme a la persona, a la comunidad y a la sociedad.

Bibliografía

anónimo, *Women and the New World*, 1976.

Anzaldúa, Gloria, *Borderlands/La Frontera*, Spinsters Ink, San Francisco, 1987 (trad. cast. *Borderlands/La Frontera. La nueva mestiza*, Capitán Swing, Madrid, 2016).

Aptheker, Bettina, *Woman's Legacy: Essays on Race, Sex, and Class in American History*, University of Massachusetts, Press, Amherst, MA, 1982.

Argueta, Manlio, *Un día en la vida*, Txalaparta, Tafalla, 2006.

Bambara, Toni Cade, *The Salt Eaters*, Random House, Nueva York, 1980.

Bell, Derrick, *And We Are Not Saved: The Elusive Quest for Racial Justice*, Basic Books, Nueva York, 1987.

Breitman, George, *The Last year of Malcolm X: The Evolution of a Revolutionary*, Pathfinder Press, Nueva York, 1970.

Brooks, Gwendolyn, *Maud Martha*, AMS Press, Nueva York, 1974.

Building Feminist Theory: Essays from Quest, Longman, Nueva York, 1981.

Bunch, Charlotte, *Passionate Politics*, St. Martin's Press, Nueva York, 1987.

Bunch, Charlotte y Myron, Nancy, *Class and Feminism*, Diana Press, Baltimore, 1974.

Cagan, Leslie, *Talking Disarmament*, en *South End Press News*, vol. 2, núm. 2 (primavera/verano 1983), págs. 1-7.

Eisenstein, Zillah R., *The radical Future of Liberal Feminism*, Longman, Nueva York, 1981.

Freire, Paulo, *Pedagogy of the Oppressed*, Herder and Herden, 1970 (trad. cast. *Pedagogía del oprimido*, Siglo XXI, Madrid, 1975).

Frye, Marilyn, *The Politics of Reality: Essays in Feminist Theory*, Crossing Press, Trumanburg, Nueva York, 1983.

Haug, Frigga, *Female Sexualization: A Collective Work of Memory*, Verso, Londres, 1987.

Hemingway, Ernest, *The Sun Also Rises*, Scribner, Nueva York, 1970 (trad. cast. *Fiesta*, Verbum, La Poveda, 2019).

Heresies #15: Racism is the Issue, 1982.

Hodge, John (comp.), *Cultural Bases of Racism and Group Oppression*, Two Readers Press, Berkeley, 1975.

Irigaray, Luce, *Speculum of the Other Woman*, Cornell University Press, Ithaca, NY, 1985 (trad. cast. *Espéculo de la otra mujer*, Ediciones Akal, Madrid, 2007).

Johnson, James Weldon, *The Book of American Negro Poetry*, Harcourt, Brace and Co., Nueva York, 1958.

Koen, Susan, Swain, Nina, y amigas, *Ain't Nowhere We Can Run: A Handbook For Women on the Nuclear Mentality*, WAND, Norwich, VT, 1980.

Kristeva Julia, *Desire in Language*, Columbia University Press, Nueva York, 1980.

Lorde, Audre, *Sister Outsider*, Crossing Press, Trumansburg, 1984 (trad. cast. *La hermana, la extranjera*, Horas y Horas la Editorial, Madrid, 2002).

Mellen, Joan, *Women and Their Sexuality in the New Film*, David-Poynter, Londres, 1974.

Morrison, Toni, *The Bluest Eye*, Holt, Rinehart and Winston, Nueva York, 1970 (trad. cast. *Ojos azules*, Debolsillo, Barcelona, 2018).

Morrison, Toni, *Sula*, Knopf, Nueva York, 1973 (trad. cast., *Sula*, Debolsillo, Barcelona, 2019).

Naylor, Gloria, *The Women of Brewster Place*, Penguin Books, Nueva York, 1982.

Partnoy, Alicia, *The Little School: Tales of Disappearance and Survival in Argentina*, Cleiss Press, Pittsburgh, 1986.

Petry, Ann, *The Street*, Pyramid Books, Nueva York, 1946 (trad. cast. *La calle*, editorial Seix Barral, Barcelona, 2021).

Rodríguez Richard, *Hunger of Memory*, David Godine, Boston, 1982 (trad. cast. *Hambre de memoria*, Editorial Megazul, Málaga, 1994).

Ruddick, Sara, *Working It Out*, Pantheon, Nueva York, 1977.

Russ, Joanna, *How to Suppress Women's Writing*, University of Texas Press, Austin, TX, 1983 (trad. cast., *Cómo acabar con la escritura de las mujeres*, Editorial Dos Bigotes, Madrid, 2018).

Smith, Barbara (comp.), *Home Girls*, Kitchen Table/Women of Color Press, 1983.

Stack, Carol, *All Our Kin*, Harper & Row, Nueva York, 1974.

Van Sertima, Ivan, *They Came Before Columbus*, Random House, Nueva York, 1976.

Walker, Alice, *The Color Purple*, Washington Square Press, Nueva York, 1982 (trad. cast. *El color púrpura*, Debolsillo, Barcelona, 2018).

Walker, Lenore E., *The Battered Woman*, Harper & Row, Nueva York, 1979 (trad. cast. (3.ª ed.) *El síndrome de la mujer maltratada*, Desclee de Brouwer, Bilbao, 2012).

X, Malcolm, *The Autobiography of Malcolm X*, Grove, Nueva York, 1964 (trad. cast. *Malcolm X: Autobiografía*, Capitán Swing, Madrid, 2015).